我是"癌克星"

跟老吴一起快乐抗癌

吴江 著

哈尔滨工业大学出版社

图书在版编目(CIP)数据

我是"癌克星":跟老吴一起快乐抗癌/吴江著.—哈尔滨:哈尔滨工业大学出版社,2021.5
ISBN 978-7-5603-9375-9

Ⅰ.①我… Ⅱ.①吴… Ⅲ.①癌-防治-普及读物 Ⅳ.①R73-49

中国版本图书馆CIP数据核字(2021)第060366号

我是"癌克星"——跟老吴一起快乐抗癌
WO SHI "AI KEXING" — GEN LAOWU YIQI KUAILE KANG AI

策划编辑	李艳文 范业婷
责任编辑	付中英 王晓丹
装帧设计	屈 佳
出版发行	哈尔滨工业大学出版社
社 址	哈尔滨市南岗区复华四道街10号 邮编150006
传 真	0451-86414749
网 址	http://hitpress.hit.edu.cn
印 刷	辽宁新华印务有限公司
开 本	710mm×1000mm 1/16 印张24 字数311千字
版 次	2021年5月第1版 2021年5月第1次印刷
书 号	ISBN 978-7-5603-9375-9
定 价	99.00元

(如因印刷质量问题影响阅读,我社负责调换)

自序

我愿做一条江

2020年初新冠疫情暴发后,我遇到了近年来最大的一个"劫"。疫情最严重的时候,无数的国人足不出户,往日人来车往的大街上突然一下子失去了流动性,变得死气沉沉。而这一切,对我来说又尤其难熬。我的名字叫作"江",天性就爱流动,不能流动的江还能称为江吗?那充其量就是一条巨大的臭水沟!

当然,凡事皆有两面性,身体不能动,那就让思想动起来,身体和思想总要有一个在路上,这样人才不会变质。这些年来,我一直有一个愿望,那就是把自己抗癌的故事和辅导病友的过程写成一本书,以此来给更多与我一样遭受厄运的人提供帮助。然而,由于整天东奔西跑,这个愿望始终处于一种"明日复明日"的念想中而未能真正落地。如今,我被迫停止了奔跑,终于可以静下心腾出手来完成这项计划了。这似乎是冥冥中的一种召唤,2003年非典时期我被检查出肝癌,到2020年新冠疫情时期我开始写这本以抗癌为主题的书,看似一个巧合,但又不是一个简单的巧合。

有人跟我说，吴江啊，你真是人如其名！你的人生即使不似大海般波涛万顷，也如大江般波澜壮阔。你曾经前一天还生龙活虎转天就经历生死轮回，你曾经一夜致富而又两次破产，你曾经家庭破裂而又再结良缘，你历尽繁华却走向荒凉，盛极而衰又否极泰来，你人生的戏剧性之大，割裂度之深，信息量之丰，远远不是我们这些风平浪静过一生的人所能比拟的啊。

我摇摇头说，如果一个人的生命境界局限在小我的狭隘天地中，哪怕活得再轰轰烈烈也不配称为大江大海。江河浩荡，海阔天空，是一种外向的宽广的胸怀。上善若水，善利万物而不争，这才是大江大海的精神。你可以看看自然界，不管是人类，还是其他生物，大都有逐水草而居的天性，江河流淌所经之处必然也是生机盎然之地。我的理想就是做一条这样水草丰沛的大江，为更多的人带去生机，同时用自己的奔腾不息为更多困境中的病友冲刷出可以种植出希望的沃野。

北美洲有一种穴居十七年才能化羽而出的蝉，名为十七年蝉。十七年的苦修，别说是蝉，就是一个人也可以脱胎换骨了吧。从2003年到2020年的十七年来，我辅导了1 300余名癌症病友，用"话疗"的方式帮他们快乐抗癌，其中大多数人都成功康复了。我自信这是通往大江的事业，只是现在所做的还远远不够，1 300余条涓涓之流可以汇集成小溪，但还成不了大江。我常常想，假以时日，我必将成就大江的事业，但遗憾的是岁月不饶人，我个人的时间精力有限，哪怕是跑断双腿，费尽口舌，能够辅导的病友还是非常有限。况且随着我年纪的不断增长，体力和脑力也随之不断下降。想想全国每分钟就有8人被确诊为癌症，每年新增数百万癌症确诊患者，我就有一种时不我待的紧张感和紧迫感。

于是我想到了写书，文字不仅可以无限地复制，还可以永恒地流传。这样每一本书都相当于我的一个分身，就像《西游记》中的孙悟空抓一把猴毛就能化作众多的分身,力量也一下子增大了无数倍。我的辅导事业可能面向千千万万人,无数的支流也有了汇聚成大江的基础。说不定未来我的书还可以翻译成世界各国的文字,成为一条跨国的大江呢!

有了梦想,哪怕是幻想,也能给人带来巨大的动力,于是我迎来了人生第二个创作时期。我人生第一个创作时期是1991年在沈阳工业大学教书的时候,我给远在台湾的统一企业董事长高清愿写了一百封信,终于成功把统一引进沈阳,也因此获得了沈阳市政府6.5万元招商引资奖,收获了我创业的第一桶金。我希望自己人生的第二次创作能再次创造奇迹,因为第一次创作只是为了自己,最多是暗流涌动,而第二次创作时我心中装了众多的牵挂,已是波涛汹涌。

创作期间,每每听闻疫情下癌症病友的艰难处境,我的笔耕便更具使命感。很多癌症患者面临抗疫和抗癌的双重压力,不可避免会产生焦虑、紧张、恐惧等负面情绪,若是不能及时有效地排解,可能会产生更多的压力,影响本就脆弱的免疫系统,形成一个恶性循环。个人的不幸叠加时代的困境,长太息以掩涕兮,哀病友之多艰!

幸运的是,我在写书时遇到哈尔滨工业大学出版社的李艳文副社长,她听说了我的写作计划和人生理想之后,为之感动,表示愿意帮我实现出书的愿望,这也给了我完成这本书的信心和勇气。

从我写这本书开始,转眼一年已经过去了,迎来了2021年的春天,书稿也终于进入了尾声。虽然疫情还在世界各地肆虐,但是随着新冠疫苗的大范围接种,阴霾必将渐渐散去,我们终将回归往日安宁幸福的生活。而在我写完这本书之后,离我最初被确诊肝癌也已经过去了十八年。当年我以为自己活不过两三个月,可是十八年后我还是一条好汉!我能做到的,你也一定能做到!跟着老吴学抗癌,我好,你也一定能好!

"要看银山拍天浪,开窗放入大江来",我不知道自己能够成就多大理想,但我心中始终有一条大江在奔涌!

是为序。

吴 江

2021年1月

目 录

上篇：老吴抗癌心路历程

1 / 人生三"绝"

一"绝"：身体得了绝症 ... 5
恐惧：被判死刑 ... 5
绝望：癌中之王 ... 8
回转：刀下留人 ... 14
忐忑：手术前夕 ... 19
阳光：元气回归 ... 21
茫然：介入化疗 ... 26

二"绝"：事业陷入绝境 ... 31
激荡：忆当年辞职下海 ... 31
挣扎：开超市陷入泥潭 ... 37
彷徨：因潘总加盟中兴 ... 42
"霾"伏：通气会杀机四伏 ... 47

三"绝"：妻子与我绝断 ... 53
欢快：美国探亲度假之旅 ... 53
仓皇：小萍与我离婚赴美 ... 61
清醒：补药闹剧击碎幻想 ... 67

2 / 重生感悟

信心：再次做胃镜有感 ... 77
洗礼：出院回家有感 ... 82
节奏：人生三级跳有感（上） ... 85
节奏：人生三级跳有感（中） ... 92
节奏：人生三级跳有感（下） ... 97
宁静：交际生态有感（上） ... 101

宁静：	交际生态有感（下）	104
规律：	大连康复有感	108

3 / 阳光灿烂

雾散：	解决供应商问题	115
纠缠：	法院谈判巧脱困	121
解脱：	我终于保住超市	126
冷静：	前往大连长住疗养	128
浪漫：	小饭店救美结缘	133
沉醉：	我又坠入了爱河	137
幸福：	阳光灿烂的日子	142

下篇：跟老吴一起快乐抗癌

4 / 老吴辅导癌症病友案例

钟　尧：	癌症康复得克服"术后焦虑症"	158
顾春秀：	信念是最好的抗癌良药	166
金振久：	对付癌症复发更要坚定信心	170
徐　祥：	找对专家治好了病	176
姚　磊：	奇迹终于在他身上发生了！	181
刘　兵：	时机不对，良药变毒药	186
林美仑：	原发癌被当成复发癌	191
张慧父亲：	"神医"其实是医疗界的"癌细胞"	197
高玉芬：	重症患者为何容易上当受骗	202
老　唐：	对不起，我来晚了！	208

5 / 病友快乐抗癌案例

于　静：	从走秀中获得快乐	216
高艳萍：	从旅游中获得快乐	225
美丽姐：	从帮助病友中获得快乐	233
周云川：	从"采蜜"中获得快乐	241
冯　瑞：	从骑行中获得快乐	249
牟　英：	从书法中获得快乐	257

	任丽蔚：从歌唱中获得快乐	263
	陈玉山：从垂钓中获得快乐	272
	王仁迈：从高尔夫球中获得快乐	279
	兰　姐：从日记中获得快乐	285

6 / 走在抗癌路上的勇士们

吴枭杰：向天再借三十年	297
马广群：以画笔为马，奔腾不息	307

7 / 防癌体检和普通体检的不同

防癌体检和普通体检功用不同	315
防癌体检应该个性化	318
找一家靠谱的体检机构	320
防癌体检中的误区	322
定期体检的注意事项	324

8 / 如何做到日常防癌抗癌

内因×外因=癌	328
三分治，七分养！	329
影响癌症康复的两大障碍	330
免疫力！免疫力！还是免疫力！	333
远离生活中的致癌物质	336
癌症康复期如何吃补药？	338
益生菌在防癌治癌中的作用	340

附录	343
后记	359
跋	371

扫码观看更多精彩内容

上篇
老吴抗癌心路历程

我是"癌克星"

1 人生三"绝"

这三"绝",一个人的一生中要碰到其一尚且不容易,如果两"绝"齐发,已经有资格参评天下第一等可怜人了,而我竟在一年之内集齐三"绝",真是绝了。寻常人遇到此等"绝了"的事情几乎难逃被命运"了绝"的结局。永远不要轻言放弃,哪怕在你最无望的时候。如果冬天来了,春天还会远吗?

清代大才子郑板桥号称"三绝",诗绝、书绝、画绝,不过他成就这"三绝"用了大半生,而我当年仅仅用了不到一年就成了"三绝"——身体得了绝症,事业陷入绝境,妻子与我绝断,而且每一"绝"其烈度之大放在芸芸众生当中都堪称一场人生八级地震:曾几何时,我还生龙活虎,有用不完的精力,结果身体一个不适就查出癌症中晚期,而且还是号称"癌中之王"的肝癌;曾几何时,我还是一个受人歆羡的成功企业家,家财万贯,结果一夕之间企业濒临倒闭,负债两千多万,甚至一度失去人身自由;患病前我与妻子是恩爱夫妻,患病后我和她相依为命,谁承想,她会突然间变卖家产,骗我离婚,跑到美国。

然而,从2003年到现在,十八年过去了,我还是一条好汉。我的事业在浴火重生后也别开生面,我的家庭虽然经历了"重组",却更加幸福美满。我在这里讲述自己的故事,就是想告诉大家,像我这样一年之内连续三次陷入绝境的人都能挺过来,何况是你呢?

一"绝"：身体得了绝症

恐惧：被判死刑

当医生宣判我得了中晚期肝癌的时候，我犹如一个五花大绑被押着前往法场等待处决的犯人，整个人生就像一个电路跳闸的夜晚，突然之间一片漆黑。还记得那是2003年8月的一个早上，我在前妻小萍的陪同下，来到了中国医科大学附属第一医院做核磁共振检查。这天天空阴沉，下着雨，雨势虽然不大，但是给人一种很压抑的感觉，像极了我们当时的心情。

一路上，我的心里就忐忑不安。三天前，我因为肝区不适，刚刚在沈阳市传染病院（现改名为沈阳市第六人民医院）做了B超，这家医院是以治疗肝病为主的专科医院，在沈阳肝病诊断和治疗领域算比较权威的。医院超声科的王家林主任亲自给我做检查，过程似乎格外漫长。"憋气，向门那面翻身。""平躺，憋住气。"

检查过程中王家林一直绷着脸，锁着眉。我跟家林是老相识了，但认识这么久以来，还从没见过他这么严肃的样子，好像我欠了他多少钱一样。那段时间正好我生意不顺，很多亲朋好友一夜之间都变成了债主，我不禁暗自思忖，我好像没有跟家林借过钱啊！

　　好不容易做完检查，我拿着卫生纸一边擦拭着肚子上的耦合剂，一边感叹，这哪像做个普通的B超啊，倒像在给孕妇做排畸检查。结果我真的"怀孕"了，不过不是"怀"在子宫，而是"怀"在肝里面了，肿瘤在我的肝里面已经悄悄地长到了4cm多，堪比一个孕育十多周的胎儿。家林建议我立即到中国医科大学附属第一医院做个增强核磁。原来家林不是我的"债主"，而是我的"恩主"！

　　王家林是第一个"照见"了我肝部肿瘤的人，没有他，我的病况或许会更加难以预测，我庆幸人生中有一个这样"肝胆相照"的朋友。

　　医大附属一院是辽宁数一数二的医院，每天无数人像赶集一样从四面八方赶来看病，做个核磁共振光排队就不知道排到什么时候。说来也巧，一天我出去办事，正好遇到了许久不见的朋友郭萍，我跟她曾是一个人大代表团的，闲聊中她知道我要去医大附属一院做核磁共振，她爱人张汉民主任正好是影像专家，于是十分热情地要帮我联络。就这样，我预约了第三天上午做检查。

　　两天后到了医院，在张汉民主任的热心帮助下，我很快做完了检查。十点半左右，张主任拿着片子出来了，带我们去找专家诊断，在漫长而又昏暗的走廊内拐来拐去，来到了肝胆外科专家门诊外。张主任先进去了，让我站在门口等一下。不一会儿，他就喊我们也进去。进屋后，张主任向我介绍了屋里的肝胆外科专家，说是这家医院肝胆外科最权威的主任，我一听肃然起敬，再看专家坐在那里，似乎不怒而威。

　　只见专家把片子放在阅片器上，看了看，用手指着说："占位。

4.8 cm！太大了！中晚期呀！"他一口气喷出了一连串短促而又锋利的词语，每个词语都像一把飞刀，最后的"中晚期"三个字更是深深插入了我的心脏，我忙问："怎么就中晚期了？"

专家看着我，说："我们通常把肝脏上直径2.0 cm以内的肿瘤定义为早期可治愈的肝癌，2.0 cm以上为中晚期肝癌，如果发现没有转移灶的可以定为中期肝癌，如果发现有转移灶的就是晚期肝癌了！"说话的时候，专家面无表情，脸上像涂了一层胶水，说话像在背诵电影台词。接着，他回过头去，对张主任说："再带他做一个肺部CT（计算机层析成像），看看有没有转移到肺部，通常肝癌最容易向肺部转移了！"

于是，张主任又带我回到了放射科，做完肺部CT已经中午了。张主任说下午3点钟来取结果，让我们先去吃午饭。走出医院，雨还没有停歇，下得如泣如诉。我们走到医院对过的胡同里，进了一家"永和豆浆"店，永和永和，人要是能永远和和顺顺该多好！小萍随便点了几样东西，吃的什么东西我后来一点儿印象都没有了，满脑子想的都是得癌的事情，哪有心情吃饭呀！两人都郁闷到了极点，相对无言。

下午3点，我和小萍回到医院，找到了张主任，由他带着，拿着片子，又去找早上那位专家诊断。下午3点多钟，医院的人少了一些，我们直接推门进去，屋里除了专家外，还有两男一女。

专家接过片子，熟练地插在阅片器上，瞄了两眼，指了指片子，以斩钉截铁的语气说道："转移了！可以定为肝癌晚期肺转移了！"一边指着片子对张主任说："一个、两个……"

我越听越紧张，等不及他数完，迫不及待地插嘴问道："大夫，能好不?"专家迟疑了一下,没有回答,但是那一瞬间的对视,我已经从他的眼神中找到了答案。尽管一路上我早已把最坏的结果反复想过了,但是此刻心里还是止不住地一阵战栗,顿了一下,我不死心地问:"能手术吗?"

专家拿眼睛扫了我一下,说:"肿瘤都已经转到肺子上了,切完肝,再切肺,切完肺,淋巴上又有了,骨头上又有了。肿瘤发生转移,外科手术的价值就比较低了。你先不要考虑手术的事情了,我给你开个药方吧……"

医生的言下之意很清楚,就是说我这情况也别瞎折腾了,治疗的意义已经不大了。作为一个乙肝患者,我很早就知道肝癌的可怕,它可是号称"癌中之王"啊!很多肝癌患者检查出来几个月内人就走了。我好像听到了亲朋好友一个个用悲悯的语调劝我:想吃点儿啥就吃点儿啥!想喝点儿啥就喝点儿啥!想上哪儿去,就出去看看……

绝望:癌中之王

"肝癌""癌中之王",这两个词仿佛钝刀割肉一样,让我痛入骨髓。得了癌也就算了,居然还是"癌中之王"!这个封号可不是随便得来的。肝癌的特点:其一是狡猾,往往一经发现就是晚期;其二是顽固,药石难以奏效,有效的治疗手段较少,预后不良,容易复发,病情发展迅速,生存时间短,据统计5年生存率只有10%。这家伙,没被发现的时候温柔得就像趴在你脚边晒太阳的小猫,一被发现立即变得像一头尾巴被人点燃的公牛,顶着一对可怕的角横冲直撞,

直到你体无完肤!

看来,命运已经对我扣响扳机了。我瞬间万念俱灰,才40岁出头就要写遗嘱,我还没豁达到这样的地步!

癌症多达百种以上,同样是得癌,得什么癌也是大有讲究的。已故复旦女教师于娟在她的遗著《此生未完成》中写到当她全身如瘫痪般躺在医院的床上等待CT引导穿刺的结果时,她的老公"光头"拎着PET-CT(正电子发射计算机断层显像)的袋子走了进来,告诉她结果是乳腺癌,没想到于娟和她的爸妈一家三口几乎同一时间发出了如释重负的朗声大笑:"太好了,乳腺癌,不是肺癌,不是骨癌,而是乳腺癌。我不能没有肺,不能没有骨头,但是我可以没有乳房。"

还有一点也很重要,于娟的父母认识两位曾患乳腺癌的朋友,患癌之后活了二十多年都安然无恙。"在他们眼里,乳腺癌如同崴了脚脖子,躺几天就好。"如果说得了乳腺癌的人容易过度乐观,那么得了肝癌的人就容易过度悲观,这样的悲观情绪又进一步加重了病情。毕竟"癌中之王"的名号太霸道了,太可怕了,我想如果那天晚上医生打电话告诉我,是他弄错了,其实我得的不是肝癌,是胃癌或者其他什么癌,我可能会像于娟一样兴奋地欢呼,尽管事实上我还是得了癌症。但人往往就是如此,如果侥幸把较大的悲剧换成较小的悲剧,就会觉得较小的悲剧反而成了喜剧。

当时我是多么希望专家能够给我一点儿希望,哪怕是骗我都行啊!于是我又小心翼翼地问:"真的一点点办法都没有了吗?有没有什么新办法?"专家看我的眼神里充满了不可思议,说:"我是无能为力了,你可以去北京、上海的医院再看看,看能不能出现奇迹。去的话一定要抓紧时间,如果任由其发展,快的话可能就剩下两三个月的时间。"

这时,屋里原先站着的一位女士突然开口了,操着大连口音问专家:"他比我家岩政的严重吗?"专家回答说:"那不严重得多了吗?你们是早期的,手术效果好,治愈的可能性很大,抓紧住院安排手术吧!这两天没床,下周一过来,给你安排住院!"

两人就在那里旁若无人地一问一答,那女人听到专家最后的话,脸上现出掩饰不住的喜悦,就差没有笑出声来,如果给她一个特写镜头,你甚至可以看到她嘴角肌肉的颤动。但这不能怪她,她嘴里的"岩政"正是站在她旁边那男人,也就是她老公。妻子关心丈夫,无可非议,只是这话在我听来却那么刺耳。换一个素质低的人,这个时候估计得拍着桌子破口大骂,你俩能不能照顾一下我的感受!但我当时迷迷糊糊的,只想着自己得了绝症的事情,听到专家给自己下了生命倒计时两三个月的论断,头脑一片空白,就像一块刚刚被人格式化掉的磁盘,哪里顾得上别的。

这就是我知道自己得癌症的经历,简单又直接,让人猝不及防,来不及做一点儿准备,就被强迫接受,就像走在一条被暴雨淹没的马路上,冷不丁走到一个井盖被雨水卷走的地方,一脚踏空,毫无防备地掉了下去,瞬间被吞没。专家以如此赤裸裸毫不遮掩的方式把真相告诉了我,不留一点缓冲的余地,或许从他的角度,每天都要把这样的真相告诉许多人,早已经见惯不惊。但对我来说,这样的方式未免近乎残忍。

时过境迁,现在我再想起当年的场景,专家武断的误判固然令人愤怒,但他不近人情地告诉我得癌症真相的方式对我来说却是"塞翁失马,焉知非福"。中国人的疾病往往被过分的人情所耽误,按照常见的情景，当时医生应该找个理由和我的前妻小萍走到一个远离我的角落，偷偷地瞒着我把真相告诉她一人。回来之后，尽管我的前妻眼睛还是肿着的，可她还是会强挤出笑容告诉我医生说我没什么大问题，回家休养几天就会好。

事实上，几个月前沈阳市传染病医院超声科的王家林主任就是这样跟小萍说的。那是2003年的春天，家林给我做B超时，反复看了好几遍，检查完他问我跟谁来的，嫂子来了没。我说来了，在车里等我呢。他告诉我下去后让她上来一趟。

我一边下楼一边犯嘀咕，家林这葫芦里卖的是什么药？心里不由产生了一种不祥之感。在车里面等了一会儿，小萍回来了，我问她什么事，是不是我得什么重病了？她说："没有，只是家林说你的脂肪肝又重了，让你晚上少吃点儿饭，多走走路。"

我看小萍的表情不自然，感觉有点儿怪怪的。由于早上检查要求空腹，还没有吃早饭，从医院出来，我们来到一家馄饨吊炉饼店，点了两碗馄饨和两张吊炉饼，等小萍去前台端馄饨回来时，我突然看到她眼中似乎闪烁着一些泪花，这更加重了我的疑心。当时杂事烦心，时间一久，也就淡忘了。但是肿瘤却没有忘记生长，就像一个正处于青春期的小孩，个儿直往上蹿，几个月不见，等到再见面的时候，已经长高了一大截。

王家林是我的朋友，他没有选择把真相告诉我是源于与我的友情；小萍是我的前妻，她没有选择把真相告诉我是源于对我的亲情。他们对我的关心，我自然感激不尽，但是这种主观上的善意却在客观上对病情推波助澜。试想想，如果两人将隐瞒进行到底，那我的名字恐怕早已经在生死簿上被注销了。

癌症的诊断该不该告诉患者本人？

这个问题是一个非常常见的难题！当一个人被确诊为癌症时，家属通常会怕患者经受不了打击，想瞒着患者，免得患者在身体和精神上受到双重打击，承受不了，加速病情恶化。当然，这从关心患者角度来考虑无可厚非，但实际上在治疗过程中是很难瞒得住患者的。患者每天在肿瘤病房内做治疗，和邻床的病人探讨病情，或向医护人员打探等，从多方渠道都可以了解到真相，要想对他保住秘密何其困难！其实，大多数情形下患者不过是装作不知道，怕伤了亲属的心。而这样的结果导致患者内心承受了更大的压力和痛苦！

那么究竟该不该告诉患者本人？我个人的看法是：只要患者可能知道真相，不如索性告诉本人，但是程度上可以说得轻一些；另外，要及时跟进心理辅导，让他亲眼见到曾经患癌后康复者的例子，感受到患了癌症也没有什么，癌症是可以战胜的，让他从心理上能积极配合治疗！

1999年秋天，我前岳父被诊断为肺癌晚期，医生先告诉了家属。家属经研究决定不告诉本人，小萍二姐跟大家说："我告诉你们，爸的病，谁也不许告诉他，谁要是走漏风声的话，我饶不了他！"至今我还清晰地记得她说话时脸上那坚定的表情。

于是，所有人都心照不宣地对老爷子保密。他每天在沈阳市中心医院肿瘤科内做化疗，大家对他说是肺内感染，内科病人多，因此住在这个科里。

老爷子从做气管镜到去世只有40多天！实际上他心如明镜，只是怕伤害了大家的一片苦心，表面上装作不知道而已。临去世当天，老爷子对大家说："我早就知道自己得的是癌症，是不治之症，你们不告诉我，不过我心里清清楚楚的！"

老爷子心里面承受着多大的压力，是别人永远都无法体会的。如果大家早跟他说清楚，并且找到与其情况类似的癌症康复的病人，让他亲眼见到，增加其战胜癌魔的信心，结果或许要比瞒着他好很多！

去年，我一位朋友的父亲同样也是得了肺癌，在沈阳市第五医院肿瘤科住院。我去看望时，原本兴致勃勃地想帮他父亲做一个辅导，讲一下我从患癌到康复的经历。可在楼下时，朋友千叮咛万嘱咐，让我绝不能提一个"癌"字。

我说介绍一下自己抗癌的经历，他也连连摆手，说怕他爸敏感，产生怀疑。因此，我只是匆忙看了一下他父亲，没能提供任何帮助。

然而，见过朋友父亲，三言两语交流后，我却明显感觉到他心中早就对自己的病情一清二楚。出来后，我问朋友，你父亲住在肿瘤科，能不知道吗？朋友说他父亲不识字，不可能知道。我说："他会问呀！"朋友说都嘱咐好了，其他人一概不许跟他说。

后来他父亲从发病到离世也是不到两个月的时间。

回转：刀下留人

人生就像一场戏，命运是最了不起的导演。只是大多数人一生波澜不惊，总是以为自己是看戏的，只有那些经历过大起大落、大悲大喜的人才会如此强烈地感受到，原来自己就是戏中人。

戏里面常有一个精彩的情节——刀下留人，每当这个时候，观众悬着的一颗心就可以放下了，主角也可以继续把戏演下去了。这样的一幕在

中国的戏剧史上常演不衰,惊险又刺激,大家都喜欢看,我也多次欣赏过,只是我没有想到,自己有一天也会成为"刀下"的主角。

"你这个手术在我们这儿是一个很平常的手术,麻醉后你睡一觉,等你醒了后,我一切都给你搞好了。"2003年10月8日,我在上海东方肝胆外科医院亲耳听到医院肿瘤综合治疗科主任程树群教授说出这句话时,欣喜若狂,似乎两个月以来的阴霾一扫而光。

程树群教授是"中国肝胆外科之父"吴孟超院士的学生,业务很精湛,手又巧,加上特别细心认真,手术做得非常好,连吴孟超院士对他都是赞誉有加,一些疑难手术经常是吴老指挥他来做。他看似轻描淡写的一句话,却是多年眼力和功力的积累,让我有了峰回路转的希望。

不过,我能够绝处逢生,还得先感谢一位朋友——发小徐向黎的丈夫师忠义。记得那天从中国医科大学附属第一医院回来后,我脑子乱如糨糊,情绪非常不好,饭吃不下,觉睡不着。晚上听到电话响了,一看是徐向黎打来的,她说师忠义从德国回来了,想两家聚聚。

徐向黎在沈阳音乐学院教钢琴,她丈夫师忠义是心脏外科专家,医大本硕连读毕业,后来又去德国读了博士和进行博士后研究。前一段时间徐向黎就说等师忠义回来后,我们两家人聚聚。我那天做什么事情都没有心情,本想找个理由推托一下不去了,但转念一想,师忠义是医学专家,正好可以向他咨询一下自己的病情,就答应了。

那晚,我们约在一家饭店,席间我把看病的经过向师忠义简单讲了一遍,并将最近做的各项检查报告单递给他看。师忠义认真地翻看着检查报告,说:"化验单中甲肽蛋白达到1 200多单位,严重超标,是原发肝癌的特点,结合影像报告,占位直径4.8 cm,定为原发性肝癌的诊断是正确的。"

师忠义又拿起胸部CT片，边看边问我："你过去得没得过肺炎？"我说："前几年得过一次，还打了半个月的消炎药呢！"师忠义稍一思考，说："这样看来，这个肺转移的诊断就太牵强了，不够准确，医生问没问过你的肺炎史？"我说："没有啊！"师忠义接着说："你肺上很有可能是得肺炎留下的炎性结节，不一定是转移病灶！我建议你去医院做一个PET-CT来确认一下是炎性结节还是转移病灶，如果是炎性结节，你就做一下肝部手术，把肿瘤切除掉就可以了。没有转移的原发肝癌，手术效果还是很好的，手术根治是原发肝癌治疗上的首选！"

听到师忠义这么说，我就像一个掉进海里的人抓住了一根木头，忙问他："哪里有PET-CT呀？"师忠义说医大附属一院就有，但属于自费项目，做一次就得将近1万元。拍一个CT就得花去上万元，确实是价格不菲，可我当时根本没有想这么多，在命面前钱就是浮云，管他多少钱也要做。我也顾不上插队的罪恶感了，迫不及待地给张汉民打电话，让他给我排一个PET-CT，汉民说："PET-CT不是我们放射科的，是同位素科的，得等到周一上班后才能帮你预约。"

周一中午接到张汉民电话，帮我预约了周四上午的PET-CT，今天先过来一趟，让同位素科的医生给我讲讲注意事项。

周四早上，我一大早就来到了医院，本以为这么贵的项目做的人肯定不多，结果一看，前面已经排了好几位了，第六位才轮到我，看来大家的想法都跟我差不多。

这两天医生叮嘱我不要吃甜的东西。做PET-CT前先向静脉内注射了一管药，是葡萄糖和同位素的混合液，体内肿瘤细胞要比正常的细胞活跃，恶性程度越高，就越活跃。这些肿瘤细胞会比健康细胞更迅速地吸收葡萄糖，在影像上改变颜色，医生可以通过这个现象来找出恶性肿瘤。原来，这管药的名字叫18F-DG，它的神奇之处，在于其被静脉注射进入人体后，能被不同的组织吸收，尤其是被可恶的肿瘤细胞狼吞虎咽地吞入，接下来的事情，就是肿瘤细胞吃得太多，肚子太大，一眼就被发现。

做PET-CT的时候，我在心里不断地祈祷自己肺部那些东西不是转移病灶，把各路神明都请了个遍！那时恨不得检查结果像立等可取的相片，这一分钟拍完，下一分钟照片就能出来。然而，医生告诉我下周二才能取报告，我只好先回家等着。

回到家后，我心里老是想着检查结果，坐卧不安，只觉时针走得格外慢，真是度日如年。下午四点多钟，手机响了，一看是张汉民打来的电话，我知道他不会没事随便打电话给我，心里顿时一阵紧张，电话一接通，只听汉民说："告诉你一个好消息，刚刚我去同位素科问了一下，你肺部是炎性结节，不是转移的肿瘤，你可以做肝部肿瘤切除手术来根治了！"听到这个消息，我就像一只在暗无天日的地下长了多年的蝉，突然间爬到地面，看到满眼阳光。

过后我一想，感到挺后怕的，如果当时没有见到师忠义，很有可能我就放弃了手术治疗的机会，那我早就没有今天了，这是不幸之中的万幸！

说到这里，我想强调一件事：

在国内大医院看病普遍存在着"三长一短"的问题：挂号排队时间长，看病等候时间长，取药排队时间长，而医生问诊的时间超短。

一旦得了肿瘤，稍微有点条件的人都会去大城市，把那些著名专家当成救星一样看待，期盼他们让自己起死回生。专家忙得像陀螺，一天转下来，能量耗竭，回家常常累得话都不想说。

大家可能都有过修电脑的经历，很多人一个开机问题或者一个死机问题拿去店里维修，那边试得好好的，回家没用多久老问题很快再现，原来是搞错原因，换错"器官"了。电脑才几个主要部件，都会如此，何况人体结构比电脑复杂几万倍，专家不是神，自然也会出错。只是这个误诊率发生在专家身上哪怕是百分之一，对你来说却是百分之百，不管是往坏的方向还是往好的方向，误判都可能延误治疗甚至造成不可挽回的后果。因此，我建议患者有条件的话一定要多去几家权威医院看看，这样就可以大大地降低误诊率！

忐忑：手术前夕

话说回来，确诊没有转移，可以考虑做手术切除了，选择去哪家医院做手术呢？记得前段时间王家林曾向我介绍说，有一个叫付伟的患者，前几年也是他发现的肝癌，在上海做的手术，手术很成功，每隔一段时间就来复查复查。

王家林说，连医大的医生发现了肿瘤都会选择去上海做手术，因此他也强烈推荐我去上海治疗，还要约付伟见面来介绍介绍情况。但由于前段时间我一直以为自己肝癌转移到肺部了，万念俱灰，也就没有积极地回应。那个时候的心情犹如一颗石头扔入水中，"扑通"一声就沉没了，而此时重燃希望，就像一颗弹力球，碰到地面后，又弹了回来。

于是在王家林的帮忙下，约定在第二天中午同付伟大哥在南湖公园附近见面。付伟大哥身材高大，和蔼可亲，他详细地介绍了自己的治疗过程，向我推荐了给他手术的主治医生程树群教授。付大哥说："东方肝胆外科医院是亚洲最权威的肝胆外科医院，因此，想去那里看病的患者非常多，床位非常紧张，正常排队得等一两个月，你要是决定去的话，我可以找一找程教授，看看能不能想想办法帮助你挤出一张床来。"

我当即表态说："那太好了，谢谢付哥！"付大哥是个雷厉风行的人，马上就掏出手机给程教授拨电话，电话那边程教授答应说下午查一查，看看哪天能挤出床位。快傍晚的时候，付大哥来电话了，说程教授回复了，下周三有床可以办理住院手续。付大哥又详细地介绍下飞机以后前往医院的交通路线，还推荐了一家性价比高的宾馆，真是个热心肠的人！

我和小萍第一时间预订了8月17日早上从沈阳飞往上海浦东机场的机票，然而，由于生意场上一些要事的羁绊，那次行程被迫取消了。等我处理好这些事情可以脱身的时候，已经是国庆节以后的事情了，这就是前面讲的我来到上海东方肝胆外科医院就诊的情形。

那天就诊结束后，程主任马上收我住院了，安排在6楼西侧的第一个房间，病床靠着门口，好像是42床。手术前几天要先进行各项例行检查。我的主治医生名叫张琪，是位年轻的美女医生，人非常好，对我也很关照，我们很快成了朋友。

病房靠窗户的40床的病号叫刘国忠，来自安徽池州。我入院时，他已经是手术后的第三天了，身上还插满了管子，由他老婆护理，半夜时经常疼得嗷嗷大叫，好像在受刑一样，还总同他老婆发脾气，给我弄得挺害怕的。做手术前最怕出现这样一个"反面教材"，因为情绪是很容易传染的，就像一个小孩去打预防针，还没有打的时候，看到其他在打的孩子大哭，马上也跟着号啕。

幸亏这个时候，我读了《佛法与人生》，得到很大的心灵安慰。这本书我看得很认真，一边看一边琢磨领会其中的道理。人生有如一场修行，生活中遇到的一切逆境，诸多坎坷、磨难、疾病都可以看成命运对你的试炼。战胜了逆境，就是战胜了命运。净空法师说，烦恼源于痴迷，解脱因为觉悟。

领悟了这一层要义之后，我的内心变得澄澈起来，又找回了宁静。

阳光：元气回归

10月13日是我手术的日子，记得那天天朗气清，阳光普照大地。早上不到7点，我的主治医生张琪和几个护士就来了，为我做术前准备，给我挂了个吊瓶，还下了个尿管。7点20左右，我被推进了手术专用梯，这样的场景东方肝胆外科医院内每天不知重复多少回，但在很多家属心中却不免有"风萧萧兮易水寒，壮士一去兮不复还"的忧虑。小萍一直送我上了电梯。写到这里，我的眼前又浮现出电梯门关上前她泪花闪烁的一幕。

电梯到达手术的楼层，我被推进了手术室。护士把片子插在阅片器上，麻醉师在我脊椎上扎了一针，没有感觉到什么疼痛。然后他又拿来一个面罩，跟我说你吸一口气，就是氧气而已。我只是吸了一小口气，就没有感觉了，迷迷糊糊睡着了，那大概是我有生以来睡得最好的一觉。

睡得正香时，感觉有人推我，叫我醒来："醒一醒啦！手术做完了！"我睡得不愿睁开眼睛，但护士一直不停地推我叫我，直到我睁开眼

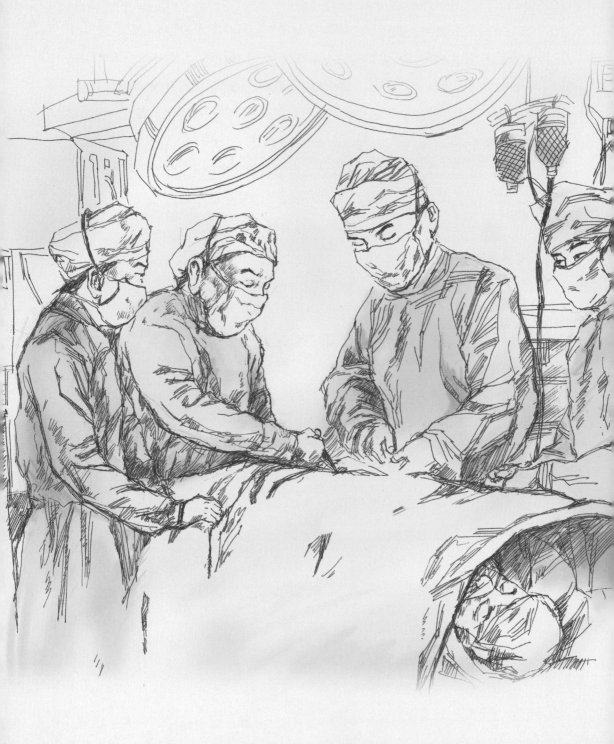

睛为止。

一睁开眼睛，满屋都是金色的阳光，世界从未如此灿烂，那一刻的感觉简直妙不可言。我问护士："这是在哪儿？"护士说："ICU（重症加强护理病房），你需要观察24小时才能返回普通病房。"

ICU陆续又推进来几个术后的患者，我发生了几次呕吐，实际上是干呕，什么也没有吐出来。腹部的刀口抻得很疼，护士过来用力帮我压着，告诉我这是麻药的正常反应。

天慢慢地黑了下来，麻药的效用渐渐消退，体内仿佛一堆食人蚁在啃噬着我的五脏六腑，一阵阵撕心裂肺的疼痛犹如潮水似的不断涌上来，一次次将我淹没。病房里其他病友也好不了多少，大家比赛似的呻吟叫疼，有时候轻重交替，有如和声伴奏；有时候粗细轮回，仿佛男女对骂；有时候缓急变换，好似击鼓传花，真是一出恢宏而又古怪的交响乐。独乐乐不如众乐乐，反过来独痛痛却比众痛痛厉害多了，因为有了大家一起痛，自己也就感觉不那么痛了。

这一宿几乎没有睡，一分钟一分钟地熬，终于熬到了天亮。8点多，护士推我回到病房，一进病房，我就逞能般地喊起来：我吴江又回来了！

可是无论我怎么用力，声音却如鲠在喉，卡在喉咙里出不来了！我这才意识到自己刚经历了一场开腹大手术，元气大伤，内力一时之间还恢复不了。

小萍精心帮我选了一盆花儿，摆在床头柜上，花盆不大，但很精致。我一直没有搞清楚这是什么花，不过这并不重要，直到现在我还记得它的样子呢。神话中哪吒就是通过一朵莲花而重生的，如今病房中看到了这盆花，我似乎也在它身上看到了自己精气神的回归，这是我一生中见过最美丽、最有活力的花儿！

回到了普通病房，只能独痛痛，疼痛似乎开始放大了，我身上插了好几根管子，只能平躺，越躺越累，脊椎上也扎了一根管子，连了一个止痛棒，说是疼痛时按一下开关就会往脊椎里注射一些止痛的药物，但我试了下，效果似乎不怎么明显。

这时我想起来，在沈阳时付伟大哥就跟我介绍了，术后前几天可以向医生申请打止痛针。于是我就以疼得厉害为由，要求打一针止痛针。过了一会儿，一个护士来给我打了一针，很快就不疼了。痛意一消，困意立刻袭来，于是昏昏沉沉地睡着了。小萍的三姐夫从沈阳赶来，白天小萍护理我，晚上三姐夫护理我，有了他们的精心照顾，我身体一天天地复原，失去的元气又逐渐回到了我的体内。

治疗心得：

1. 建议多看几家医院。买个东西都要货比三家，何况是救命呢。一定要了解清楚两点：一是国内哪家医院最擅长治疗你这个类型的肿瘤，二是医院哪位专家最擅长治疗你这个类型的肿瘤。

2. 能手术的首选手术治疗。需要注意的是，手术前更要尽量选择两个"最"：这方面肿瘤手术口碑最好的医院，和这个医院中做这类型肿瘤手术口碑最好的医生！因为手术要靠经验，经验来源于实践。

3. 术后疼痛时，在医生允许的情况下可以使用止痛药，不要硬挺着当铁人，因为疼痛会影响你的休息，休息不好就会造成你术后的免疫力下降，而免疫力低下会造成残留的癌细胞复制，导致肿瘤复发！

4. 术后可以根据医生的建议选择一些中药来辅助治疗。中药通常能起到两种作用：一种是扶正平消；另一种是调节你身体上的不适，进而增加免疫力。

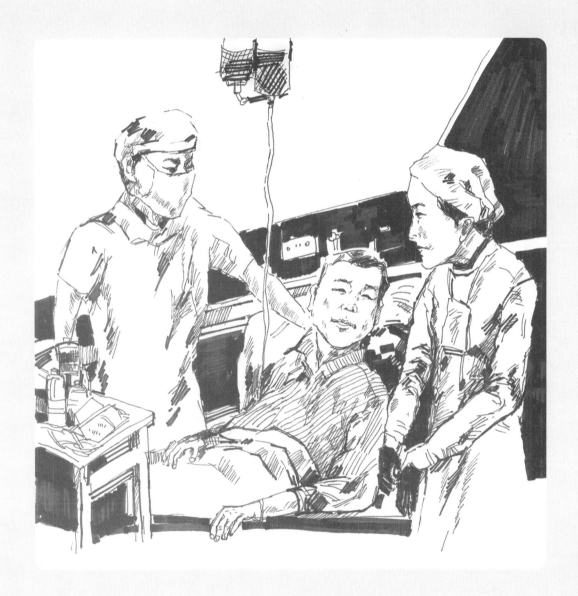

茫然：介入化疗

主治医生张琪来告诉我说术后第七天拆线，拆线第二天就可以出院了。出院后一个月左右，可以考虑再回来做一次预防复发的介入化疗，目的是将肝部残留的癌细胞彻底消灭。如果想做的话，现在就要同程主任申请，因为病床很紧张。我心想，既然这样，就应该治疗得彻底一些。于是小萍向程树群主任提出申请。程主任让我出院20天时同他联络，他会帮助安排一张病床。

就这样，我们回到沈阳，一个多月后打电话给张琪医生，咨询介入化疗的事宜。张琪查了一下，告诉我们，原来我住的那个床的患者已经手术后第四天了，再过三天就出院了。我们马上订了机票，直飞上海，办了住院手续。

住院后的第三天下午，我开始了介入化疗。刚进介入手术室时，内心还是很轻松的，大手术都做过了，小小的介入算什么呀！躺在手术台上，我看到这个手术台同普通的手术台有点不一样，上面没有无影灯，取而代之的是一个白颜色的罩子。听说这是一个类似于X光机的设备，可以透视人体内部，医生通过这个设备，将介入导管准确地放到病灶的位置上，再给药。

化疗是化学疗法的简称，是利用某些可以破坏和干扰细胞生长与存活的药物去杀死癌细胞，阻断癌细胞的分裂增长，它跟放疗、手术治疗一起被称为治疗癌症的三剑客。化疗的这把剑上面是抹了剧毒的，作用十分猛烈，故而能在癌细胞面前摧枯拉朽，使得战场上的癌细胞大军死伤惨重。然而这把剑嗜血成性，六亲不认，在杀伤癌细胞的同时，对体内的正常细胞同样不留情面，真是杀敌一千，自损八百。

介入化疗是最常见的一种局部化疗。简单来说就是在血管、皮肤上做微小通道，或经人体原有的管道，在影像设备的引导下使化疗药物直接作用于局部。由于实现精准打击，介入化疗与普通的化疗相比全身不良反应大大减少，但局部不良反应可能会增强。

不久我感觉到大腿根部内侧股动脉被狠狠地刺了一下。导管插入时我没有什么感觉，但给药时就很不舒服了，等做完了化疗被推回病房后，肝区上像压了一块大石头似的，特别难受，憋闷，恶心，还吐不出来。

护士长给了一个小沙袋，让压在穿刺的股动脉上，平躺24小时不能动。压到6个小时，沙袋撤了，但还是不让起来，只能稍微侧身动动。

这24小时我几乎没有睡，肚子里翻江倒海般的难受，一分一秒地熬，越到最后几小时越难熬！终于熬到了24小时，可以起来了，但是整个身体像发酵的面团似的，浑身疲软，也没有任何的食欲，看到什么都恶心，吃什么都不消化，这种状态持续了一个多星期才逐渐好转。

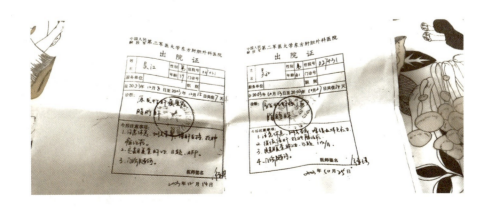

化疗心得：

对于化疗，一直以来民间都有争议，有些人反对化疗，认为化疗不良反应太大，想到化疗，就是脱发、恶心、呕吐等一系列令人痛苦的情形，给人生不如死的感觉，甚至认为化疗是死亡加速器，以至于很多人都排斥和抵制化疗。

以我的经历来说，我个人认为，化疗是利大于弊的。大多数化疗非但不会加快癌症患者的死亡速度，还能提升癌症患者的治愈率。绒毛膜上皮癌、睾丸精原细胞瘤、恶性淋巴瘤、儿童急性白血病等多种癌症都可以通过化疗治愈。若患这些癌症的患者早期能接受化疗，其治愈率可达90%。对于其他不少肿瘤来说，化疗也可以起到消灭手术后残余癌细胞或者有效延长患者生存期的效果。化疗造成的不良反应和短期免疫力下降是可逆的，重要的是化疗带来的长久获益。最近研究表明，化疗药可以杀灭一些抑制免疫功能的细胞（包括肿瘤细胞），一定程度的化疗反而可以提高免疫力。

很多人对化疗的理解还停留在早期化疗的阶段，没有与时俱进。早期化疗因药物毒性太大，且没有很好的药物来防治相关毒副反应，使得化疗给人一种很可怕的印象。然而，近几十年来，随着新的化疗药物的研发以及预防、治疗化疗相关副反应药物的广泛使用，化疗引起的副反应绝大多数是可预测以及可控制的。

当然，化疗的效果也是因人而异的。有时，若超过患者身体承受能力极限，在化掉癌细胞的同时把自己也"化掉"了。

因此，在做每一次化疗前，一定要让医生科学地评估自己的身体状况，由有经验的肿瘤专科医生决定是否进行化疗及制订具体的治疗方案。如果不适合做化疗，可以暂停一下，待身体状况能承受时，再进行下阶段的化疗，或者选择保守治疗。

另外，做完化疗的患者，身体会很虚弱，免疫力也会低下，这时一定要跟进免疫疗法，来增加免疫力，再造自己的免疫系统。

这次住院期间我又遇到了李岩政，他也是来做介入治疗的，还结识了新病友历建福。小历是温州人，两口子在义乌小商品批发市场里做生意，人很精明，也很节俭。听他老婆介绍，小历发现肿瘤后，听说做手术要花几万元，不舍得治，就听信当地的一个大夫的话，让他开了一个化瘤丹，说能把肿瘤给化掉，结果吃了一年药，肿瘤不但没有化掉，反而由不到2 cm长到了9 cm多，已经不能直接手术了，需要先做介入栓塞术缩小到可以切除时，再进行手术切除。

历建福是被江湖郎中坑了的典型例子，一年多吃药算起来花了20多万，够得上很多次手术的钱了，最终肿瘤却长到了不具备直接手术条件的程度。平时小历老婆、小萍和李岩政老婆她们三个人总爱凑在一起聊天，聊的主要内容就是要多留点儿心眼，这个病好不了，别落个人财两空的地步。

这些悲观的言论传入我的耳朵，让我的情绪也受到了感染，那段时间是我一生中最灰暗的时期，我一度怀疑自己到底应不应该到上海做这个手术，应不应该回来做化疗，肝癌治愈的可能性这么低，我会这么幸运吗？我连做梦都会梦见自己"人财两空"的情形，一身冷汗地从噩梦中惊醒。醒来之后，想一想现实的处境，我又不禁苦笑起来，哪来"人财两空"，我现在身负巨额债务，财早就没了，就剩下个人了，而且这个人还开膛剖腹过，就像被拆过重修的机器一样，再也回不到原装的状态，随时可能再出毛病，甚至直接报废。躺在病床上是最容易胡思乱想的，一想到事业上那些烦心事，好像有人掐住我的喉咙一样，我简直要窒息了。

二"绝":事业陷入绝境

我得肝癌之所以说命悬一线,除了疾病本身的缘故外,还有另外一个至关重要的原因,那就是我的事业也在同时陷入了最危险的境地,以至于我第一次定好去上海手术那天晚上,竟然没有躺在医院的病床上,而是躺在一张被供应商看守的旅馆的床上。

激荡:忆当年辞职下海

说来话长,这事儿要捋清头绪,还得从20多年前说起。

从上海回到沈阳之后,我经常一个人在夜里到沈阳工业大学的校园里散步。白天我不敢去,因为学校里不少老师都是我的债主,怕被他们逮住讨钱。我曾经在这所大学执教十年,那段时光是我一生中最平静也最平淡的时光。当时年少轻狂,觉得小小象牙塔容不下自己大大的理想,可是一病归去来,我倒真的怀念以前大学校园内的纯粹。如果当初没有走出这里,或许也不会经受如此之大的磨难。走在校园里,我常常陷入对往事的追忆当中,不能自拔。

1984年,我从沈阳机电学院(现沈阳工业大学)毕业后,因为父母都是这所学校的教职员工,在他们的支持下,我选择了留校任教。孟子说,君子有三乐。父母俱存,兄弟无故,一乐也;仰不愧于天,俯不怍于人,二乐也;得天下英才而教育之,三乐也。我当时可以说是三乐齐聚,一则双亲身体康健,自己又近在身边,不用担心"父母在,不远游";二则大学教师靠的是自己的专业知识,无须钻营,无须迎合,活得坦坦荡荡;三则当时的大学实行的还是精英教育,大学生还被视为天之骄子,大学里充满着理想主义色彩。

况且,20世纪80年代还是计划经济时代,大家的收入都差不多,至少在同一个地区不会相差太远,所以收入不是衡量人们职业或者能力的标准。诸如军人、老师、医生这些职业,都备受人们尊敬。

然而,单纯也带来了单调,稳定成为众多追求"岁月静好"的人争先恐后进入体制内的最大原因,但这种稳定也成了许多喜欢变化追求挑战的人进步的最大障碍。罗曼·罗兰说:"大多数人到了二三十岁就已经死了,他们成了自己的影子,不断重复着自己。"大学的工作和生活似乎一成不变,每天就像在复制粘贴前一天的自己,25岁的时候基本上可以想到自己52岁的样子。

每当在夜深人静时,想到象牙塔内的波澜不惊与职业生涯的一眼望穿,我就会不由自主地瑟瑟发抖。

我渴望摆脱这样的人生模式,可是不当教师,自己还可以做什么?我心里实在没有底。就这样,不知不觉我度过了在大学任教的"七年之痒",如果不是90年代初期电视台热播的一部新加坡电视剧《人在旅途》再次点燃我心中的那团火,或许生活状态会这样一直保持下去。

《人在旅途》热映时，每次听到主题曲中的那句"从来不怨命运之错，不怕旅途多坎坷，向着那梦中的地方去，错了我也不悔过"，我就热血沸腾，犹如一只刚刚羽翼丰满的雄鹰一样，渴望搏击长空。

那是一个创业大潮席卷全国，基本上摆个地摊就能发财的时代，无数人选择了离开体制，闯入社会。我蠢蠢欲动，渴望追随他们的脚步。

但当我把这个想法同母亲说了后，毫无意外地遭到一顿劈头盖脸的训斥："我和你父亲都是老实人，一辈子只会教书。你应该继承我们的传统，在教书育人和科研实践上多下功夫，不要想那些不切实际的、没用的东西！"

父母是老派知识分子，在他们心中，经商就是不务正业。我一个大学老师跑去做生意，有点"落草为寇"的感觉，想想外面无数人拼了命要挤进体制内，而我却要反其道而行之，简直是脑神经短路！

但我一直没有放弃下海经商的念头，一次一次同父母软磨硬泡，最后母亲不耐烦了，撂下狠话："你要非得做生意，我们就不管你了，但休想从我们这儿拿到一分钱！"

母亲其实是欲擒故纵，想让我知难而退。那时大学教师收入微薄，平时的工资应付开销都捉襟见肘，哪里还能存下钱来，没有启动资金怎么能做生意？

天无绝人之路。一天，我在理发店等待理发时无意中看到了一本台湾出版的《天下》杂志，封面上有一则标题是：《台湾统一：从乡土到国际，高清愿立志要成为世界最大的食品集团！》。我顿时眼前一亮：高董事长如果想实现这么宏伟的目标，就绝对不会放弃大陆的市场，来大陆投资是早晚的事。听说沈阳市对引进外来资金项目会给予一定数额的资金奖励，如果我能同统一企业联系上，把对方引进沈阳投资，就能获得市政府的奖励，创业的第一桶金不就解决了嘛！

我越想越兴奋，于是向理发师傅借这本杂志。师傅说这是一位台胞来理发时扔在这儿的，我要是喜欢就拿走。缘分就是这么奇妙，没想到就是因为理了一次发，我的人生也"从头开始"了。

回到学校后，我就去了教师阅览室，刚好找到了一本《台湾工商企业录》，上面还真的有统一企业的地址！我至今还清晰地记得那个地址：台湾台南县永康乡盐行中正路301号。

当天晚上，我就迫不及待地提笔给高清愿董事长写信，在信上详细介绍了沈阳鼓励台湾企业投资的优惠政策，恳请对方能认真考虑来沈阳投资发展。高清愿是享誉亚洲的大企业家，而我只是中国东北一个寂寂无闻的大学青年教师，我何德何能去打动对方？我不自量力，就冒冒失失地给人家写信，请求人家来投资建厂。但我当时没有想这么多，只想着要是高董事长不回信，我就当练习写作了。

第二天，我又去了新华书店，在社科柜台上找到了一本中国青年出版社出版的《成功致富宝典》。这是一本成功学著作，这样的书现在书摊上比比皆是，但当时市面上还比较少见。我好像得到了一本武林秘籍一样，立即迫不及待地读了起来。书上写的都是一些他人成功的例子，以打鸡血的方式不断地激励你不要轻易放弃，失败的时候再尝试一下，没准下一次就成功了！书里面不断地强调一个信念：只有想不到的，没有做不到的，如果没有成功，只有一个原因——就是你的努力还不够！

这种"鸡血理论"现在看起来未免有点幼稚，就像一个人如果不适合跑马拉松，你却不断鼓励他坚持到底，结果他很可能半途栽倒在地上。但在当时，对我内心的触动却非常大，给了我很大的勇气。

就这样，一部电视剧，一首主题曲，一本书，指引我走上了新的人生道路。信寄出去20多天以后，我收到了统一集团高董事长指派林先生回的信，信中最后一句给了我莫大的鼓舞，他说："待大陆地区进一步开放和GDP有所提高后，统一企业一定会来大陆投资的！"

我兴致勃勃地把这个好消息告诉父母，又被母亲泼冷水，说："你还是多钻研一些业务，早点儿晋升高级职称，干点切合实际的事儿！"我不为所动，说自己一定要把统一企业引来沈阳投资，这是我的目标！

接下来3年半时间，我共写了100余封信件，终于让统一企业落户到了沈阳经济技术开发区，这也是当时台资企业在沈阳投资额最大的项目。我因此获得了沈阳市政府6.5万元招商引资奖，6.5万元在今天来看不算什么大钱，可是放在那个年代绝对是一笔巨款，我也如愿拿到了自己创业的第一桶金！

我拿到政府奖金后，第一件事就是花了18 000多元，在北京佛山墓园给我母亲买了一块墓地。我父母都是北京人，因为支援东北发展来到了沈阳，母亲一直希望能调回北京工作，但直到她去世这个愿望也未能实现——那时候户口非常重要，没有户口在北京没法生活，不像现在还能北漂。要是换成今天，恐怕母亲早就漂到北京去了。

母亲直到去世，也没能亲眼看到我的成功，这也成为我今生的遗憾之一，我觉得用招商引资奖金给她买块墓地，是弥补这种遗憾最好的方式。母亲九泉之下有知，想必也会为我感到高兴。

记得在北京佛山墓园安葬母亲的那天是1996年清明节前一天，天空下着雨，淅淅沥沥。我跪在母亲的坟前，说："妈妈，我成功了，在您离开我两个月后，统一企业来沈阳投资了。去年年底，市政府兑现了我的引资奖励。您多年以来，回北京的愿望也终于实现了，这个墓地就是用政府的奖励买的！您可以安息了！"

36 | 我是"癌克星" 跟老吴一起快乐抗癌

有了这第一桶金之后，我离开了安静的大学校园，开始了自己的人生三级跳，第一跳是加盟台湾统一企业负责业务拓展；第二跳是离开统一企业创办江诚商贸有限公司并拿到了百威啤酒在沈阳的销售权，其后我创造了啤酒销售奇迹；第三跳是买入5 700多平方米的商铺开设生活家超市。而就在第三跳之后，我以为自己走上了人生的顶峰，回头一看，才知道自己当时正站在悬崖边缘。

挣扎：开超市陷入泥潭

2001年11月12日，我以3 000万元资本注册的沈阳生活家超市开张了，我的人生也由此翻开了新的一页。之前当代理商好比一个部队驻地方办事处，现在终于可以自己拉起队伍打天下，心态和格局自是截然不同的。

生活家超市位于沈阳铁西区保工南街，面积5 722平方米，那年头这样的大型综合超市还是新兴事物，而能够开得起这样大型超市的不是资本雄厚的企业就是家里有矿的个人，我大概是同行中最穷的。好在不用交租金，大部分人开超市都是租商铺，做不好的话变成为房东打工，而我自己就是房东。

5 722平方米的门市房，当年价值2 500万元，很多人可能会问，买下这么大规模的门市房，光首付就得几百万元吧，你有这么多钱还喊穷？

非也，我当时虽然干了几年代理商，生活比起当大学老师的时候有所改善，但要掏出几百万元来实在是比登天还难。这件事说起来，堪称我把统一企业引进沈阳之后，人生中又一大手笔。如果说把统一企业引进沈阳是"四两拨千斤"，以一个名不见经传的小教师去撼动时代巨人，那么买

下这个商铺就是"乾坤大挪移",借力打力,或者叫借鸡生蛋。

生活家超市位于铁西区人口密度极大的生活区中心,人流量大,而那几年电商还没有兴起,仍然是实体零售业狂飙突进的黄金年代,只是竞争日趋激烈,渐渐开始从蓝海进入红海,国内每天都会有很多超市开业,也会有很多超市关门。

当然,以我的自信乐观,绝没想到自己会成为失败者,统一企业我能引进沈阳,百威我能卖出奇迹,2 500万元的商铺我能拿下,开个超市还不是手到擒来?何承想,我和生活家超市的故事就像一场美丽的初恋一样,有着浪漫的开局以及悲伤的结局。

刚开始,超市每天营业额达到四五十万元,每个月1 000多万元,一切看似那么美好。然而,后来我才发现自己当时是站在山顶上,之后一直在走下坡路。超市的营业额从最初的每天四五十万元不断缩水,到了2003年春天,已经只剩下5万元左右,只有原来的十分之一。而那时为了还债和付高额利息,每天要付10万元左右,这样就产生了5万元的窟窿。因此我每天中午开始就要到处借钱来堵窟窿,几乎都成了规律,可以想见压力之大。

日后我反思了一下生活家超市失败的原因,大致可以归结为两大方面:

第一个原因是资金上自始至终的紧张局面,好比一条越拉越紧的绳子,随时有断裂的风险。超市前期投入大,消防系统、防盗系统、收银系统、灯光照明系统等硬件要跟上,还购买了馒头机等一系列重资产设备,这几百万元全部都是向亲朋好友以及其他社会上的人士高息借来的,每个月光利息就是一笔不小的开销。同时每个月我还要还二十几万元的银行贷款,一旦某个月营业收入没有达到预期,就会形成恶性循环,像一个掉进沼泽地的人，越挣扎陷得越深。

为了还债和付利息，我不得不延长给供应商的结款周期。长此以往，很多供应商对我失去了信任和耐心，几家大的总代理商更是要求先打款后供货，而且一次性进货还要有量的规定，以至于我根本没有办法从厂家直接进货。为了不断货，只能从批发市场的二批商那上货，这样一来就得不到厂家的促销政策和活动支持，导致其他超市同类产品比我们便宜，甚至于特价促销的产品比我们的进价还低。群众的眼睛都是雪亮的，看到东西贵自然就不来了。

总代理商的断货不仅造成了我们的进价和售价偏高，也造成了生活家超市的货品不全。二十几个断货的大供应商的产品，只有可口可乐等几家可以通过二批商解决，还有十几家的产品没有办法采集完整，这样卖场严重缺货，不能实现一站式购物，也是造成顾客流失的重要原因。货品不全，利润低，卖价高，顾客不愿意来，越不来越没钱赚，越没钱越无法采购低价和齐全的商品，超市的经营进入了一个死循环。

屋漏偏逢连夜雨。2003年6月份，市政通知我们，下个月保工街要封路，进行市政管网改造，工期预计90天，这样马路对面的顾客过不来了，会影响一大批客源。更要命的是，9月份八马路的乐购开业，年底沈辽路家乐福也要开业，这两家店离我们超市都很近，而且一家在北面，一家在东面，都离生活家超市不远，刚好夹击我们，下一年生意会更难做！

那些天，我一直在思考两个问题：9月份乐购和年底家乐福开业后，生活家超市的命运会怎么样？我的欠款将来要怎么还？一个晚上，在床上辗转反侧，最后干脆起来了，来到书房，坐在写字台前，随手拿起一本前两天买的书，一看书名，不觉一惊：《苦才是人生》！说人来到世间就是受苦来了，于我心有戚戚焉，这不正是我现状的写照嘛！

第二个原因是缺乏科学有效的管理，不够专业。我原本只是一个大学理工科的老师，后来虽然当了几年代理商，但在超市经营管理方面却是外行。超市运行两年来，一直都是粗放式管理，管理制度、管理方法没有跟上，企业处于无序发展状态，各种标准和流程没有做到专业化。

2003年8月的一天中午，老友江涛正好路过超市，上来看看。江涛曾在银泰百货做过企划部总监。平时江涛喜欢看书，热衷研究市场及企业管理，擅长策划，是典型的靠智慧吃饭的广告人，对超市的经营管理颇为内行。

我们也有大半年没见了，江涛见到我，第一句话便问："吴哥你减肥了吗？瘦了！"

我苦笑道："减什么肥呀！是这两年开超市上火，白天吃不下饭，晚上睡不着觉，熬的！"

"超市是新兴业态应该赚钱呀！目前沈阳这几家大超市都很赚钱呀！"

听我说亏得很厉害，江涛一脸惊讶，主动要求帮我诊断一下什么原因，想看看电脑上的资料。我让开座位给江涛，江涛向我要了几张纸和笔，认真地记了一些数据，大约过了半小时，他说："吴哥，你们太不专业了，缺资金只是一个方面，缺乏科学有效的管理才是根本所在，按你们的状况，即使有了资金也很难赢利！"

我很赞同江涛所说的话，便请他推荐一个合适的人才。江涛想了一下，说："吴哥，现在是专业的人做专业的事，你们现在还是停留在摸着石头过河的阶段呢。你们不是缺一两个人，而是缺乏一个高效专业的经营团队。你们店的位置非常好,我可以帮你问问其他超市有没有感兴趣想接手的。"

这个问题过去爱客家曾跟我谈过,但是有两个关键问题解决不了:一是房租问题,房子是我自己贷款买的,每个月要还银行二十几万贷款,他们出的租金不够还贷;二是这两年经营上的窟窿,高息借款每月都需要付利息,供应商的货款还得还。

问明白我目前是靠延长结款周期和不断地增加高息借款来硬挺着,江涛警告我这样已经进入了致命循环,随时都有资金链断裂而倒闭的可能。他想了想,说:"我帮你联系联系中兴,看看潘总感兴趣不。"江涛说他正好要去中兴,便起身告辞。

江涛这一次的偶然光顾,无意间竟给闯入死胡同的生活家超市打开了一条生路。

彷徨:因潘总加盟中兴

江涛那天走了之后,下午就把中兴超市的潘德平总经理领过来了。互相介绍时,江涛说潘总刚在卖场里已经转悠了半个多小时,看来潘总是个急性子的人。

我们寒暄了几句,就直奔主题。遗憾的是,那天双方并没有达成一致意见,潘总只愿意给出一年200万元的租金,而对我来说,这些钱连还房贷都不够。那时我一年光还房贷就得300万元,这剩下的100万元让我哪里生出来?况且我还欠了供应商几百万元的货款呢,还有高额利息需要还呢,我哪里敢答应!

看得出潘总很喜欢我们这个店，那天他在卖场里待了两个多小时，直到晚上7点多钟才走。第二天下午快下班的时候，我又看到了潘总在卖场里转悠，看来潘总对我们的卖场还真的挺感兴趣，而且一点没有遮遮掩掩，或者玩一招欲擒故纵之类的把戏，是个实在人。

没过几天，潘总给我来电话了，约我在一个高尔夫俱乐部见面。潘总向我详细了解了一下当时的状况，知道中兴目前无法满足我的租金要求，而我也到了山穷水尽的地步。看到我们这家店的位置这么好，潘总不舍得让它自生自灭，便建议我们加盟中兴，把现在的生活家超市变成中兴超市的加盟店，由中兴方面派管理团队来管理，我们所有的人都得撤出，连我也不能参与管理。中兴方面每个月向我提交财务报表，加盟费可以在开业之后交，这样就可以借着中兴的名字让这家店复活！

我听后万分激动，连忙说："行，大哥。太好了！就这么做吧！您就是我的恩人！将来我一定忘不了您！"

潘总说："别那么说，我是看你人好，才帮你的！"

至今我什么都没有给过潘总，潘总也没有向我要过任何东西，连每次吃饭都是潘总掏腰包买单，总说我现在还困难，不让我跟他争。潘总是我这辈子的恩人，是真真正正的大哥！

第二天，我和中兴进一步磋商，商定加盟费每年30万元，第一年年底交，第二年以后都是3月份交。潘总想在十月一日国庆节前开业，时间很紧张，让我抓紧安排闭店，好让中兴方面进场重新装修。

经过讨价还价，潘总给了我半个月的过渡时间，利用这段时间我可以来个清仓泣血忍痛大甩卖，好歹能收回一些货款。

但最让我头疼的是，潘总要求生活家超市内货架上的货和库存的货

44 | 我是"癌克星" 跟老吴一起快乐抗癌

都得返回给供应商，中兴进场以后要重新进货，不能接手。还有欠供应商的货款，也要我自己还，中兴不能帮我背这个债。

这几句话像鞭子一样抽在我的身上，我最大的难题就是欠供应商的款，如果他们没有拿到钱的话，就可以去公安机关报案说我诈骗！

我尝试着问潘总，看他能不能跟供应商沟通一下，帮我担个保。

"你欠的账想让中兴给你担保，你觉得可能吗？"潘总强调中兴是上市公司，有严格的财务制度，这点如果谈不成，这个店他们就不能接了，语气非常坚决。

我解释这不是欠款的担保，实际上就是同供应商做一个沟通，让他们理解，给他们一些希望。

潘总也考虑到如果不帮我跟供应商做一些工作，到时供应商把门给堵上，不让装修，别说国庆，就是春节也开不上业。最终他决定开一个供应商大会，跟供应商解释清楚，讲明中兴是加盟店，不负责以前的欠款，但如果中兴赢利了，可以考虑帮助生活家超市来还。

很快，潘总报请中兴集团刘芝旭董事长兼总经理批准同意，让我过去签字，就这样我同中兴超市顺利地签订了加盟协议。

处理完这一系列事情，我预订了2003年8月17日早上从沈阳飞往上海浦东机场的机票。订完机票后，我给潘总打去电话，简单地跟他说了自己身患癌症准备去上海手术的情况。

潘总听后，迟疑了片刻，告诉我："吴江啊，这样不行啊！在你走之前，你必须得跟供应商说清楚，要不我们没办法接你的店，你赶紧来中兴大厦一趟！"

我一到中兴大厦，潘总已经把一切都安排好了，下周一下午通知供应商开会，地点也定好了，在金都饭店的三楼宴会厅。

我预想到开会的场面，一跟供应商说我还不上钱，这相当于投下一颗重磅炸弹啊，大家能饶了我吗？场面能控制吗？想到可能发生的情形，我不禁打了个冷战，求救道："别人是出去躲债，我是去看病，这不正是对供应商有交代的一个理由吗？你们说一下，吴江有病了，我们接手经营，吴江欠的货款，我们赚钱以后替吴江还，有你们……"

我还没说完，潘总摆出了一个"咔嚓"的手势，就像切西瓜一样把我的话腰斩了："你不出面，没人给你说这些，是你欠的账，你要自己说，给供应商个交代，不开会同供应商说清楚，我们不能接手！"

潘总做事向来果断，这件事又事关重大，看来没有丝毫商量的余地。好在潘总也考虑到我的处境，周一下午让所有的业务人员都到场，负责安抚好供应商，另外还安排了几个保安去帮助维持现场的秩序，特别是跟当地派出所也打了招呼。有了这一番部署，我胆也壮了些，正所谓置之死地而后生，说的就是我当时的心态。

从中兴出来，我考虑得先做一些准备工作，避免被动。于是去了铁西公安分局经侦大队，说明了一下我目前的情况，大队长听了以后说："你确实有一些问题，但是你并没有主观骗钱的意图，现在经营上遇到特殊情况，不触犯法律，是属于民事诉讼范围的。我们可以帮助你向供应商解释说明。"

这话让我感到轻松了许多，当我正要告辞转身出门时，大队长对我说了一句："你今天来得太及时了，如果你躲起来了，找不到你了，我们可就得立案抓你了！"

从铁西公安分局出来后，我又去了区人大常委会办公室汇报一下情况，因为我是区人大代表，这些供应商一定会来人大上访，反映我的欠钱情况。如果不先打招呼说清楚，会造成不好的影响。

"霾"伏：通气会杀机四伏

万事俱备，只待上架，我像一只等待着被上炉的烤鸭一样，好不容易熬到了周一。2003年8月16日，我同中兴超市相关负责人一同前往金都饭店三楼宴会厅，中兴方面一共去了16个人。

我们到了金都饭店后，在一楼就看到了不少供应商。乘电梯到了三楼，一出电梯，更是到处挤满人，不但会场内黑压压的，连走廊里也全是人。据后来统计，当天378家供应商，一共来了800多人。

大家看我们来了，七嘴八舌地议论着，特别是看到我的时候，很多人的目光立即充满杀气。正应了那句话，如果眼神可以杀人的话，我已经死过很多次了。在走廊内，我还看到了七八个民警，看来是中兴怕会场上出事儿，特意请来的。

1点半会议准时开始，原先安排的会序很简单，首先是中兴的孙总讲话，接下来我讲话，然后就宣布散会，计划20分钟内完成，然后赶紧撤退，速战速决。孙总讲话时首先是阐述中兴超市的未来战略发展规划，目的是给供应商们打气，以便支持中兴和我方重组超市。接着她讲我们这个加盟店的规划、招商启动政策等，以及中兴做好这家店的信心。最后话锋一转，才是重点，强调了这家店是加盟店，中兴不负责生活家超市的历史欠账，过去的欠款供应商可以继续向我要，中兴一旦赢利赚钱了，也可以协助我给供应商结款。

说到货款问题时，会场上开始了喧哗与骚动，底下供应商交头接耳地议论起来。轮到我登场了，我努力调整了一下自己的表情，让脸上的笑容更加自然些。上来先动之以情，感谢各位经销商两年以来的支持，然后晓之以理，说我们的店即将同中兴超市合作，由中兴的管理团队来管理运营，相信以中兴的管理水平，未来这家店一定会赢利的，一定会走向辉煌的！"我欠大家的钱，一定会还给大家的，一分钱都不会少的，请大家放心！明天开始返货和对账工作，一周内完成，下面由业务经理蔡宝文来具体布置返货对账工作……"

我带着饱满的情绪，一番慷慨激昂的陈词，犹如首长在开战前动员会，自己感觉说得很动情，但是当我略微停顿等待掌声的时候，发现整个会场死一般的沉寂，寂静得犹如置身于无边的旷野中。我嗅出了空气中的火药味，赶紧把话筒交给了业务经理蔡宝文，按照预先研究好的方案，这个时候我应该趁着供应商们还没反应过来，迅速撤离会场。

然而刚才的寂静不过是暴风雨来临的前奏，安静了十几秒钟后，突然会场炸了锅似的，台下突然传来一声声嘶力竭的尖叫："什么时候给我们结账，不结账别想再开店，骗子！"

这一声尖叫好似导火索一样，立即引爆了整个会场。我已经走不了了，几十个供应商把我团团围住，只听有人喊："别让他跑了，不给我们结账休想离开这个屋子！"

蔡宝文拿着话筒说了几次："请大家安静一下，下面我将返货和对账工作安排一下！"但根本没人理睬他，供应商们就像被捅了窝的黄蜂一样，已经完全控制不住自己的情绪了。

中兴的孙总见状，忙对我说："我店里还有事儿要处理，先走了！"说完拔腿就走，像会轻功一样，一眨眼就不见了。

这时现场已经乱作一团，我又走上主席台，要过蔡宝文手里的话筒，大声说："大家请安静一下，我们店一直以来都是处于亏损状态，现在每个月都要亏损六七十万元，始终都在硬挺着，这回中兴接手，我们有希望了，马上就会赢利了，赢利后就能还大家钱了！"

底下有人叫道："我们不等，少给我们画饼，我们现在就要钱！"还有一个人跌跌撞撞地冲到主席台前："大家看住他，绝对别让他跑……跑……了，我现在去经侦处报……报……案，一会儿就给他送……送……进去！"由于激动，说到关键处他不由自主地磕巴了起来。

我拿着话筒又说："希望大家相信我，理解我，我现在真的没有钱，现在我身体也出现了问题，明天还要去上海治病。"为了让大家相信，我特意掏出机票晃了晃，这一晃就像斗牛士的红布一样，把下面供应商的怒火晃得更旺了，有人怒喝："有钱坐飞机，有钱看病，怎么就没钱给我们结款！"

就这样僵持着，不知道什么时候中兴来的所有人都走了，只剩下我们超市的十几个业务员和部门负责人，像围猎场上的猎物一样，被供应商们团团包围着。

时间已经过去3个多小时了，快5点钟了，我想明天去上海的行装还没有准备呢，说："今天暂时先到这儿，我去上海做完手术回来后，我们再沟通。"话音刚落，下面一阵乱喊："不还钱，不能走！"

"我不看病，耽误了病，人死了，那可就真的给不上大家钱了！"我竭力克制自己，解释道。

听到这句话，马上就有人冲到主席台前说："你要是死了，我们钱就不要了！"

又过一会儿，金都饭店负责会场的经理来了，让我们马上撤场，说明天下午会场已经租出去了，有活动，他们要先整理一下卫生，明天一早就有人来布置会场。但是供应商们都不肯走，双方吵了起来，险些发生冲突。

这时一起走过来几位供应商，其中一位开口说："吴总，我是双方商贸的吕捷,我们几个在沈阳做得比较大的供应商,刚刚开了个小会研究了一下,想问问你,你现在还有多少资产,比如车子、房子、股票、收藏品什么的。你现在拿张纸写一下,我们询询价,看看变现能卖多少钱,先还给大家一部分,我们再做做工作,劝劝大家!"

后来听说他们下午在金都饭店里,针对我的欠款问题开了个小会,会上决定筹备成立一个供应商的维权组织,就是至今还存在的沈阳市供应商商会。

在吕捷等人的带领下,供应商们集体研究了一下,最后决定晚上先开一个套房让我休息,他们怕我一个人太孤独,会和我相伴到黎明,等第二天一起回生活家超市,研究问题怎么具体解决。

没办法,我只有把去上海的机票退了,又给付伟大哥打电话说家里出了点急事,暂时去不了上海了,只能等过几天再说。说实在的,直到现在回想起来我还是心有余悸,因为以那时恶劣的情形,我根本不知道自己还能不能等到去上海做手术那一天。

三"绝"：妻子与我绝断

在我被诊断出肝癌和治疗期间，小萍一直陪伴在我的身边，和我一起在风雨中走过世路的泥泞。那段时光中，我坚信小萍就是命运给我的一把伞，是来为我遮风挡雨的。没想到，她会突然间抽身而去，任我一个人在凄风苦雨中无语问天，"悠悠苍天，曷此其极"，我究竟做错了什么事，要一年之内连续遭遇得癌、破产、破家三大痛？

欢快：美国探亲度假之旅

小萍和我结婚以来，彼此相知相惜，感情很好。结婚近20年，尽管我们的家庭条件已经今非昔比，但小萍戴的耳环一直都是我们刚刚认识那年她过生日那天，我骑车去北行买的。小萍曾跟闺密说，那天我回来时，脸上头发上都是土，那个情景她永远都不会忘记，所以这副耳环她也会一直戴下去。

因此，我从来没有想到有一天小萍会突然变成我眼中那个"最熟悉的陌生人"。不过后来我回想起来,她的转变早已经显露出诸多迹象。当然,这也不能怪小萍,她的本意并非如此,只是周遭环境不断磨损着她的心志。

记得2003年春天,王家林主任在给我做B超检查,发现肝部异常,可能是肿瘤后,他只把消息告诉小萍一人,我还被蒙在鼓里。小萍回来之后却把消息告诉了她的姐妹们。她家一共是姐妹六个人,小萍排行第五,上面有四个姐姐,下面一个妹妹。她的姐妹把钱都借给我开超市,每家借给我十几万元到二十几万元,我按月利息1%支付给她们。

小萍的几个姐妹听说我得病的第一反应不是伤心,而是惊慌,怕借给我的钱要不回去。第二天早上姐妹几个赶到我的办公室,三姐先开口说:"吴江,我最近想换房子了,把现在住的房子卖了,添点儿钱换个大一点的,我借给了你10万元,借条我带来了,你跟财务说一声,去银行给我取来吧。这个月十几天的利息我也不要了。"紧接着大姐、二姐和小妹都掏出借条,也要把钱取走,理由一样,都是要买房子。

亲姐妹都这样,遑论他人。在我病重的时候,不少人都给小萍灌输类似的想法:"老吴要是没了,你的债也没有了,什么借款人,供应商的钱都是老吴欠的,让他们找老吴要去!你准备点儿钱,把能卖的都卖了,去美国陪姑娘,不要回来了!"这些话都是后来小萍离婚去美国后才告诉我的,对她的影响不可谓不深。

做完肝癌手术,从上海回沈阳的火车上,小萍突然问我:"你想女儿吗?"我说:"当然想了!"2003年3月,我们把女儿一个人送去美国读高中,掐指一算,已有7个月了,不知道她一个15岁的女孩此时如

何独自在美国生活。

记得进手术室时,我满脑子还在想:手术能不能成功?这辈子还能不能再见到姑娘了?她现在在干什么呢?小萍说:"咱们的车库有人要买,定金已经交了,回去人家就交全款办手续。然后我们去美国看看姑娘吧,正好你的签证还没有过期呢!"

妻子这么体贴,让我一股暖意涌上心头,有此贤妻,此生足矣!后来才知道,她是准备送我去美国和女儿见最后一面呢!

回到沈阳后,我们俩就置办行装,准备去美国探亲,想到久未见面的宝贝女儿,我的心早已飞到了大洋彼岸。

一天,我在房间里躺着休息,突然间有人敲门。小萍刚打开门,就冲进来一个女的,说是我们超市的供应商,我欠她一万多元货款,她公公腿前几天摔骨折了,如果今天拿不到钱,一会儿就把她公公送到我家来养病。说着,她还当场拿起手机给她老公打电话,让她老公去接她公公。

打完电话,那女的就要闯进屋来,小萍不让她进,两个人撕扯起来了。我见状赶紧给小区物业打电话,一会儿上来了几个保安,把她给弄走了。这女的要是得逞了,估计我家没几天就会变成疗养院了。

那女的走后,小萍惊魂未定,说:"咱们别在这儿住了,要是供应商再堵到家里,我们后天怎么去美国呀?"我问:"那我们上哪去呀?"小萍想了一下,说:"先找一个偏僻点的酒店住两天吧。"

于是我们就在于洪区找了一家旅馆住了下来。半夜,小萍同她两个姐姐趁着夜色掩护,潜回家里收拾去美国的行装。

终于盼到出行的时刻,我们先飞到北京,同表哥表嫂一起吃了一顿晚饭,然后搭乘第二天上午北京飞洛杉矶的航班。

记得离飞机降落洛杉矶机场还有半个小时的时候，空姐让靠窗边的旅客打开遮阳板，我透过窗户看到了洛杉矶市连绵不绝的建筑群，尤其是在空中居高临下俯瞰这一切，更是宏伟、壮观！然而，比起欣赏风景，我心里更牵挂的还是宝贝女儿：大半年没有见到她了，是不是又长高了？女大十八变，越变越好看，她应该更加漂亮了吧？

然而小萍给我打了一针预防针，说姑娘现在有点儿胖。我心里也没有在意，觉得丰满一些也不错。下了飞机后，我们先是排队通关，由于人挺多的，大约排了半小时队才轮到我们，工作人员翻开护照看了看，盖了两个章，就让过关了。推着行李车向门口走去，想到马上就能见到心爱的女儿了，我心里莫名地紧张起来。

正当我在门口焦急张望时，一个胖妞跑了过来，把小萍抱住了。我愣住了，定睛看了好一会儿，才认出这个胖妞竟是我家姑娘！不由得大惊失色，一年前还是一个窈窕淑女，怎么突然间变成这样满身肥肉的胖妞了？

我傻傻地愣在那里，小萍说："你不是想姑娘吗，怎么见了姑娘反而不认识了？"我这才从愣神中转了出来，姑娘过来紧紧地拥抱我，她的体态整整大了我一圈，似乎能把我装进去。

路上仔细询问之后，我才知道姑娘是在奥森塞得的墨西哥寄宿家庭中吃胖的。墨西哥人热衷高热量的食物，盛产大胖子，而那个家庭又很小气，每天只给姑娘做白肉蘸盐。生活中，他们对我姑娘也比较苛刻。因为怕姑娘偷吃东西，他们还给冰箱上了一把锁。由于住处距离超市很远，又不通车，姑娘曾经步行去过一回超市，单程就走了两个多小时，来回要5个多小时。她买回了点东西吃，结果自己只吃了一顿，剩下的都被那家的3个孩子抢走瓜分了。

听到姑娘的讲述，我的心在流泪。在国内姑娘过的是优越的生活，上的是国际学校，受的是贵族式的教育，没有想到来美国受罪了！我后悔当初送她来美国！

我问姑娘现在体重多少，姑娘默默不语，还是小萍替她回答了："美国都说磅，合算下来也就是200多斤吧！"这个数字又给了我重重一击——这对一个十几岁的女孩来说是多么的残酷！

我到美国第一件事就是帮姑娘换一个寄宿家庭。后来随着年龄的增加，在爱美之心的作用下，姑娘下决心减肥，她表现出让我刮目相看的意志力，经过三年多的时间，体重由最高时的205斤减到了现在的100斤，还自己总结出了成功的减肥经验，成立了Cathy（开心）减肥俱乐部，帮助姐妹们重新找回了美丽！如果说我抗癌成功，姑娘则是减肥成功！为了健康，我们是父女同心！

在美国期间，我们一家三口尽情地享受了一个快乐而温馨的假期，不但去了洛杉矶的迪士尼乐园、好莱坞环球影城，还去了旧金山。沈阳工大的顾大姐是北加州东北同乡会的会长，她安排我们住在其母亲的老年公寓里，条件还不错，每天接我们去玩，带我们去金门大桥和旧金山市区观光，还应我的要求逛了万佛城。

从旧金山回到洛杉矶后，我们又找了一家旅行社去了一趟赌城拉斯韦加斯，十几天的美国之旅让人乐不思蜀，时间似乎转瞬即逝。在旅行期间，小萍什么事都依着我，我和她结婚这么久，如此这般的百依百顺还是第一次。后来我才知道，她是把这次美国之旅当成我人生的"毕业旅行"了。

转眼就要回国了，我很留恋这次美国之旅，想起回到国内，又要面对那些烦心的琐事，心里未免对归程有些抵触。

离别的那天晚上,到了机场,托运完行李就要安检了,送行的人该止步了,这时女儿跑过来,抱着我号啕大哭,似乎要流完这十几年来所积攒下来的眼泪。

我本来手术后对自己的病情复原挺有信心的,被女儿这么抱着一哭,似乎也有点一别成永别的感觉,忍不住眼泪像泄洪一样哗哗地流,想到不知道下次还能不能见到姑娘了,想到很有可能这是我的最后一次旅行了,如果时间能够静止不动,永远停在此刻,该有多好呀!

小萍在一旁劝了女儿几次,女儿就是不愿意同我分开。小萍对我说,快劝劝姑娘吧,洛杉矶机场大,别晚了!女儿喊道:"我不想离开爸爸,你不是说这可能是最后一次见爸爸了吗?我要爸爸!"

我劝女儿说:"爸爸是坚强的,不会那么容易死的,为了你,爸爸也一定会坚持着活下去的!""真的不早了,爸爸该进去了!"

女儿这才慢慢地松开了手,说:"老爸一定能战胜癌症,活下来的!"

这么多年过去了,想起当年同女儿在洛杉矶机场分别的那一幕,我还是感觉非常辛酸。然而,我现在还是活得好好的,小萍刻意安排的这一出父女告别大戏最终也成了荒诞剧。

仓皇:小萍与我离婚赴美

生活家超市的问题了结之后,为了寻找一个清净之地疗养,我和小萍暂时移居到了宜居的大连。大连的风景和老友的陪伴让我的身体和精神状态一天比一天好,看到这样的情况,小萍也可以放心地将她的出国计划

付诸行动了——早在来大连前,小萍就跟我说想到美国陪女儿一段时间,顺便过段清净日子。对此,我也爽快地答应了,确实超市出问题后那段时间各种纷纷扰扰让她受苦受累了。2004年的春节我们是在大连过的,这也是我第一次在沈阳以外过春节。过完年,小萍就开始上街置办去美国需要带的东西,她陪我到大年初五,初六早上就返回沈阳了,在沈阳再准备准备行李,初八去美国。小萍没让我陪她回沈阳,说:"别折腾了,往返挺累人的,还得多花钱,你就在大连待着吧!"看到小萍这么体贴,我也就欣然接受了。

到了4月的一天下午,电话突然响了,一看来电显示,我吃了一惊,是沈阳家里的电话号码!家中没人,怎么会有电话打来呀?我一接电话,原来是小萍从美国回来了。她回来收拾东西,下周就回洛杉矶,没时间来大连,让我过去沈阳一趟,我一口应允了。

可惜当天的票没有买到,只好买第二天上午8点多的了。我一直在想,这次小萍回来前一点儿消息都没有,事先也没通知我,感觉挺蹊跷的。

第二天,我乘坐"辽东半岛号",中午到了沈阳北站,出站后换乘公交车直接就到了家楼下。上楼一开房门,我看见地上堆满了东西,小萍的四姐、小妹都在我家里帮着收拾东西呢。东西堆成了几堆,地上摆了两个大号旅行箱,小萍准备带走的就直接装在了旅行箱里,不要的和准备送人的放在一边。

姐妹们走了以后,小萍同我聊了聊在美国的事儿。她说,要想在美国立住脚,就一定要有身份,先办成绿卡,再办成公民,这样才能永久居留。小萍说自己已经开始着手准备办美国身份了,假结婚是目前比较高效的方式,速度比较快,马上就能下来,根据自身的情况,她觉得这种方式更靠谱。

小萍强调这都是假的,不过逢场作戏。她说有了身份,成为美国公民后,可以先帮女儿申请美国身份,她们就能留在美国了。以后女儿念书也不是现在的国际生身份了,可以省一大笔学费。然后我们再重新结婚,我就有绿卡了,几年后我也可以顺理成章成为美国公民,这样一家人就可以在美国团圆了!

离婚是人生一件大事,哪怕是假离婚再复婚,登记本上也多了一块永远抹不去的伤疤。对此,我本来心怀顾虑,但家里的事情向来都是小萍做主,在她不懈的坚持下,我还是答应了。毕竟是假离婚嘛,一个简单的手续能够解决母女二人在美国的生存大计,何乐而不为呢?于是,我们一起走进了法院,办理了协议离婚。离婚调解书上写的是抚养权归女方,财产也全部归女方所有,小萍的解释是这样可以避免涉及财产纠纷,因为一有财产争议,办起来就慢了——反正财产都是自家的,又不会跑别家去,我一听就糊里糊涂地签了。

为了庆祝顺利"离婚",那天晚上我和小萍还特意去皇城老妈店撮了一顿火锅。然而,小萍接下来几天的举动,让我感觉风向变了。

出国前几天,小萍一直在变卖家里的值钱东西,连一台46万元买的自动洗车机也以15万元的价格卖掉了,这台洗车机是超市旁边我配套开的自动洗车场内的日本原装洗车设备,顾客来超市购物满90元,可以享受免费洗车一次,否则就要20元每次。小萍连冬天穿的3件裘皮大衣,也低价卖给朋友了,我们在沈阳住的万科的房子她也想卖掉,但是时间太紧了,没卖成。

卖完后,小萍马上把钱换成美元,包括她认为值点钱的能带走的东西,如金银首饰等全部打包,足足塞满了两个大号旅行箱子,大有彻底告别这个家的架势。

平时都是小萍管钱,家里有多少钱我也不清楚,钱包里就是几百块钱,够用即可。小萍常跟别人说钱就得女人来管,男人兜里有钱就容易学坏了,所以家里的财政大权都抓在她手里。

我平常也不怎么买东西,一般家用的物品小萍都给买好了。我想这回小萍去美国了,又卖了这么多东西,得管她要点儿钱做生活费,小萍倒很爽快:"我已经给你准备好了!"说着走进屋里,拿出了一个信封,递给我说:"给你!平时省着点儿花,别瞎买没用的东西。"

一看信封瘪瘪的,我问小萍:"这是多少钱呀?""2 000元。"

我一听这个数字,顿时无名火起,就把自己一直以来的不满都倒出来了,越说越激动,声音越来越大。结婚这么多年来,我还是第一次这么大声跟小萍讲话。

小萍也满腹委屈,责怪我把家里的钱赔光了,嚷嚷这点钱她和女儿去美国生活还不够呢!还说因为我治病,把孩子的学业都耽误了。

我们就这样你一言我一语地吵了好久,小萍最后说了一句很经典很有杀伤力的台词,她也不止一次对我说过,那就是:你都活了40多岁了,还没活够啊!

通过这次吵架,我觉得小萍变了,变得有些陌生了,她已经不再是以前的小萍了!

第二天早上,小萍的妹妹小清来了,送来了3 000元。小萍跟我说:"我管小清又给你借了3 000元,加一起一共5 000元,再多没有了,就这些了!"

小萍走时,除了大姐外,其余的姐妹都去机场送行了。路上,小萍嘱咐小清,抓紧卖万科的房子。小清说:"姐,卖成了,办手续你还得回来，不是房主别人办不了！"小萍说："只要能拿到钱，需要的话，我马上就回来！"

就这点儿钱，怎么够我生活啊！所以我至今感恩信用卡这一神奇的事物，让我在最穷困潦倒的时候可以解决温饱。

我当时负债2 000余万元，见到银行办信用卡的就办，小萍出国前也办了几张信用卡给我用。我记得最多时自己持有17张信用卡，生活费用全靠东卡倒西卡，非常拮据。当年不像现在，到处有POS机，一刷就可以套现，为了把信用卡上的额度变成现金，我真是绞尽了脑汁。

后来我想到了一个办法，就是到商场去蹲点守候，看到有谁买电视、冰箱这样的大家电，瞅着人家要拿出现金支付的时候，赶紧走上去，厚着脸皮跟人家说："您看这样行不行，我帮您刷卡支付，您把现金给我。"运气好的话，遇到爽快的一口就答应了；运气不好的时候，遇到不好说话的，当场被人家呛了一脸口水："一边凉快去，我就爱用现金支付！"有时候等半天，看着人家开了票，拿着单子到收款台结账的时候，低声下气地跟人家商量，却被人顶了回来，那种失落感可想而知。也有两口子，意见不一，你一言我一语争起来了，我这一问差点引发人家家庭内部矛盾，更是不好意思。

现在回想起来，当时那一次次碰壁的滋味仍然非常苦涩。但是没办法啊，顾得了脸面顾不了肚子，顾得了肚子顾不了脸面，人在困境中只能负重前行。由于时常去国美蹲守，好几个在商场当服务人员的女孩子都认识我了，还给我起了个外号"信用卡"，一见到我就笑着说："信用卡又来了。"

清醒： 补药闹剧击碎幻想

小萍走之后，我一直还幻想着到美国和她团聚复婚，直到一场补药闹剧击碎了这个五彩缤纷的梦。这时我才意识到我和小萍的世界就像一面有了裂痕的镜子，无论你再怎么调整镜子的角度，里面的风景也是扭曲的。很多事一旦走出关键的一步，就无法再回头了。

记得那是2004年6月初的一天，我和老于去逛书店。老于是大连人，名叫于德生，我们在统一企业共事时相识，我在大连疗养期间全亏他陪伴和照顾。正逛着，突然电话响了，一看是负责接待安抚超市供应商工作的赵洪斌会计打来的，我吓了一跳，以为超市那边又出什么事了——那段时间我本着没有消息就是好消息的心态，最怕接到洪斌的电话了。

让我始料不及的是，这次洪斌不但没有给我惊吓，还给我带来了一个惊喜，只听他说："吴总呀，今天王律师把欠江诚商贸公司的啤酒款执行回来了，你看看，给你打到哪个卡里好？"

我一听这话，不由得有一种飞来横财的喜出望外，3万多元呀，这要是早两年我根本不放在眼里，而在那时对我来说可是一笔巨款啊！这个消息对我来简直是一个天大的喜讯！我赶紧从钱包中掏出卡来告诉洪斌卡号，一连重复了两遍，就怕他听错，说话时连拿着卡的手都有点抖了。

电话一打完，我马上将这个喜讯同老于分享："德生，我这回又有钱了，法院帮我执行回来3万多元，一会儿就打到我的账户了，晚上我请你去吃日本料理，庆祝一下！"老于一听，也特别高兴，但他比我冷静，似乎想起了什么，连忙告诉我："老吴，你不是总想吃Z公司产的L粉（为了避免误导读者，这里我就不列出公司和药品的具体名称了）吗？这回有钱了，去买点吃吧，保养好身体比什么都重要！"经他这么一提醒，我也想起来了,应道:"好啊,我们现在就去买!"

于是我们直奔卖L粉的Z公司大连代理公司而去。过去我在电视上看过一位著名专家讲过Z公司生产的这种L粉的作用,据说对癌症康复疗效显著,因此我一直以来都很想买来试一下。记得刚来大连时,我同小萍还去过一次这家公司,当时接待我们的是一名姓迟的大夫,对我们很热情,但我感觉产品有点儿贵,最终还是没舍得买。

正走着,手机里短信提醒钱已经到账了,这时我们也乘电梯来到了代理公司所在的楼层。进去后刚好看到迟大夫在,她还带着一如既往的热情劲儿,一边给我们倒水,一边问我们:"前一段时间您好像来过一回吧,什么病来的?最近检查过没?"

"没错,3月份来过一回,我认识你,你姓迟,上次就是你接待我的!"

"难怪看您面熟!"

"我这次是来买药的,想买点L粉吃吃,听说挺好的!"

"L粉配上A胶囊吃绝了,有条件最好吃L油配A胶囊,好多人的病都吃好了!"

我一听挺心动,但一问L油每瓶要1 800元,还只能吃10天,太贵了!我决定还是买L粉。迟大夫说公司前几天刚刚开完顾客答谢会,也按会上的优惠政策给我,买10盒送5盒。于是我们就买了10盒L粉和10盒A胶囊,他们又各多给了5盒。

最可笑的是,在店里我的心情已经迫不及待了,就在他们给我拿药装药时,老于帮我接了一杯白开水,我猴急地打开了一瓶L粉和一瓶A胶囊,各拿出4粒当场吃了,就像在吃偷来的仙丹一样。药装好了,我们同迟大夫又聊了一会儿,看到又有新的患者来咨询了,我们就告别了迟大夫，转身离去。迟大夫特别热情，一直将我们送上了电梯。

回家的路上，我的步伐格外轻快，走路都有点儿飘，不知道是刚才吃了L粉的疗效，还是我的心理作用。很快到了住处的楼下，我想着先把药送到楼上，再同老于去书店接着看书。在等电梯的时候，电话响了，一看是小萍从美国打来的电话，我非常诧异——小萍从来没在这个点儿来过电话呀，这个点儿美国已经半夜了，平时她早就睡了。

电梯间信号不好，我急忙出来接电话，一听到她的声音，就像吸进去一口辣椒粉，被呛到了。

"法院执行回来的钱你拿走了吗？"小萍的那股火气隔着越洋电话都能感受到。不用猜也知道，一定是洪斌在把钱转给我之后，又特地打电话给小萍汇报，这也符合他的行事风格。

"啊！我刚刚去买了点L粉，是洪斌打电话告诉我的，说法院执行款回来了，问我存到哪个账号里……"

还没等我说完，小萍就打断了我的话："别说没用的，你动我钱就不行！"

"是洪斌问我账号的，我就买了点儿L粉，还剩下3万元呢！"

"买什么我不管，我的钱你一分也不能给我动！"小萍几乎咆哮起来了。

我气得血直往上冲，公司是我创建的，只不过是让你来管几天，怎么就成你的了！我脱口而出："这个钱是公司的钱，怎么成了你的钱了呢？"

小萍以为我不想给她钱，来跟她讲理，在电话那端歇斯底里地喊了起来，什么难听的脏话都骂出来了。如果说这些骂人的话我还可以置之不理的话，小萍最后的威胁却让我站不住了，她说孩子上学该交学费了，如果没有这个钱，就交不上学费，也就没法让孩子继续上学了！

听到这儿，我心里很不是滋味，也真的担心小萍以此为由不让孩子上学了。过去小萍对于孩子的教育就不大重视，曾听她说过，在美国打工按小时付工资，孩子如果不念书，在美国打工挺挣钱的，一出一进差别可大了！

我越想越心惊胆战，似乎她不是孩子的亲妈，而是一个冷漠的监护人而已。于是我赶忙说："我这就先给你汇3万元回去，别耽误交学费，影响孩子上学！"

"不好使，我的钱一分也不能少！少一分就不让姑娘上学，钱全来了还不够呢，明天就得交学费了！"

"我买药花了些，现在不够呀！"

小萍一听又激动起来："那我不管，谁让你动我钱了，我的钱都是计划好了的，你能买就不能退呀！"

我同小萍的对话，老于在旁边断断续续地听了，了解了大概，气得直哆嗦，但他说了几句气愤的话后，还是劝我道："老吴，咱们还是退了吧，别真的因为这点儿钱，影响孩子学业，耽误前程！"我一听很为难，说："刚刚买完就回去退，怎么张得开口，怎么跟人家说呀，太没有面子了！"老于劝我："现在管不了这么多了，小萍说到真的能做到，钱没了可以再想办法，孩子的学业却耽误不得。咱们回去退，我来跟迟大夫说！"

我们拿着药往Z公司大连代理公司走，一路上我默默无语，脑袋里想的全是退药时的尴尬场景。想着想着就走到了Z公司大连代理公司楼下，进了电梯，我真希望电梯能够走慢点儿，晚点儿经历那尴尬的时刻。但这样一想，电梯似乎更快了，等电梯停到了Z公司大连代理公司所在的13

楼，老于先出去了，他回头看我还在愣神，用手拉了我一下，说："走呀，到了。不用你说，我说！你在旁边站着就行。"

进了Z公司大连代理公司办公室，屋子里面的人比刚才多了不少，好几个是患者及家属来咨询的，迟大夫正在给他们解答问题呢。看到我们又回来了，迟大夫惊讶地问道："你们还有什么事吗？"老于说："吴哥的孩子在美国上学，刚刚孩子妈来电话说明天要交学费了，钱不够，让吴哥凑钱。吴哥也没有多余的钱，一算没办法，只有把这个药先退了，应一下急，过几天有钱再来买，不好意思，给你们添麻烦了！"

迟大夫一听，有些为难，说："药卖出后，按规定是不能退的，而且我们也从来没有退过药呀！"说着，她冲我道："能不能先想办法自己解决一下？"我说："我朋友都在沈阳，在大连这边朋友很少，时间又太紧张，实在是没办法啊。孩子妈妈本来就不太重视孩子的学业，我怕没凑够钱的话，她真的不让孩子继续念书了。孩子就这样辍学了，我会遗憾一辈子的！"

我为难的样子和这番动情的话，似乎感动了迟大夫，她同另外一个员工说："小史，找张师傅过来一下。"一会儿过来一位瘦瘦的50多岁的男的，脖子上戴了一条挺粗的金项链，嘴里叼着烟，原来是之前我买药时送药来的那个人，看样子是库管。迟大夫同他说了一下情况，他没等听完，头就摇得像一个拨浪鼓似的，用手指着门，冲我们说："卖出去的药，只要一出这个门就不给退了！"

"我是遇到特殊情况了，希望理解一下，帮一下忙！"我说话时，尽量压低声音，生怕旁边的人听到了。

张师傅却一点情面都不给，反而放大了嗓门儿："这是进嘴的东西，售出一概不退不换！这是起码的原则！你们不要给我们添麻烦捣乱！

要是没有别的事儿，你们走吧！"

这几句话把旁边顾客的眼光都招引过来了，我感觉到脸上一阵阵地发热。

老于见状，忙替我求情："张师傅您别生气，这不是遇到点事儿，缺钱嘛，帮帮忙吧！"

"没钱来买什么药呀？买完了又来退，是不是拿我们当猴耍呀！"张师傅越说越激动。

眼看局面难以收拾，还好迟大夫这人真不错，同张师傅商量道："先帮他们退了吧！他们过一段还来买呢！"

张师傅说什么也不同意，最后迟大夫说："我去找一下领导，跟领导打个招呼吧！"说着她出了门。

不多时，迟大夫和一位美女一起进来了，那位美女操着北京口音冲张师傅说："老叔给他们退了吧。迟大夫跟我说了！"原来这位张师傅是老板的老叔，怪不得这么牛！张师傅这才不情愿地接过药来检查，他拿出我打开过的药，冲我说："这个你都打开吃了，也想退吗？"我说："这个不退了！"张师傅又冲迟大夫说："他们就买了两瓶，不能再给他们优惠价了！"我说："不用优惠了，按正常价吧！"张师傅把药清点后拿走了，嘴里还叨叨咕咕的，但不管怎样药总算是退了。

拿到退回来的钱以后，我松了一口气，我们告别了迟大夫往回走，一路上气氛挺沉闷，两人都没有怎么说话。快走到日本料理店时，我同老于说："晚上咱们照样吃料理吧！"老于苦笑了一下，说："这还吃什么呀！有什么值得庆祝的。明天赶紧把钱汇过去吧，别真的耽误了孩子的学业！料理就先不吃了。"我说："那好吧，我在楼下吃碗海鲜面。"

幸好Z公司大连代理公司的迟大夫了解我的苦衷，也知道我正在辅导癌症病友，有时候她也会约我帮忙辅导一些病友，实际上这也是一种促销的手段。每回辅导完，她都会送我一些补药，不是L粉，是便宜的几十块钱的L胶囊。虽然如此，在我当时看来已经是莫大的恩惠了。因为吃了这个L胶囊，他们知道我比较善于总结，每次开营销会啥的，也会让我上台去跟人分享经验，当然分享之后也会再送我一些L胶囊作为"好处费"。

话说回来，当时唯一让我欣慰的是想到钱汇过去，孩子上学就有保障了！但我还是算错了，钱倒是按时汇过去了，却没能改变孩子的命运。小萍并没有让孩子继续上学，而是送孩子去了一家餐馆，女儿也从留学生一下子变成了打工妹。

小萍的所作所为也把我从幻想中叫醒了，我明白了一个残酷的事实，我们已经界限分明，就像同一个站点开往相反方向的两趟列车一样，从此将越来越远——原来我和小萍是真的离婚了！

我是"癌克星"

2 重生感悟

在肝癌治疗的过程中,在病床上的人生杂想中,在病后的康复疗养中,我不止一次地重新认识世界,重新发现自己,由此也产生了一些自认为重要但或许还比较浅薄的感悟,从中我摘引几条列于后面。如果朋友们觉得只言片语对您有帮助,那是我的荣幸;如果您觉得没啥意义,也请不要见笑。

人在两个地方最容易变成思想家，第一是监狱，第二是医院。因为人到了这两个地方，都只能身不由己，哪怕你有凌云志，也只能默默地接受命运的桎梏，纵然之前你活蹦乱跳，上蹿下跳，现在也只有任人摆布的份儿了。然而，牢房和病床可以囚住一个人的身体，却无法困住一个人的思想。事实上，恰恰相反，正是因为生命被按下了暂停键，给了你复盘和反思人生的机会，以前没有时间想的事情有时间想了，以前根本不会去想的事情现在想到了，以前不可能想通的事情现在也顿悟了。

信心：再次做胃镜有感

信心是金子，科学研究证明，人体内有一种超乎寻常的潜能，一旦被激发出来，会让很多不可能变成可能，乃至创造奇迹，而信心就是开启这种潜能的钥匙。当然，抗癌的信心不能靠一味地在精神上打鸡血，这种信心好比空中楼阁，不可捉摸，难以持久，真正持久的信心应该是来自于对自身和医学的了解。这里我想说一下自己当年手术前夕看到的一张报纸，没想到无意中的一瞥竟对我接下去的手术和康复帮助极大。

肝癌手术前夕，医生突然临时通知我做一个胃镜检查。一听到这个"令人反胃"的消息，我的心里禁不住一阵条件反射似的痉挛。年轻时我曾经在沈阳市中心医院做过一次胃镜，还记得给我做胃镜的医生叫王彦海，那次做胃镜的经历对我来说简直是刻骨铭心，虽然时隔多年，仍然难以忘怀。

当时做胃镜的时候，医生给了我一个一次性塑料咬环让我咬住，据说是为了防止胃镜过程中咬住管子，后来做完才感觉这玩意儿简直有防止人咬舌自尽的功能,那短短的几分钟真是生不如死。

普通胃镜采取的是局部麻醉的办法,做之前医生会拿一瓶口服液让你含在嘴里几分钟再喝下,有人说这是世界上最难喝的口服液,不过对于经常喝中药的人来说可能不算什么。其实所谓的口服液不过是麻药,主要用来麻醉咽部,你只要尝试用手指抠喉咙就知道麻药的意义了。你应该尽量让它在咽部停留一会儿,千万不要觉得自己豪爽,像喝酒一样一饮而尽。

然而,当医生把一条中指粗细的管子从我嘴里插进喉咙的时候,那种强烈的恶心感已经远远超出了麻药的控制,我不由自主地干呕,感觉和宿醉之后的呕吐比较像,不一样的是什么都吐不出来。此时很多人眼泪和口水会开始不自觉地喷涌出来,已经顾不上形象了。管子慢慢插入胃中,随之而来的是肚子里面翻江倒海似的感觉。医生透过上端的观察镜头调整焦距,不断地上下拉动,那个时候我不是度日如年,是度秒如年!

有了当年受虐的经历,我发誓再也不做胃镜了。况且我问题在肝部,想不明白为何要检查胃,于是我就同主治医生张琪商量道:"能不能不做胃镜检查呀?"张琪耐心跟我解释说:"你过去得过乙型肝炎,很容易在胃里形成门脉高压,需要做一下,做到心中有数!"她还是坚持安排我做。我想了想,马上就要开膛剖腹了,连个胃镜都不敢做,怎么上得了手术台?心一横,牙一咬,做吧!

第二天上午我来到胃镜检查室,门口排了十几位等候检查的患者,时不时有人做好走出来,有的眼角的泪痕犹在,有的口水还在往下淌,做完胃镜之后因为麻药还没退,大概有一个小时左右舌头基本没什么知觉,就好像上面垫了块海绵,口水流下来也没有知觉。

看到这一幕，我心里更加紧张了，终于排到了我，进入检查室后，我感觉自己心脏怦怦地跳。趁着打麻药的工夫，我观察了一下胃镜设备，发现这套设备相比上次做胃镜时已经有了很大的变化，一是管子细了很多，之前有我的中指粗，现在只有小手指粗了，再者设备的观察端是直接接到了电视监视器上，看来医生不用一直盯着镜头了，操作起来更加方便和精准。

正想着，医生让我侧躺下，跟我说可以做向外吹气的动作来减少痛苦。管子放入我嘴中，我做了一个下咽的动作，管子顺顺溜溜地就进入了我的胃中，虽然恶心和干呕照样有，可比起之前那次感觉好多了，不知道是不是麻药也改良了。

做胃镜的过程中，我看到医生脚下有一个照相用的快门，脚一踩，就可以拍一张胃里的照片，这也是上次没有的。我正研究这新奇的设备，突然间医生就说好了，前后大约就3分钟。后来我才知道，现在的胃镜都是电子胃镜，相比老式胃镜，不仅不适感轻多了，清晰度也更高。

做完胃镜，回到病房，我看到床头柜上放着一张《光明日报》，随手拿起来翻翻，其中一版记录着医学100年来发展的大事，于是我认真地读了起来。由于时间已久，里面很多内容我已经记得不是很清楚，但有几点却让我至今印象深刻。

20世纪是人类医学史上最了不起的一百年，这一百年医学上的发现和进步比之前所有世纪的总和还要多。1928年，英国细菌学家亚历山大·弗莱明"一不小心"发现了世界上第一种抗生素——青霉素。1940年青霉素用于治疗疾病，成为第一种临床应用的抗生素，当时正是"二战"期间，无数士兵的生命因此得以保全。青霉素可以说是抗生素的

"元老"，但它并没有因为"老"而被淘汰，至今还是治疗多种疾病的首选药物。

1946年2月22日，美国科学家赛尔曼·A.瓦克斯曼宣布其实验室发现了世界上第二种人工制取的抗生素，也是第一种抗结核特效药，即链霉素，它制服了困扰人类数千年的有"白色瘟疫"之称的肺结核。

读到这里，我不由想起了鲁迅先生。1936年鲁迅先生因肺结核去世，那时结核病还没有特效药，只能靠自身的免疫力挺过去。纵然先生是一代文豪，还学过医学，但在病魔面前仍然束手无策，以至过早去世，我只能感叹链霉素来晚了十年！由此我又想到古往今来多少叱咤风云、不可一世的帝王将相、英雄伟人在小小的病菌面前技穷力竭，拼命挣扎，他们征服了世界，但是却无法征服病菌！

蓦然间，我对自己生在这个时代感到无比的自信和自豪。结核病相当于19世纪的癌症，既然今天能被人类征服，相信总有一天人类也会战胜癌症。

作为一个马上要上手术台的人，我更关心百年来那些和手术有关的医学成就。尤其是麻醉，堪称人类有史以来最伟大的发明之一。20世纪外科医学的飞速发展离不开麻醉技术的发展，特别是全麻药物和全麻技术的进步。麻醉药物没有出现的时代，手术前要用冰水浸泡或淋洗准备进行手术的部位，使其冷冻麻木，或者让病人饮酒至酩酊大醉，甚至还有医生让助手用木棒猛击病人的头部，使病人昏迷过去再做手术的，想起来就让人毛骨悚然，比刮骨疗毒还可怕。

我们国家还有一种传统的针灸麻醉术。记得刚参加工作那会儿，我遇到一位老大爷，是一位老革命，跟他聊天时，他告诉我其年轻时做阑尾炎手术用的就是针灸麻醉，他皱着眉头道："那怎么能叫麻醉啊！就是绑在那儿，拿刀子硬割啊！"与其说是麻醉，还不如说是靠精神意志硬扛着，遇到意志力比较差的同志，可能还得上几个壮汉硬给压住，手术才能做下去。

想到以前割个阑尾要像挨宰的年猪一样被人按着，拔个牙犹如走一回鬼门关，而现在开膛破肚不过像睡个觉一样，我更感觉现在的病人太幸福了。这样一想，做胃镜那点痛苦简直微不足道，而上手术台的恐惧也烟消云散了。但我知道，生活中不少人就是害怕做胃镜，哪怕胃痛多年也一直拖着，最终拖成了胃癌。

据统计，中国消化道恶性肿瘤发病数量占全球42%，其中胃癌每年新发病的数量在45万到50万之间，居全球首位。在我国恶性肿瘤发病率、死亡率排名前六位中，包括胃癌、食管癌、结肠癌在内的胃肠道恶性肿瘤占据了"半壁江山"。生活水平的提高，带来了国人饮食结构的变化和高盐高脂饮食的流行，生活节奏的加快又带来了饮食的不规律和草草应付，以及喜欢"趁热吃"和吃腌制食品等行为，这都成了胃肠道恶性肿瘤在中国高发的重要原因。正应了一句话：以前的人都是饿死的，现在的人都是吃死的。而且，胃癌等胃肠道恶性肿瘤已经不是中老年人的专利了，越来越倾向年轻化，20来岁得胃癌去世的越来越多。很多年轻人觉得自己身体好，可劲儿造，最后造出了个恶性肿瘤。

然而，面对如此严峻的形势，却很少有人主动进行早期筛查。以日本为例，他们每年接受胃镜检查的人数达到人口总数的1/8。相比之下，中国14亿人口中每年接受胃镜检查的只有约3 000万人。很多人胃痛或者肠疼，都是随便买点药挺过去，其中一个重要原因就是恐惧做胃镜，正如很多癌症病人因为害怕做手术而选择吃中药一样。

我想以自己的经历告诉大家几条感悟：

1. 身体出现持续性的不适症状应该及早就医，一旦有问题，可以做到早筛查、早发现、早诊断、早治疗。

2. 不要畏惧各种检查的痛苦，检查再痛苦也不会比癌症治疗更痛苦，何况痛苦也是人生的一种体验，有人说：没有做过胃镜的人生是不完整的！

3. 要相信现代医学，想想人类一两百年来取得的医学进步，让许多前人束手待毙的疑难杂症现在都已经被攻克，你还有什么好担心的？

洗礼：出院回家有感

在辅导中，很多病友都问我，你有没有过"术后焦虑"，因为这是很多人都会遇到的一个问题。我的回答是，当然有，如果没有，那就非常人了。那我当初是怎么轻易地化解这种焦虑的呢？一个是走出狭小的格局，以他人的快乐来化解自己心中的块垒。我当初还没出院就开始辅导病友了，推己及人的同时也能推人及己，可以说是双赢；再者，走下了手术台，你就要学会把自己的人生推倒重来，把手术看作自己涅槃重生的一道关卡和一次人生的洗礼。过去了，就不要再回头，要以全新的眼光去理解人生，看待世界，否则就辜负了之前自己所受的苦难了。

记得当年术后前两天我身上插着一堆管子,只能躺在床上,宛如一只被人用绳子绑着扔在盆子里待煮的螃蟹,十分难受。好在术后第三天张琪和两个护士来了,把我身上的管子陆续都拔掉了,我终于可以下地活动了。

整整两天躺在床上,刚一下地犹如宇航员在太空漫步一样,头有点儿晕,脚下有点儿飘,好像失去了地球引力。好在扶床活动活动,很快就好了,术后没有想象中的那么遭罪,让我感到很欣慰。

听小萍说,我手术那天大连庄河的李岩政也住进我们这个病区了,听到"岩政"这俩字,我马上想起了两个月前在中国医大附属一院就诊时那个大连口音——"他比我家岩政的严重吗?"原来这两口子也过来了。李岩政住在东侧的第一间屋子,我想去看看他,三姐夫怕我路上摔倒,陪我去了。

来到李岩政的病房,看到他正靠着被半躺着,他老婆坐在旁边凳子上给他削苹果。李岩政见到我就坐起来了,他老婆说他刚刚做完胃镜检查,定在3天后做手术。一番寒暄后,李岩政向我了解关于手术的情况。感觉他很恐惧,我就鼓励他,想帮助他消除畏惧的心理。我们在同一家医院确诊,又在同一家医院手术,而且连他老婆都知道,我的情况比他"严重多了",因此我现身说法,对他来说就非常有说服力了。日后我义务辅导了一千多个肿瘤病友,没想到,这个事业竟然是从李岩政这里开始的。

但是我说话时,明显感觉气力不足,心跳得很厉害,没办法坚持太久,回到自己的病房后,马上上床休息。同病房的刘国忠今天出院,正在整理东西,临走时他给了我一张纸条,上面写着他的电话,他说:"我在安徽省池州市,离九华山很近,九华山是佛教四大名山之一,是地藏王菩萨的道场，你信奉佛教，欢迎你来我们池州玩，我可以带你登九华山去拜佛。"

我也给他留了自己的电话号码，表示希望以后经常联系。我和刘国忠虽然没有一起上过战场，但一起上过手术台，也算是一同出生入死的"战友"了。从这时起，我明白，病友之间的感情是要比一般人更加深厚的。

术后，我们乘火车从上海回沈阳，我在火车上因缘际会结识了隔壁车厢一个癌症病友，他也刚从上海看完病回辽宁，当时他的心态跟火车桌子上盛满水的杯子一样，稍微一点儿震动就会让水溢出来，对自己能不能治好病一点儿信心都没有。实际上他得的是肺癌，早期发现预后很好，于是我再一次当起了癌症"辅导员"，给他做思想工作。他听说我是肝癌刚刚手术完，原先灰暗的情绪遇到我阳光的心态，就像是酸遇上了碱，我们彼此中和，释放出了温暖与热情。病友情绪的好转也反过来影响了我，让我也倍感愉悦，似乎浑身轻松了不少，这使我第一次萌生了这样的念头，如果我的肝癌真的能够痊愈的话，以后我一定要把辅导癌症病友、为病友服务作为自己终生的事业。

经过20多个小时，火车终于停靠在了终点站沈阳北站。到了家门口，小萍拿钥匙开门，鼓捣了半天也没插进去。我心想，怎么，才出去几天，连家里的锁也不认人了？低头仔细一看，才发现锁眼里面好像塞了东西，于是到邻居家借了一把小螺丝刀，抠了半天，也没把里面的东西抠出来。我们面面相觑，无可奈何，只好打电话向修锁的师傅求救。

一会儿修锁师傅就到了，他刚开始也用工具抠了抠，说："是被人塞完东西后，用502胶粘上了，得用手电钻钻开！"修锁师傅回去取来手电钻，一会儿工夫就把锁钻开了，还帮忙换了一个新的锁芯。

换作之前的我可能勃然大怒，但是经历了上海的手术后，我的心态跟以前已经完全不一样了。

> 生死之间就只隔着一道门。从生这边往死那边看，一切都是大事；从死那边往生这边看，一切都是小事！生气是拿别人的错误惩罚自己，中医常常讲"肝火过旺"，其表现之一就是情绪波动较大，容易动怒。要养好肝，进而使整个身体的机能处于一个良好的状态，就必须学会管理自己的情绪。"过去种种，譬如昨日死；未来种种，譬如今日生"，从手术台上下来之后，我下决心从自己做的每一件事中去寻找让自己快乐的因素，包括那些看似让人很不快乐的事件。

比如这次门锁被人塞东西，我就想，他们并没有撬开锁，把里面的东西搬光，只是损失了一个锁芯而已。再进一步，如果他们真的撬开了锁，把我家的东西扫荡光，我也可以想，没事，那些家具什物值几个钱，值钱的是房子，他们又搬不走。哪怕是房子也没了，想想自己绝处逢生，好比古代一个死刑犯秋后问斩前突然遇到大赦，命这么硬，其他还算事吗？凭自己的能力，还怕天下没有自己的容身之所吗？

如此种种，只要你心态乐观，总可以找到让自己快乐的理由。

节奏：人生三级跳有感（上）

从1994年我结束了十年的大学教师生涯，加盟了台湾统一企业学

习销售，再到创办江诚商贸有限公司拿到百威啤酒沈阳经销权创出百威销售奇迹，最后到2001年创办生活家超市。短短七年之间，我的人生实现了三级跳。在我得病前，这曾是我最引以为傲的一段人生经历，但我在治疗和康复期间对这段经历重新回味和反思后，却有了全新的认识。

当年的我已经不再是十几岁二十几岁可以任意挥霍青春的年纪了，可是刚刚走出象牙塔的自己却像一匹在马厩中关了多年刚刚被放出来的野马，不知疲倦地撒蹄狂奔。我比别人更早到达了目的地，但也更快耗完了能量。以前别人劝我悠着点，告诉我健康是第一位的时候我会微微一笑，置若罔闻，现在我才知道健康不是第一，健康是唯一！如果再让我回到过去，我一定会控制自己的人生节奏，一脚踩油门，一脚踩刹车，在加速与降速之间找到最适合自己的平衡点，当进则进，当退则退，行于所当行，止于所不可不止。

这样你的身体可以一直保持一个最佳的弹性，疲劳了，受损了，稍微休息一下还可以再弹回来。如果把身体比作一根竹竿，把你的事业比作撑竿跳，你把竹竿压得更弯，或许能够跳得更高。趁着早期竹竿的韧性好，你当然可以最大限度地将它压到最弯，尝试跳得更高，但是当你拼命压弯的次数越来越多，随着竹竿的老化，竹竿也会变得越来越脆。最后，灾难肯定发生在一次你享受超越的过程中，竹竿突然间折了，将你从空中高高地摔下来。

当年加盟统一企业后，我先后在台湾统一企业大陆贸易部沈阳联络处、北京统一企业食品有限公司、武汉统一企业食品有限公司从事业务工作。我在统一企业工作的这段时间，于业务实践中打下了坚实的市场营销基础，业务能力得到同事的充分肯定和认可，职务也不断提升。

当年一个业务员的收入比大学老师还多，否则我也不会弃教从商了。确实，自从加入统一企业跑起业务来，我似乎一下子成了亲朋好友和老同事眼中的成功人士，参加朋友和同学聚会时腰板也挺直了许多。

知足常乐，如果我当时满足于此，慢慢地顺着这条路向上走，或许有一天也会上升为统一企业的高层。虽然这个过程可能会比较漫长，但前途是光明的，而且把一个大的目标分成很多小目标会让过程变得轻松许多。据说有一个著名的马拉松选手，他的取胜之道就是每次比赛之前会先到路线上调查，把全程分为若干个阶段，每一个阶段设定某栋建筑或者某个物体作为标志，一段一段去完成。这样相比那些把全程当成大目标的人来说，他的小目标就容易完成得多，而且每完成一个小目标就有一种满足感，比兴奋剂还管用，也促使他取得一次次佳绩。

可惜，以我当年的性格绝对不可能满足于小目标，我甚至不屑于按部就班地去完成大目标——我要抄近道，以最快的方式比别人更早实现目标！为了尽快在人才济济的同事中脱颖而出，我在跑业务谈业务让腿和嘴动起来之余，头脑也没闲着，成天苦思冥想那些能够改变命运的点子，就这样日也想，夜也想，终于让我想出了一个绝妙的计划来。

当时我们统一方便面的主要竞争对手就是康师傅方便面，而且"康师傅"从产品名字和市场营销战略上都领先于"统一"，"康师傅红烧牛肉面"几乎成为当时方便面的代名词，在方便面市场大有一骑绝尘的态势。面对不利的竞争态势，作为统一集团的一分子，我责无旁贷，认为自己应该为改变这种局面尽一份力。

我爱好市场营销策划，平时看了很多这方面的书，于是花了一个礼拜的时间，用心写了一个市场计划——《关于建立统一食品岛：以多品种来对阵康师傅单品种的建议》。

我的出发点是，当时统一在食品领域已经建立了产品多、产品线长的综合优势，相对而言，康师傅只有方便面，品种也仅限于红烧牛肉面和担仔面两个品种，而统一仅方便面在台湾就有几个系列几十个品种，另外还有饮料、肉制品、乳品、食用油等系列产品。这些产品如果集中陈列起来一定非常有气势，能让沈阳消费者领略到来自祖国宝岛台湾统一食品王国的风采！

知行合一才能成事，为了让策划落地，我选择了沈阳当时最火的商场——沈阳商业城，目的是找时任食品商场总经理张智，谈下商业城门口正对面的六角形岛屿，将其打造成统一食品岛的形象店。

沈阳商业城作为沈阳最火的商场，也是供应商必争之地，各方势力明里暗里较劲，商城自然也就高高在上，唯我独尊。但在我反复攻心下，张智终于被我诚恳的态度和不懈的精神感动了，表态愿意支持我。

张智的许诺让我心花怒放，我不由得神驰远方，心想可以通过这家店的成功，不断进行复制，在沈阳每一个区都找区内最好的商场搞一个统一食品岛。康师傅产品线短缺，他们现学都来不及，我定能打他个措手不及！沈阳做好了，我的成功经验就可以顺利向全国推广，届时高董事长一定会亲自接见我，重用我！我越想越开心，沉浸在美好的幻想中不能自拔……

出了商业城，我骑上自行车飞也似的往公司赶。我觉得自己用心打造了一份如此有前途的计划书，而且该计划在我的努力下已经初步落地了，回去向台湾派来的业务部刘芳如经理一说，他一定会非常高兴，在明天的早会上一定会大大表扬我一番！就这样，我兴奋得不能自已，恨不得马上见到刘经理。

其实，我着急见刘经理还有一种斗气的心理。这个刘经理是台湾统一企业派到沈阳统一负责业务的主管，为人比较主观，认为大陆人市场观念差，需要他来调教。我想，这回我让你看看我的策划！

没有想到，当我在办公室找到刘经理，把这个振奋人心的想法和盘托出后，迎面而来的是一阵唾沫乱飞的训斥："用你找！我们的红烧牛肉面下个月就会上市，'统一'有了，谁还会买'康师傅'？""我问你康师傅最厉害的是不是红烧牛肉面？如果康师傅红烧牛肉面被打倒了，是不是康师傅也就完了？"

刘经理坚信"统一"的牛肉面一出来，就能够统一牛肉面的天下，认为我没有服从领导的岗位安排，超越自己的职责做出分外之事，威胁要计我一天旷工，取消这个月的全勤奖，通报批评一次。在我好说歹说之下，他才勉强接过我的计划书，答应晚上看一下，明天早会给我个交代。

我原谅了刘经理恶劣的态度，因为他还没有看过我精妙绝伦的计划书，只要认真看了，一定会拍案叫绝！回到家中，我按捺不住兴奋的心情，特意让小萍买条鱼来做，她做的鱼可以算是一绝，也是我日常的最爱之一。不过我那天吃鱼却带有庆祝的味道。

那天晚上，我激动得失眠了，一大早起来随便扒拉两口饭就骑车去公司。到了公司，一看时钟才七点半，同事们都还没有到，只有保洁员在打扫着房间。

等到快八点了，同事才陆陆续续来了，这半小时似乎格外漫长。这时候刘经理也来了，板着个脸，见到我面无表情，仿佛一尊泥塑的金刚。我刚想跟他打个招呼,他却不给我机会,一转身进了会议室。刘经理的举动让我瞬间感觉没了底,兴奋了一晚上的心情就像断了线的风筝一样开始无所适从。

又过一会儿,有同事告诉我说刘经理让我进去开会。进会议室后,刘经理指着前排的座位让我坐下,然后让一名员工去请管理部的负责人梅小淼也来列席会议。

刘经理看到人都到齐了,让后面的员工把门关上,然后提起了嗓门说道:"天方夜谭!天方夜谭!我们有的员工天天在做梦!我们的方便面在北京生产了,明年沈阳厂也建成了,他却想让台湾的产品供应到大陆。他也不想想,要不要上税,上完税的价格要卖到5元钱一碗,你们有几个人能吃得起?还写了个所谓的计划书,这个员工是谁,我不说大家也应该知道,他写的计划书在这里,我没时间看,也没有必要看。我现在就把它插入碎纸机里碎掉它!"

说着,刘经理按动了碎纸机的按钮,将我耗费不少心血写出来的市场计划书无情地塞入碎纸机中,碎纸机碎纸的同时也碎了我的心!

那一刻我下定决心,待拿到政府兑现的奖励后我立马离开统一,自己做事!后来我常常把在统一工作的这段经历比喻为预科班,或正式下海前在游泳池里学习游泳。俗话说,没有呛几口水,怎能真正地学会游泳?在统一练就的"水性",为我正式下海后搏击风浪,打下了坚实的基础。

我现在有时也会想,如果当时刘经理给我机会,让我能同康师傅过招,结果会怎样?当然,事实就是事实,无法假设。不过之后我的策划和营销天赋终于在百威啤酒的销售上得以施展,证明了我真是名副其实的策划及营销高手,也验证了刘经理等人的鼠目寸光和心胸狭隘。

到了1995年底，我终于领到了沈阳经济技术开发区兑现给我的奖励。奖金发放当天，我就写了一份辞职报告，告诉刘经理我不再伺候他们了，让他赶紧安排人来交接我手中的客户。交接工作完成后，我请业务部门的全体员工吃了一顿饭。自从加入统一以来，我从未如此开心和轻松。

节奏：人生三级跳有感（中）

从统一出来之后，我再也不想受别人的窝囊气了，便下定决心再也不为别人服务了，我要创业，自己给自己打工。韩信羞与樊哙为伍，我相信自己在商场上是大将之才，不屑于与刘经理这样的人为伍，我要开辟自己的天下。那阵子我真的是踌躇满志，心比天高。

我根据在统一学来的销售经验，开始筹备商贸公司。考虑到代理销售产品自己比较内行，于是拿出给母亲买墓地后剩余的奖金，联合了几个朋友成立了江诚商贸有限公司。"江诚"的"江"用的是我的名字，"诚"是诚实、真诚的意思，因为我觉得经商最重要的就是以诚信为本！

到底代理什么呢？我在一番思考和调研后，首先代理了武汉统一生产的木瓜汁。我们在地面上做了一些小学的试饮推广，厂家也投放了一些电视广告，就这样很快木瓜汁就火了，几乎做到了全国木瓜汁销售额第一。

这时候，经朋友介绍我认识了肖家旭，他建议我做百威啤酒的代理。家旭说他正在准备进百威面试，竞争东北地区销售负责人。没几天家旭真的通过了百威公司的面试，成为百威公司东北地区销售负责人，我也跟着沾光，拿到了百威啤酒在沈阳地区的经销权。

拿到经销权后，按照百威方面的要求，我必须马上进一火车皮的啤酒，数量多达4 200箱，需要拿出198 000元，这笔钱在当时对我们来说可是个天文数字！但不马上进货的话，来之不易的经销权很可能随时拱手让给别人。

家旭一遍遍地往我的传呼机上发信息催打款，因为他的上级华北区总监也在催他。我四处奔波，想尽一切办法凑钱，就连邻居的一家冷饮店也凑了1 000元借我，终于凑够了这笔巨款。

但钱汇走后我又犯难了，即将进来的那4 200箱百威啤酒，我要卖到哪里去？按照销售计划，第一批货到货两周后，我还要再进一火车皮的百威啤酒，如果前面一批货没办法及时卖出去，后面的货再接着进来，恶性循环，我的公司三两下就会被压垮，到时血本无归，找谁哭去！想到在卖啤酒方面自己是外行，我不由得感到压力山大，愁得坐立不安。

那时候刚好是5月末，沈阳的天气突然热起来了。一天我在铁西区一家饭店吃饭，突然听到一桌客人找经理抱怨说啤酒不凉，不好喝，问以后能不能准备点凉的，否则就不再来了。

虽然我不喝啤酒，但这句话却给了我很大的触动。吃完饭后，我同一起吃饭的合伙人说："哪儿有卖凉啤酒的地方，我想去尝尝。"于是他们领我到了展览馆附近一个胡同内的酒吧。

当时沈阳卖得最好的合资品牌啤酒是来自德国的贝克啤酒，它几乎垄断了沈阳餐饮店的高端市场。在酒吧坐下后，我看到这家酒吧内啤酒比较全。我点了两瓶百威和两瓶贝克，分别各一瓶凉的一瓶常温的。我是从来不喝酒的，但是今天为了工作得破戒了！

我先用两个常温的做比较，感觉是百威清淡一些，贝克浓郁一些，也就是口味偏重一些。比较凉的百威对常温贝克时，觉得凉的百威特别的爽口，而常温的贝克感觉上很苦，有股乌兰巴托的味道。我心有所感，激动地从座位上站了起来，说："我就要这种感觉，就要这个效果！我要用凉的百威来对阵常温的贝克！"

我要每家店里做到只有百威啤酒是凉的啤酒，其他所有品牌啤酒都是常温的。都是常温的，如何能做到呢？我同家旭讨论了一下，决定召集业务员，一起开一个头脑风暴会议。在会上我说了自己的想法，重点列出了实施这项计划的三个核心环节。

第一关是店主的配合。业务员们反映说，时下天气刚刚热起来，酒店普遍缺冷藏柜，现有的冷藏柜都是去年的，很多都不太好用了。如果能用赠送冷藏展示柜的方式来突破店主这关，应该会取得很好的成绩。

肖家旭是个雷厉风行的人，说干就干，他马上操起电话向上司梁总监求援。梁总监也是爽快的人，当即答应在他所管辖的华北和东北地区调度冷藏展示柜支援沈阳，第一批就调过来68台。

第二关是服务员，必须调动起服务员的积极性来推销百威啤酒。有的业务员说贝克以前采取的是瓶盖换礼品活动，一个业务员还拿来一张兑换礼品的传单。我接过来一看，是集齐多少瓶盖可以兑换相应的礼品，有音响、打火机、T恤、帽子等。有的业务员说，这种活动刚开始效果是挺好的，但后来就渐渐不行了，可千万别做这样的活动；而且有的业务员离职后把礼品贪污了，没有给到服务员的手中，导致一些服务员意见很大。

我说那是公司管理上的问题，我们直接兑钱行不。家旭告诉我百威公司这部分促销费用规定是一个瓶盖一角钱成本，用来采购礼物。

我让家旭回去同公司的人商量一下，我公司也赞助出一角钱，加上家旭公司的一角钱，就是回收一个瓶盖2角钱，积少成多，这对当时月收入仅有两三百元的服务员是很有吸引力的！

家旭说公司那面他能搞定，我又补充说兑换问题关键是服务必须要到位，如果服务做不到位，不但起不了好作用，还会起到反面作用。因此，对我们业务员的服务要求很高，最主要是必须及时兑付，收完瓶盖当场就要给人钱，最好新开发的店当天店打烊后就能换到钱，或第二天营业前就能兑换完毕！

说到这里，我又强调，当店内的服务员得到实惠后，要使服务员树立只有百威啤酒是冰的、其他酒都是常温的观念，要培养出服务员只把百威啤酒放入冷藏柜内的习惯。

这个方案一实行，果然起到了立竿见影的效果。以至于后来各店的服务员都把所有的冷藏柜内装满了百威啤酒，就连贝克的冷藏柜内也填满了百威啤酒，为此有的酒店服务员同贝克业务员还发生过冲突。甚至还发生了有的酒店服务员将贝克酒放在太阳光下晒热了给顾客喝的趣闻。

我又问家旭，及时回收瓶盖他们的业务员能否配合到位，家旭拍着胸脯保证没有问题，并提出业务员集中住不回家、奋战120天的战略。在我们的共同努力下，回收瓶盖的活动开展得非常成功，以至于百威啤酒瓶盖在酒店服务员的圈子里都成了"硬通货"。后来我听说服务员连玩扑克牌和打麻将都是赌瓶盖。

第三个关卡就是顾客了。我们招了50名漂亮的促销小姐，让她们身着亮丽的百威促销服装，点两瓶啤酒就抽一次奖，调节气氛，奖品有开瓶器、钥匙圈、打火机等纪念品，这个方式深受顾客的欢迎。

印象最深的是1996年6月中旬的一天，天气很热，我们巡店来到了明都饭店。我进大厅一看，见各个桌子上都摆满了百威啤酒，只有位于中间一桌的两个人喝的是绿色瓶装的贝克啤酒。我感觉很奇怪，问了一下店内的促销员："他们为什么没有喝百威？"促销员说："我们去过了，没辙，他们就要喝贝克！"我说："你们再去试一下，喝一瓶酒就送他们一个打火机。"

　　这次他们终于点了一瓶百威啤酒。促销员给他们换了一个杯子倒满酒，两个人碰了一下杯子，喝了一口酒，那个表情至今我仍记忆犹新。他们的眼神告诉了我：他们已经成为百威啤酒的粉丝了！他们再也不会喝贝克了！我走到他们身边，问他们感觉怎么样。果然，他们说："没有想到百威这么好喝！这几年净喝贝克，从今天起改喝百威了！"

　　由于当时百威啤酒在沈阳实在太畅销，通过各种渠道和关系来找我批酒的人络绎不绝。以至于我们自己的送货车不够用，而市内一些道路又对货车采取限行措施，我们不得不每天雇几辆公交车来帮助送货。当时沈阳各大啤酒经销商只有我们能做到无一分应收账款，全部收现金，甚至一些店为了防止断货或想多要些货，主动提出先打款再进货——尽管我们大约要过两周才能给他们货，都类似于期货了！

　　经过短短两个多月的努力，贝克啤酒在沈阳市场上已经彻底绝迹了！我们不但把贝克啤酒打败了，销售量甚至凌驾于华润地产的高端啤酒雪花王之上。沈阳市内餐饮店的所有服务员都成了我们的推销员，成了我们的宣传员。我们是当之无愧的沈阳高端啤酒市场之王者！

我们所取得的成绩甚至引起了时任百威大中国区销售总裁Y.R.的重视，他曾多次组织各区域销售高管和主力经销商来沈阳学习取经，推广沈阳经验。更激动人心的是，1996年9月份AB集团大老板布什先生特地约我在北京饭店贵宾楼会谈，他高度赞扬了我所取得的成绩，说能够在这么短的时间内创造出这么骄人的成绩，简直是创造了啤酒销售史上的奇迹！

节录：人生三级跳有感（下）

在人生的高光时刻，你不会感到疲惫，更不会感到畏惧，就像一个勇敢的冲浪者一样，风浪越大，越刺激，越兴奋。那个时候为了啤酒的销售，我东奔西跑，跑遍了沈阳城的每一个角落，发现这座从小到大生活的城市原来还有这么多让自己感到陌生的地方，而所有的陌生又渐渐变成熟悉。

百威啤酒在沈阳最疯狂的时代里，每天晚上当我坐在办公室里，想着这座城市无数的人将因我而痛饮，为我而沉醉，某个腼腆的男青年会借着酒劲跑到暗恋了许多年的女孩楼下唱歌，某个幸运的中奖者会在中奖那晚酩酊大醉以至于把奖券当成手纸从马桶冲走，某个喝着啤酒看着比赛的球迷会因为自己热爱的球队进球而一招醉拳将电视击碎……一时间，我觉得整个沈阳城的喜怒哀乐、悲欢离合都与我有关。每当想到这里，并不喝啤酒的我也陶醉了。

但我并不满足于此，随着百威在沈阳销售的成功，我的野心也更加膨胀。我当代理商的那几年，正处于中国超市和购物中心飞速发展

的时期，我把目光投向了当时正如火如荼的大型商超。一个人喝酒的次数毕竟有限，但是每个人天天都要维持基本生活，我的战场应该在超市，我要复制百威啤酒的销售奇迹，让属于自己的超市在这个城市内遍地开花，我要这个城市里每个人的柴米油盐都与自己有关。我甚至冒出了一个非常疯狂的想法，我要开办一家百年老店，这样即使自己日后不在了，我的品牌也可以继续影响这座城市，参与着这座城市的人间烟火气。

人的欲望一旦被激发起来了，就会像癌细胞一样肆无忌惮地生长。但我明白，要想创办一家可以流传百年的大超市，首先得有一个铁打的地盘，换句话说，最好有自己的房产。当我把这个想法跟亲朋好友一说之后，几乎所有的人都认为我疯了——就你那点斤两，连开超市都是妄想，居然还想买商铺创办百年老店，蚍蜉撼大树，可笑不自量啊！

超乎所有人的想象，我居然还真的把这个疯狂的想法实现了，就在我一筹莫展的时候，天上掉下来一个神奇的机会，真是天助我也。

2000年初，辽宁高唐房产开发有限公司承建沈阳工业大学学生公寓项目，同时盖了几栋住宅楼来安置动迁居民。房子才盖到一半，由于高唐公司资金链断裂，粮草不继，整整停工了45天。

很多人有个特点，就是不喜欢量力而行，总想蛇吞大象，有一百元就想做一万元的事情，最终导致资金链断裂全线崩盘、企业破产的结果。这样的例子比比皆是，尤其是在房产开发企业中，至今还能见到20多年前开发动工的房产尚未完工，当年的辽宁高唐房产开发有限公司就是一个典型的例子。

高唐公司是由谢晨生和张恩河两人合伙创办的，双方各占50%股份。谢晨生曾经向我炫耀说，他们公司成立时没有多少资金，只是从亲朋好友那儿借来点钱，工程建设施工全让工程队垫资，工程队则可以压原材料供应商的钱。可没想到，这次工程队施工到了一半，收不到约定的工程进度款项，无法向原材料供应商付款，原材料供应商也就拒绝再给施工单位供应材料，导致工程被迫中断。

这时原先拆迁合同的约定就成了谢晨生头上悬挂的一柄达摩克利斯之剑。如不能在年底前顺利让动迁户回迁，他就要每天支付几千家动迁户的违约补偿金。此外，如不能如期按进度完成学生公寓项目，还会导致次年沈工大新生入学时无法正常住宿，按高唐同沈工大校方的约定，这种情形下高唐必须无条件撤出，由沈工大另寻他方合作开发。我听沈工大负责高唐项目的张云老师说，学校已经两次以书面形式针对高唐公司的工程进度迟缓进行了交涉和警告。这也意味着如果年底前工程不能如期交工，高唐公司就将面临破产的局面！

高唐公司董事长谢晨生为了找钱真是焦头烂额，眼看工程随时烂尾，惶惶不可终日。这时，我听说了这件事，一个大胆的想法从脑海中跳了出来：这几栋住宅楼下面的门市房位置不错，整合一下，可以开一个大型超市，正好实现自己的梦想。

听说这件事之后，我想出了一个绝妙的主意。我通过朋友牵线搭桥，认识了谢晨生，策划了同他的谈判，由我向银行贷款购买这5 700余平方米的门市房，首付款先由高唐公司借给我，约定10年后待我还完银行贷款后，再以房产抵押做贷款来付开发商首付。

经过深入商谈和了解之后，谢晨生明白以他目前的情况，银行是不可能贷款给他的，而我却有这样的能力和资质，跟我合作是最理想的解决方案。就这样，我顺利地从银行贷来了1 782万元，解决了谢晨生的燃眉之急。因为当时个人贷款额度不能超过200万元，我用了九个人的名字才办下来这笔贷款。之后我又帮谢晨生给农贸大厅摊位销售贷了7 000多万元，让他有充裕的资金顺利建成沈阳工业大学学生公寓项目。而我也如愿以偿拿到了这块5 722平方米、位置绝佳的大型商铺开办生活家超市。

从加盟统一企业负责业务拓展到自主创业拿到百威啤酒在沈阳地区的经销权，短短几年时间，我展现出了自己在从商方面的天赋和才华，也显露出了性格上的敢想敢做、敢打敢拼的精神，只要自己认定的目标，毫无顾忌，一往无前。

这种性格是一把双刃剑，好的时候可能是一种突破，不好的时候反变成激进。我似乎没有怎么爬坡就到了高地，接下来大手笔买入几千平方米的商铺开超市更是将我的意气推向了顶峰。然而胜利来得太快不是什么好事儿，容易冲昏你的头脑，而当你失足跌落的时候，由于你处的地方比别人高，跌下来一定摔得更惨。

记得有一次，我往水杯里倒上滚烫的水，因为着急喝，放到冰冷的水里一冰，结果杯子"咔嚓"一声就炸裂了。杯子是玻璃材质，经受不了这么大的冷热反差。而我们的身体就像这玻璃材质的水杯，极容易破碎，短时间内反差过于迅猛就可能造成难以挽回的内伤。所以古人讲"不以物喜，不以己悲"，实际上是一种高明的养生之道。

宁静：交际生态有感（上）

"非淡泊无以明志，非宁静无以致远"，这是一句大家耳熟能详的话。其实，淡泊宁静不仅在处世上可以让一个人行之弥远，在养生上也是一种长寿之道。

很多人认为，生命在于运动，只有动起来才是健康的。其实这是一种片面的观点，真正的健康之道应该是动静结合、相辅相成的，身体应该动起来，而精神却要静下去。如果你天天心不在焉、神不守舍，甚至心烦意乱，焦躁不安，即使住到健身房里，不停地锻炼身体，也不可能长期保持一个稳定良好的身体状态。相反，过度的运动反而容易损伤身体，折损寿命，这已经是被证明的了。

实际上，所谓的生命运动不仅是体育运动，更重要的在于人体内部的运动，只有在人体内部运动不太正常——例如消化不良、血液循环不畅的情况下，才不得不用体育运动这个手段。而静心能够改善血液循环，调节身体的激素水平，增强人的免疫功能，使人体内部运动更加井然有序。反过来，当一个人杂念丛生、躁动不安的时候，身体的内部运动也容易变得杂乱无章，因此身体的不适总是跟糟糕的情绪相伴而生。要想身体健康，首先要自己内心安详。

心境跟外界的环境息息相关。那么有的人可能就会发出这样的疑问，难道我必须舍弃工作，抛家弃子，跑到深山老林去隐居才能够求得内心平静吗？这是一种典型的误解，如果大家都跑去隐居，那么深山老林很快也就变成扰攘之地，又何来清静之有？

活在现代社会，我们大多数人无法选择自己的生存环境。但是有些东西却事在人为，环境最重要的组成部分是人，物以类聚，人以群分，人才是生态圈的核心，构建良好的交际生态对于创造良好的生存环境具有举足轻重的作用。我生病以后常常反思，以前身边负能量的人太多了，而自己又没有养成一股浩然之气来对抗，久而久之，难免精神劳损。没错，远离负能量的人，也是一种重要的健康之道。

我回首自己开超市后身体每况愈下的一个重要原因，就是掉进了负能量场，和歪风邪气纠缠不清，其中尤以我和谢晨生的一段恩仇记最为典型，姑且笔录几段如下，从中可窥我当年的生活状态，诸位读者亦不妨将之当作"三言二拍"中的《警世通言》来看。

当初我觉得自己使出了"乾坤大挪移"，用银行的钱帮助谢晨生解了燃眉之急，也得到了自己梦寐以求的商铺开超市，是一件皆大欢喜的事情。没有想到，喜剧还没演多久，很快就变成了闹剧，我和谢晨生以及高唐公司十余年的斗争史就此拉开帷幕，也给我的生活带来了无穷的烦恼。

我曾以为自己对谢晨生有恩，他应该会知恩图报，可万万没想到，结果却是谢晨生恩将仇报，多次险些置我于死地。首先，银行贷给我的500万元启动超市的贷款，被高唐方面截留了，造成我的资金不足，延期9个月才启动超市项目。在这9个月中，我每个月还要支付银行的房屋贷款近28万元。

然后谢晨生以很高的利息借给我350万元启动资金，但条件是要占超市51%的股份，并由他们派出法人代表和财务人员进驻超市。迫于当时的情况，我只好答应了他们的无理要求。谢晨生借此给我下了一道紧箍圈，派来的法人代表程敏时常要给我念几遍紧箍咒，搞得我头疼不已。

按照规定，法人代表不参与超市管理，可程敏却把自己当成钦差大臣，仗着谢晨生在背后撑腰，拿鸡毛当令箭，搞得超市鸡犬不宁。

刚过来时，程敏吵着要做出纳管账，可惜没那个水平，每次结账时都得写错十几张支票。有一次欠供应商7 000多元，她多写了一位，付出去7万多元。谢晨生知道后却说："不就是写错一位数字吗？有什么了不起的，谁没有写错的时候，你不要小题大做，抓住这事情不放！"

还有一次，程敏从卖场里拿东西，收银员让她交款，她不但不交，还大骂收银员，说要开除人家，造成了很坏的影响。我当面把这件事告诉谢晨生，谢晨生却一拍桌子，把一个玻璃杯震到地下，"啪"的一声摔碎了，说："不交钱怎么啦！程敏拿东西就不应该交钱！收银员就应该开除，连谁是老板都搞不懂的收银员，要她干什么！"

最可笑的一次是程敏自作主张聘请了一个名唤强哥的三教九流人物，来当超市的名誉董事长，连谢晨生都被气得吹胡子瞪眼，只好不了了之。

后来商铺升值，让我获得了巨额财富，然而站在当时，没有人会想到未来如何，否则谢晨生打死也不会把商铺卖给我。我购买商铺不过是出于自己创办超市的理想，对于谢晨生也是江湖救急。遗憾的是，商人本性逐利，为了利益可以不顾颜面，谢晨生后来想收回这个房产重新销售，其间甚至动用过黑恶势力，在背着我的情况下，将我的房产一房二卖。我们由此开始对簿公堂，10年间从沈阳市中级人民法院一直打到了最高人民法院，我也从原来的法盲打成了现在的法通。

宁静：交际生态有感（下）

在和高唐的交往中，记忆最深刻的是，我做完手术从上海回沈阳后，第一时间赶来看望我的人竟然是谢晨生和他老婆，我一开始不明真相，还感动异常，患难时刻见真情啊！

记得那天，谢晨生和他老婆一人提了一个黑色塑料袋子，看起来沉甸甸的，后面屁颠屁颠地跟着程敏，手里拎着一袋水果。

一进门，谢晨生就哭丧着脸说他害了我，承认如果他没有把房产卖给我做超市，让我承受这么大的压力，我就不会得这个病。他爱人也在一旁帮衬说谢晨生听说我去上海手术时，好几宿都没睡好觉，说是他们害了我！

看两个人那副捶胸顿足的样子，要是慰问到此为止，估计离开时我得和他们抱头痛哭。

然而，坐下来一番寒暄之后，谢晨生的举动却差点把我气出心肌梗死。原来，夫妻俩提的塑料袋里面装了一百万元，他们打算用这钱把房子给收回去！他们的如意算盘是我原本买这房子就是空手套白狼，现在破产了，银行的贷款还不上了，人又要死了，房子对我也没有意义，想给我一百万元作为补偿，原价把房产赎回。而从我买房子到现在，房子升值何止千万！

谢晨生知道我不愿意，忙把早已准备好的一套说辞搬出来："吴江呀，你得的肝癌能治好吗？我妹妹就是医大肿瘤科的主任，前两天我们在一起吃饭，谈到了你的病情，她说肝癌最快了，从发现到死亡就是几个月时间，你现在就适合找个地方过隐居的生活，那些债就不要理它了！"话里点明我死期将近，好自为之。要是当时再来个背景音乐，简直可以催人泪下。

我耐住性子，跟他们解释说有很多外债是向亲戚朋友借的，他们都是工薪家庭，攒点儿钱不容易。谢晨生问："你付他们利息吗？"我回答说："一直付呀，上个月还付呢，这回店关了，暂时就付不了啦！但我得记上，将来也得给呀！"谢晨生说："这不就得了吗，以前都赚着了，现在赔钱了，他们也得承担风险呀！"我反驳道："人家也没有投资入股，只是借给我钱，凭什么让人家来承担风险呀！"

这时，谢晨生老婆说："你就是面慈心软办不成大事，人家老谢的合伙人，过去向一个老朋友借了两百多万元，朋友心肌梗死了，他到朋友家去说看看欠条，朋友儿子拿给他看时，他趁人不注意把欠条撕碎了，塞进嘴里就给吃了，这两百多万元就不用还了！"程敏马上接口捧道："吃了两百多万呀！不用还了！"

说到这，他们三个人都忍不住哈哈大笑了起来。

看着他们那个丑态，我心里像吃了苍蝇一样一阵恶心。突然，我想起年初时，谢晨生曾经找过我，让我把所有的购房合同拿过去，说要重新帮我签一次，这样可以省下一部分契税的滞纳金。购房合同是肖家旭帮忙办的，当时合同由家旭保管，家旭说不急，等办房产证时再改也来得及，因此这事儿就搁下来了。现在一想，幸亏当时合同没有给谢晨生拿回去，不然我现在手里买房子的所有手续都没有了，想告他都缺少证据呀！想起来都后怕！

这天，谢晨生和我磨叽了大半天，见我不为所动，只好撂下狠话，悻悻而返。记得他们出门时程敏突然间想起什么，转身往屋里跑，我看得莫名其妙，刚要开口问，只见她将上午拎来的水果一把提了起来，迈开小短腿就往屋外面跑，速度很快，动如脱兔，好像生怕我从后面追上去抢一样，一边冲着我喊道："不给你吃啦！"

谢晨生探病这一出正是我从商那些年"与狼共舞"的写照，当时我身边充斥着这类人物，他们的本性大都被欲望所腐蚀，利欲熏心，而我自己也一度在利益阵中迷失了自我。

虽然说"天下熙熙，皆为利来；天下攘攘，皆为利往"，争名逐利乃凡夫俗子的本性，欲望也是推动社会进步的重要力量。然而，凡事都有一个度，过犹不及，超过了度就适得其反，补药吃太多就会变成毒药。在官场和商场这样的名利场中，人对欲望的追求往往超过了一个合理的度，你成了百万富翁之后，看到千万富翁，还想成为千万富翁，成为千万富翁之后，还想成为亿万富翁，就像爬到一座山的山顶，眼中不是登顶的喜悦，而是看到另外一座更高的山的沮丧。

名利场就是压力场，压力已经成为这个时代影响人们健康最重要的因素之一，执着于对外在的关注和追逐使得一个人的精神过度消耗，关注力无法拉回到自己内心，人就昏沉疲倦，无精打采，时间长了疾病就上身了。

回想起经营生活家超市3年多的日子，我无时无刻不在极度的恐慌和巨大的压力之中，陷入每天都要亏损2到3万元的困境中不可自拔，每天最不愿意面对的时刻就是中午时分财务来向我汇报开给经销商的支票，告诉我今天有多少缺口，下午我就要去找朋友串钱把这个缺口来补上！为此，我不知道多少次半夜从噩梦中惊醒，梦见超市黄了，债主来要钱了……实际上超市黄是早晚的事，只是我抱着一种好死不如赖活着的念头，希望这一天别来得太早！压力最大的时段，我的肝区一直处于隐隐作痛的状态，去看中医，中医跟我说："你这是肝郁！"我本来就有乙肝，又这样郁来郁去，内因加外因，终于郁出了肿瘤！

我在这里奉劝名利场中的各位朋友：

健康才是最大的财富，人生的价值如果是财富乘以健康的话，你的健康为零，那么财富的赋值再大，一切也终将归零。

早在元代，名医朱丹溪就在他的《格致余论》中提出了"相火"的理论，阐释了欲望对人健康的损害。朱丹溪把人各种本能的欲望和冲动称为"相火"，他认为人无"相火"不行，会丧失动力与活力，但"相火"太旺，常人又很容易失去自制力，心情剧烈波动，喜怒无常，进而损伤元气，他有一句名言："相火为元气之贼。"而元气则是一个人正常生理功能的基础，元气一损，许多病变就会随之而来。

追名逐利，可以让人的元气像阀芯失灵的水龙头一样不断外泄，让人的精神从水草丰盛走向荒漠化。

规律：大连康复有感

人体的体温、脉搏、血压、氧耗量、激素的分泌水平等，都存在昼夜节律变化。规律的、自然的生活模式能在我们的中枢神经系统内建立相应的条件反射过程，使我们的生理活动张弛有度，让身体的器官和组织处于一种平衡、安宁的状态，当然也包括免疫系统。假如大家生活中凡事都以简单自然规律为原则，就能有效避免对自身的免疫功能产生不良影响。

快乐心情加上简单规律的生活，是我能够从癌症中彻底康复的关键，实际上可以归纳到免疫疗法范畴内。我在大连开始养成了生活上的好习惯，这使我的身体状态越来越好，越来越健康。下面是我每天的作息时间表：

1. 晨练。

5点起床后，我会先去中山公园练大约一个半小时的气功，再做些其他活动，加起来一共2个小时，几乎没有间断过。

在大连，离我们住的天兴花园不远就是中山公园，我每天早上都到这里来晨练，公园不大，但树木葱茏，晨练的人挺多的。从南门进去，沿台阶一直向前走，会经过两个广场，广场上有几拨人在练扇子功，放的音乐是屠洪刚的《中国功夫》，配合上他们手中的扇子，倒很协调。我每天都经过那儿，走到树林里，练自己的气功。

我练这套功法受益匪浅。一套功法快练的话不到半小时，不过我练得比较慢些，越慢似乎感觉越好。练完了气功，身体特别舒服，轻松了好多，看来练气功也是一种高效率的休息。

练完气功，我会在公园内的环路上跑两三圈，每圈1公里左右，然后再压压腿，抻抻单杠，除了雨雪天，我每天都会坚持去。

2. 吃早餐。

从公园回来后，我先洗漱，然后去吃早餐。我经常去吃早餐的地方有三个，一个是楼下对面的小店，一个是联合路上的海洋岛假日酒店。有时我还会到奥林匹克广场负一层的亚惠快餐。

3.看2个小时书。

早餐回来后是看书的时间，我当时看的是《金刚经讲义》，也看过《佛法与人生》。每看完一段我都认真地记了笔记，总结出这段说什么。我也建议大家选择看一些正能量的、励志的书籍，帮助自己建立起积极乐观的心态，从而远离苦恼，保持住快乐的心态！

4.老于来找我，我们出去逛逛散散心。

老于几乎陪我走遍了大连所有有特色的大街小巷，周末我们经常一起逛旧货市场，去那里淘些好玩的东西。我们参观遍了大连市内的几所大学和大连所有的博物馆，还去过大连港看瓦良格号（今天的辽宁舰）——那时候刚刚拖来，外表看上去生了好多的锈。

5.去买菜做饭，吃晚饭。

6.再看2个小时的书。

7.睡前准备。

做一项让自己易于犯困的事情。我在大连期间是看书，看困了就睡觉（大约10点钟）。回到沈阳后我增加了一个爱好，就是收集音乐。我去买发烧友的CD碟片把它拷贝录入电脑中，每天晚上想睡觉时就开始拷贝，每天拷两张碟片，大约是20首歌曲，通常是输入第二张碟片的歌曲名时就开始困了，最好能达到眼皮打架，倒头就睡的状态。我坚持了十几年，从来没间断过，目前已经收录了近7万首歌曲。

我的体会是每天做一件事情，能坚持下去就是在练功。但这是个性化的，不能照搬照抄，适合我的不一定适合你，你必须发掘出适合自己的入睡方法。我们追求的是高质量的、高效率的睡眠，这样的睡眠有6个小时就够了。人们常说要睡到8个小时，能睡到当然更好，但我始终睡不到，每天5点一过就醒了，再躺下去也睡不着了，还不如起床去锻炼，呼吸一下新鲜空气。

我在大连时，手机号码换成了大连本地的，让给我添堵的人找不到我，远离一切的烦恼，心中只剩下快乐。天天就是高兴，将自身免疫系统调整到最佳的状态，在同残留癌细胞的较量中，免疫力始终处于上风，压制了癌细胞的生长。

笼罩在死亡的阴影之下，会让人有一种顿悟：

清风明月不用一钱买，原来那些生活中看似最不值钱的东西才是最宝贵的。清风和阳光，一般人谁会在意，可是当你躺在病房之中，那就是奢侈的。饥来食，困则眠，自由呼吸，举手抬足，这些微不足道的动作，对于很多病人来说也是奢侈的，这些习以为常的东西，都是命运的馈赠。命运没有让你一生下来就眼睛看不见，耳朵听不着，或者身体动不了，在你得病之前的每一个日子，你都是幸福的，只是你没有意识到自己有多么幸运而已。

宋朝的无门慧开禅师曾经留下一首诗作：春有百花秋有月，夏有凉风冬有雪。若无闲事挂心头，便是人间好时节。春暖花开，夏夜凉风，秋月皎皎，冬雪皑皑，这些我们都曾拥有，只是健康之时往往不懂得珍惜，反而是疾病让我们找回了丢失的美好，所以有时候我们要学会感恩疾病。

我在大连一住就是3年半，这3年半时光也是我今生最难忘的时光。在大连期间，我真的做到了心情舒畅，了无牵挂。每天躺下来我都会想明天准备干点儿什么，早上一睁眼就感觉到又迎来了美好灿烂的一天。我的肝癌能够痊愈，很大程度上得益于在大连的养病，直到现在我还很怀念那段时光！

我是"癌克星"

3 阳光灿烂

"假如生活把你欺骗,不要忧伤,不要悲愤。懊丧的日子你要容忍,请相信,欢乐的日子定会来临。"

"假如生活把你欺骗，不要忧伤，不要悲愤。懊丧的日子你要容忍，请相信，欢乐的日子定会来临。"这几句诗出自俄国诗人普希金之手。当年我在大连疗养康复期间，每天都要看一两个小时的书，有一次我偶然看到了这几句，非常喜欢，还特地把它们抄在了笔记本上。我觉得它们就是为了我而写的。那时我已经完美解决了超市的问题，而看到这首诗不久，我又邂逅了美丽的爱情。是的，只要心存希望，欢乐的日子就会回到我们身边。

需要指出的是，这一部分的叙述和第一部分的人生三绝在时间线上有重合之处。最初我写自己故事的时候是按照时间顺序的，但朋友给我提了一个很好的建议，说可以把悲剧的东西放在前面，把最美好的东西留在后面。就像以前看戏一样，观众期待的都是大团圆的结局。我采纳了朋友的建议，把最悲伤的事情全部放在前面，把最美好的事情全部放在后面。我历经身患癌症、事业破产、家庭变故这人生三大悲剧，但最终不仅身体康复，保住产业，而且抱得美人归。可谓以悲剧开头，以喜剧结尾。这也是我对所有正在与癌症抗争的病友的期待：我做到了，你也一定可以的！

雾散：解决供应商问题

再回到我与供应商代表"相伴到黎明"的那天。第二天早上10点多钟，我坐着吕捷他们的车，回到了超市。超市的两个大门已经被供应商给堵上了，门口停了9辆微型面包车，上面还打着标语："吴江还钱！"还有人正在往超市的大玻璃上贴"吴江还钱！"看起来触目惊心，我觉得自己像一个回犯罪现场指认的犯罪嫌疑人。

超市门口已经聚集了很多供应商，我们的车一到，马上就围上了一群人，个个脸上苦大仇深的样子，来势汹汹。吕捷见此情形，忙对司机说："先不要停车，直接去办公区吧！"一群人哇哇大叫，追着车往办公区跑。

车刚停到办公区门口，吕捷就对我说："吴总，你赶紧上楼，一会儿他们追上来了，你就上不去了！"我下了车就迅速地往楼上跑，那边几个跑得快的已经追上来了，吕捷连忙拦住他们说："先等一等，登个记一家一家的解决，这么乱是解决不了问题的！"那些激动的人哪里听得进

去，像潮水一样涌了上来。

跑在前面的急先锋是一对姓侯的兄妹俩，哥哥手里还操着一个砖头，一把将吕捷推到旁边，冲上楼来。幸好这时我先一步跑进了办公室，关上了门，中兴的李梅、于芳、秦立辉三位工作人员已经在我办公室里了。

随后听到"咚咚"的用砖头砸门的声音，房间里两位女士吓得花容失色，李梅连声说："这不得出人命呀，赶紧报警吧！"于芳一听，缓过神来，随即打110报警了。李梅又给潘总打电话汇报了这边的情况，只听那边潘总大声道："看看都是哪家供应商，让对应的业务负责人找他们！"

一会儿派出所的民警到了，秦立辉示意屋里的保安把门打开。保安一打开门，迎面正撞见老侯，见他手里拿着砖头，忙去抢，他妹妹照着保安的脸上就挠，两个人扭打到了一起。

老侯见到我眼睛都红了，一砖头就砸了过来，幸亏我有所防备，一低头，砖头从头上飞过，好险，差一点我就得被担架抬出去了。这一扔势大力沉，把书柜门砸得粉碎，玻璃四处飞溅。在我惊魂未定和众人惊愕不已之际，老侯已经冲到我的眼前，我俩也扭打到了一起。

秦立辉和另外一个保安见状，赶紧过来拉架，派出所民警也冲进来了，大声喊道："怎么啦？赶紧松手，弄出事我拘你们！"老侯妹妹号啕大哭，冲警察说："他欠我钱，我父亲得癌症，住院手术需要钱，正到处张罗钱呢，现在店又关门了，还让不让人活啦！"警察说："欠钱可以通过法院，但是不能打架，打架我们就要处理，你们别从以前的有理变成最后的没理了！出现啥后果我就处理你们！"

老侯是变压器厂的一名下岗职工，平时在中国家具城里拉脚，他妹妹小娟也在家具城里卖家具，兄妹俩攒点血汗钱不容易，难怪这么激动。后来兄妹俩找到我的一位朋友，想让我朋友帮忙沟通要款，朋友向他们介绍了我的为人，并为我做了担保，才把此事压了下去。两年后我把欠老侯兄妹的20万元连本带利都还给了他们，我们也成了朋友。

等派出所把老侯兄妹带走后，吕捷进来说："吴总，外面等了好多供应商了，你接待接待，我让他们排了号，我也跟大家说了，每家按10分钟标准来控制吧。针对你们这个事，我们下午还要去新南塔开会。开完会我再过来。"

第一个进来的是一个女的，一脸怒气，嗓门挺大的，上来就给了我一个下马威，刚刚坐下就嚷着说："你们也太不要脸了，用我们的钱给员工开支，害得我们公司两个月都没有钱开支了，你今天不还给我货款，我就不走了！"我发现她说话的时候总是30°角仰着头。

我一愣，问："我怎么用你们的钱给员工开支了？"

"你今天不是在给员工开支吗？"

"是呀，中兴接手了，我们店的员工他们不用了，我不能拖欠员工工资呀，开支的钱是用我家房子做抵押从银行贷款借的钱！"

听到房子，"30°角"来了精神，问："你家在哪里住？"

"万科。"

"多大房子？"

"150平方米，四室二厅的。"

突然，"30°角""嗷"的一声，用手指比出了一个手枪的姿势，食指指向我："你欠我们这么多钱，还住这么大的房子，还不卖了还债！租一个一室的房子住就行了，你现在还有什么资格住这样的房子！你还要不要脸呀！"说这话的时候，她的头仰得更高了，估摸有45°，但说完后很快又恢复成30°。

"30°角"嗓门越嚷越大，我庆幸她手里没有真的拿一把枪，否则一激动很可能扣动扳机把我崩了。她又指着我的写字台和沙发说："这些你也应该处理了！"

"可以呀，欠你多少钱，你看看想要什么可以挑些东西抵账！"

"行，那我给老板打个电话，看看需要什么。今天没结果我就不走，你上哪儿我就跟着你去哪儿！"

原来"30°角"并不是老板，只是一个业务员，难得对公司这么负责任，日后我经常举这个例子教育自己的员工。

"30°角"挑了两个大瓶子和一套会议桌，那两个大瓶子是开业时朋友从景德镇定的，花了一万多元，送给我是平平安安的寓意。后来查账发现，我其实只欠她家7 000多元。

接下来我就像医生出诊似的，一个个接待供应商，一直接待到晚上11点多钟才结束。我办公室后面设有休息室，就在那儿休息了，外面还有供应商来值班看守，一天下来感觉非常疲惫，头一沾枕头就睡着了。

第二天一早，我是被敲门声叫醒的，一看表快8点钟了，又一批供应商已经在等我了，这一天我又接待了60多家供应商。听说超市门口仍然是那几台车堵着。这些天里，办公室的老板台、书柜、空调、复印机等也都陆续地顶出去了。到了下午，办公室里就剩了两把椅子和一堆从书柜中撤下来的书，屋子里空空荡荡，说话都有点回音。

第三天上午吕捷带来几个人，向我介绍说："我们又开了两次会，准备成立沈阳供应商维权商会（沈阳市供应商会的前身），选出了于浩波为会长，这位车晓辉是秘书长，负责日常具体工作。"车晓辉是法律工作者，他拿出一个准备好的法律文本，让我看看有什么修改意见。我看是三方协议：甲方是供应商，乙方是我，丙方是中兴加盟店作为担保方。

看完协议，我说这得问问中兴是否同意，中兴的孙总刚好在店里，我就把车秘书长起草的协议书递给了她。不出所料，孙总看过后坚决不同意，场面一下子僵持住了。

我想了想，提出了一个方案："这个经营场所是我2001年贷款买的，现在还了两年多了，这两年多时间已经还了700多万元了，我可以同你们签一个抵押协议做担保！"

虽然我那时还欠供应商800多万元，一时覆盖不了欠款，但我还在继续还贷款，越还越少，相信不久就可以覆盖全部欠款了。供应商们尽管对这个方案心存疑虑，但是考虑到这是目前唯一可行的方案，一旦中兴没办法接手这个店，损失最大的还是供应商自己，也就不再吭声了。

几天以后，大部分供应商终于同中兴就我的欠款抵扣进场费、堆头促销等问题达成了协议，使得这个加盟店项目如期顺利推进。

雷扫完了以后，终于可以上路了。潘总看了一下日历，定在9月23日秋分那天举行开业典礼，各个部门都加班加点，夜以继日地进行筹备。付伟大哥又帮我联系东方肝胆外科医院的程树群主任，由于这段时间床位一直很紧张，只能排到"十一"国庆假期之后，我也正好利用这些日子，帮助中兴协调一下同当地相关部门的一些关系。

一晃到了9月23日，记得那天秋高气爽，格外晴朗，庆典公司早上6点钟就到场准备，中兴的员工们也是6点钟就到了现场。准备观看开业典礼和购物的顾客7点多钟开始就陆续前来聚集，等8点多钟，已经是里三层外三层，把门口的路堵了个水泄不通。中兴的孙总见状马上向潘总建议，开业时为了安全起见，店内一定要限制进场人数，分批入场。

开业典礼上，中兴-沈阳商业大厦集团的领导班子成员都到场了，铁西区委、区人大、区政府、区政协的主要领导也来到了现场，中兴集团刘芝旭总裁做了致辞，铁西区主管商业的副区长周荣生也讲了话，当天营业额创造80多万元的佳绩，潘总乐了，孙总乐了……在场的所有中兴人都乐了！至今他们回忆起当时开业的情景时，还无比兴奋。

纠缠： 法院谈判巧脱困

原本我以为生活家超市变为中兴超市加盟店后，随着时间的推移，所有的问题都会完美解决。没想到，就在我去上海介入化疗的那些天，沈阳这边已经开始风云变幻了。

赵本山有一个经典的小品《心病》，小品中赵本山准备用"话疗"帮助范伟治病。不料，范伟一听"化疗"，瞬间像触电一样从椅子上蹦起来，嘴里还喊了一句："媳妇，完啦！大夫都通知我化疗啦！"当时，范伟的整个状态让人感觉一化疗就死定了。这也反映了大众对化疗的误解，似乎一旦化疗了，就是手术无效，离死不远了。

介入化疗后我和小萍吸取上次的教训，选择乘飞机回沈阳。回到沈阳后，我们一起去了小萍的娘家看看，听小萍二姐说，学校里传闻很多，都说超市黄了，吴江破产了！得癌了！快死了！……好多沈工大的老朋友都在打听我们去哪儿了，新电话号码多少，大多数人都急着想把借给我们的钱要回去。

二姐说："我都替你们愁啊，欠这么多钱这辈子能还上吗？"小萍说:"是啊,我旧号码都不敢用了,那天半夜两点钟打开查一个东西,一下子短信就进来好几十条,全是要钱的,有的说得还挺难听的,真让人上火!"晚上在她娘家吃的饭,两姐妹自顾自在那儿聊,我没怎么说话。做完介入后,我一时肠胃消化状况很不好,吃一点儿就堵,看什么也都腻,没有一点儿食欲,听到她们的谈话后,就更没有胃口了。

我去化疗后,病重快死的消息就满天飞。这次去上海化疗回来,大家听说后,比上次我去上海手术反应激烈多了,好像我已经一脚踏进了鬼门关。就连很多原本跟我称兄道弟、十分要好的朋友到了这个关口也是原形毕露,翻脸不认人,甚至有的还把我给告了,逼着我还钱。之前好不容易安抚好的供应商们更是沸腾了,各施手段,生怕晚一步,以前许诺的货款会打水漂。

第二天,中兴潘总来电话了,关切地问了问我的病情和什么时候回沈阳,我说已经回来了。听到这,潘总的话锋一下子变得犀利了:"你这小子,回来怎么不说一声呀!这还有事找你呢,你现在行动方便吗?"看来潘总也听到了风声,大概以为我已经到了卧病在床的阶段,我忙说:"没有问题。"潘总说:"那你来中兴大厦一趟,有事找你商量。"

我到了潘总办公室,潘总看起来一脸委屈,对我说:"接你这个店麻烦太多了,早知道这样打死我也不能接,现在有两件事情急于你出面来处理一下:第一,是正式电问题,现在还在用临时电,电业局说保工街要改造,线路都要下入地下,临时电的变压器全部要取消,改为自维变电所或者是箱式变压器,需要你去同供电局协商一下;第二,是铁西法院执行庭来找了几次了,还给铁西店的店长下了一个协助执行通知书,要执行营业款,店长没理他们那一套,他们便以拒不配合法院裁定的理由要来抓人,如果我们员工的人身安全都保证不了,我们就得撤店了!"

潘总警告我千万别躲，说如果协调不成的话，中兴真的得撤店了！让我赶紧去法院协调一下。说完，潘总吩咐一旁的孙总下午安排撤店的相关准备，先把货撤到滑翔大库里去，争取一周时间内撤净，然后再开个供应商会说明一下。说的是下午就开始拉货，如果协调成了就停，不成就抓紧拉，不能拖，先按不成准备。

孙总冲我说："你还等什么，抓紧去呀！潘总这是动真格的了！"

从中兴出来后，我就先奔供电局去了，找到高局长说明情况，高局长把负责工程的承发包负责人徐工找来，让他帮助安排一下箱变施工问题，办得十分顺利。

晚上，有个经营货车租赁业务的朋友打电话跟我说，中兴的一个经理今天到他们那儿，说要租10辆大货车，从铁西店拉货到滑翔大库，3个晚上干完，今晚要先派去4辆车拉一宿，从晚上9点钟开始拉，一直干到明天早上6点。

我一听坏了，潘总果然是动真格了！赶紧打电话给潘总，响了几声没接，再打对方给按了。潘总从来没有不接电话呀，这次还给挂了，越想我心里越发毛。又给孙总打了个电话，这才知道，下午潘总等到4点钟，我没回信，潘总立即安排撤店。

为了稳住中兴方面，我随口胡诌自己通过关系找到人，跟法院的韩庭长沟通上了，又劝孙总，开这个店你们也投入了这么多的心血，要是关了，不是太可惜了吗？经我这么一说，孙总答应明天试一下，做做潘总的工作。

打完电话，已经是晚上10点多了，我直奔中兴铁西店，看到一辆大挂车正在装车，旁边还停了两辆大挂车，这是真要撤店呀！回来后，我躺在床上一夜无眠。

第二天吃过早餐，我通过熟人打听到韩庭长是个厉害角色，脾气非常倔，从来不留情面，去找她是自讨没趣，甚至自投罗网。

我想，肝癌我都能挺过来，还过不了韩庭长这一关？就是龙潭虎穴也得闯一闯。

下午1点20分，我来到了铁西法院，拿代表证顺利地进门，找到执行二庭的办公区。看到庭长办公室，我敲敲门，听到里面喊："进来！"我推门进去了，看见对着门坐着一个50多岁的女人，一副金刚怒目的样子，让人看了肃然生畏。

我坐在韩庭长的对面，掏出代表证递给韩庭长，韩庭长伸手一接，同时问我："你是来检查工作的吗？"我说："我是吴江，有被执行的案子在你们庭。"

韩庭长一瞪眼，一扬眉，喝道："你就是吴江呀！中兴超市欠钱的那个？"我说："是的，是我！"韩庭长说："好啊，你今天不交钱就别想离开这了！正想抓你呢，你可倒好，送上门来了！"

我急忙补充了一句："我是人大代表！"

韩庭长一听，勃然大怒，一拍桌子，吼道："人大代表怎么了？就可以欠钱不还吗？我们法院可以向人大常委会反映，建议撤销你代表资格。欠债还钱，天经地义，你作为人大代表应该起表率作用，拿出个姿态来积极配合法院的工作，履行判决生效的给付义务，你躲能躲到哪儿去！躲过初一还能躲过十五吗……"

韩庭长说话像打机关枪一样。我心想不能跟她硬碰硬，得以柔克刚，于是迅速酝酿了一下情绪，说："我不会推脱逃避问题的，要是想躲避就不会主动来了！我得了肝癌，刚刚手术完，未来能活多久还是未知数，我不想自己走了时还欠供应商的账，留下遗憾，死不瞑目！"

这番话并非虚情假意，确实出自我的本心，所以感染力特别强。果然韩庭长的脸色缓和了下来，我趁机讲了一下自己同中兴的加盟关系，说到如果真的派法警去收银台收款，执行中兴的营业款的话，只能把中兴给逼走撤场，最终供应商货款损失，变成死账，两败俱伤。

韩庭长毕竟姜还是老的辣，头脑清醒，说："等中兴赢利再还钱，那得哪辈子！"

我解释说中兴每年都要向供应商收取大量的商品进场费、堆头费、陈列费等，统统称为营业外收入，可以提出用欠款部分来抵扣。供应商不用再掏钱了，都会同意的。"您再同中兴打招呼，可以不执行营业款，但是让他们接受这个方案！"

韩庭长听得将信将疑，她是个很认真的人，抄起桌上的电话，叫进来一个执行员，让他把有关的材料拿过来。韩庭长让执行员给供应商打了一个电话，在电话中说了一下情况，可能供应商还没太理解，或者执行员没有说明白，他向韩庭长汇报说，对方坚决不同意，就要钱！

韩庭长也有点失望，说："这个我觉得人家也不能接受，不太靠谱！还是琢磨一下怎么给钱吧！"

我一听有点着急了，因为我了解超市的运作模式，让供应商马上省钱和无限期地等着拿钱，供应商一定会选择前者的。于是我要求再给这家供应商打电话聊聊，执行员不乐意了，没有动，冲着我说："中兴不给钱，我们就去封店，一动真格的，他们就掏钱了。要不就谁也别干，将来房子拍卖了，也够给的。你不积极配合履行义务，一个案子就能罚你10万元，一年内拘留两次15天，陆续案子都上来了，光罚款就得罚你几百万元！"

我没有理会他，对韩庭长说："让我再给这家供应商打个电话吧，我跟他说！"韩庭长转身告诉执行员："再拨一下，吴江跟他说！"

电话拨通，他先说："喂，刚才跟你说的，你是不是要钱，顶账啥的不干？"我说"让我来说"，于是去接话筒。他用手拨了我一下，并没有递给我话筒。我看了一眼韩庭长，韩庭长说："话筒给吴江，让吴江同他聊！"他才不情愿地把话筒递给了我，顺手又把免提给按下，说："来，一起聊吧！"

我接过电话，跟供应商聊了起来，把自己的想法认真地向对方解释了一遍，跟他分析了一下形势：再有两个月就过年了，他也需要做堆头，还有新品进场什么的，进场费还能找厂家报销，这就是变现，拿回钱了。如果他想快点拿回去钱的话，也可以向厂家多申请一些新品进店，进场费报销了，钱不就回来了嘛！对方一听，觉得很有道理，爽快地答应了。

韩庭长听完我们的对话，脸上终于有了笑容，说："吴江你真的挺聪明，挺有办法。就这么办吧，一看你就不是赖账的人！"

解脱：我终于保住超市

从铁西法院出来，我的心情格外明朗，立马打电话把刚才的计划跟孙总说了一下。孙总却说："这部分都是超市的营业外收入，占超市赢利的很大部分，潘总不能同意！不信你打个电话问问！"我当即就给潘总打电话，结果说了一半就被潘总打断了："吴江，你开什么玩笑呢！这个能顶吗？这是超市的收入，只有等经营算完账真的赢利了，才能拿去帮你还款，这个绝对不行！"说完他就把电话挂了。

好不容易做通了法院的工作，潘总这边又不同意了，这不是前功尽弃嘛，让我怎么跟韩庭长交代？我急忙要求过去一趟，见面聊，潘总说："要为这件事，你就别过来了，我们已经安排撤店了，周末前就撤完了！"

我哪管得了这个，心急火燎地打上一辆出租车去找潘总，结果却扑了个空。我找到了孙总，孙总说潘总已经安排撤店了。

我把去法院的事儿和孙总说了一遍，又说："堆头费、进场费、陈列费不都是有铁西店才有的吗？这也可以说是白捡的，也不影响其他店的收入。另外，开这家店你们前前后后付出了多少呀！说撤就撤，对以后你们中兴在业内的影响也不好呀！"

孙总表示很无奈："我们也不想撤，但潘总那脾气上来，谁能拦得了他呀！"

"孙总你劝劝他，给他算算账呗。"

孙总看了一下表，说："今天潘总不能回来了。你看这样好不，你明天早上8点半来找他，我也在旁边敲敲边鼓，做做潘总工作。"

第二天天气不错，一大早我就坐车去了中兴。来到潘总办公室时，孙总已经在里面了，我同潘总说了这个方案，潘总说："吴江我真是上辈子欠你的，我帮你经营解套，现在还得帮你来顶账还债。要知道这样，当初说什么我都不会接你这家店的！"

我一听有门，一定是我在楼下等着开门时，孙总对潘总"敲边鼓"，帮我做了工作。我赶紧趁热打铁，说明中兴无论从人力还是物力上都已经投入很多了，现在经营得又很好，关了非常可惜。再者中兴以后也要发展连锁超市路线，如果刚刚开了一家店，马上就黄了，对中兴未来的发展也不是好兆头。

潘总扭头冲孙总说:"你看吴江这小子多会说,帮他过关,他还分析出不帮他,对咱们未来发展不利了。不过他说的也有些道理,一会儿你查一下吴江在法院有多少官司,多少欠账,先拢一拢,统计一下。"又转过身对我说:"你先回去吧。现在还不能答应你,等统计完再说。"

孙总问潘总:"那今儿晚上还往大库里拉货不?"潘总迟疑了一下,说:"抓紧点,下午就统计出来,完了再定吧。"

下午3点多,孙总打来电话通报,经过统计,目前在法院起诉判决下来进入执行阶段的案件涉案金额达80余万元,可能还会陆续上来一些。另外,我欠账的供应商涉及目前同中兴合作的有236家,共欠款426万余元。

"潘总说了,这次法院的80多万元先按你说的帮你处理一下,但是处理完,你也得过来给我们出个手续,其余的以后再说。"听到这个结果,我不由得心花怒放——这下子我的店能够保住了!

日后,我变卖了1 000多平方米的房产,终于将所有的债务偿还清了,可以轻松坦然地抬头做人。回想起当初保店的种种努力,那种挣扎与煎熬虽然不堪回首,但是云开雾散之后,我明白了这样的经历和历练正是生活家超市带给我的最大财富。

冷静:前往大连长住疗养

刚从上海化疗回到沈阳那几天,小萍在小区附近几次遇到了前来堵门要钱的供应商，每次都是一番纠缠，有时还会发生肢体冲突，让小萍出个门都要提心吊胆的。此外，外面还有一大堆借钱给我们的人，也正四处找我们要钱呢！冤家路窄，小萍说现在走在沈阳的路上，就像去敌人内部潜伏一样，战战兢兢的，就怕被人认出来。

一天，躺在床上准备睡觉时，小萍突然对我说："我们别在沈阳住了，去外地租个房子吧。过一段时间我出国陪孩子，你自己在沈阳住我也不放心。沈阳太危险，太不安全了，成天担惊受怕，也不利于你养病。"

小萍这话深得我心，环境对养病很重要，最好能找个远离喧嚣的地方。我说："可以考虑，但是得等我把眼前的这几件事情处理完了。我们去哪儿？去北京？北京亲属多，大家能照顾我，即使你出国陪孩子去了，我也不至于寂寞。"小萍说："行，那就去北京吧。"

中兴的事情告一段落，我便着手安排去北京的事宜，给北京的四哥和二姐打电话，让他们帮我看看，联络租间房子。恰好我在大连的好哥们儿于德生听说了这件事，赶忙打电话来阻止我，谆谆叮嘱我不要去北京，说那里的空气质量太差。要来就来大连，大连空气好，离沈阳也比较近，有事坐车4个小时就到了，非常方便。

老于还说这段时间他正好也闲着，可以给我做海鲜吃，听得我食指大动。小萍听完也觉得去大连比去北京好，于是我们决定一起去大连看看，再做下一步的打算。

老于长期在大连代理冰糖燕窝，后来有段时间到沈阳协助我管理江诚商贸有限公司，我们因此结下了深厚的友谊。老于这人有两大优点，一是和人约定时间从来没迟过到，每次都会在约好的时间前早早到场；二是和人交往会处处站在对方的角度，考虑对方的感受。

几天后，我们乘坐"辽东半岛号"火车前往大连。一出车站，老远就看到老于在向我们招手，出站后老于接过我手中的行李，叫了一辆出租车，把我们送到了下榻的酒店。那天晚上，我们一起在伊势岛酒店吃了日本料理，大连的日式料理比沈阳的可强多了！

第二天上午，老于领我们去老虎滩参观了海洋馆，看了海豚表演，又登上了一艘退役的导弹护卫舰，最后还欣赏了一场5D电影。短短的一天时间，我和小萍已经喜欢上了大连这座城市，乐不思家了，于是决定在此租房长住。

在老于的积极奔走下，我们很快找到了位于联合路天兴花园的一处房子，我和小萍看后都挺中意。老于很细心，从兜里掏出事先拟好的两份租房协议书，一份给我，一份给房东。我一看内容写得很细致，还有附表、交接清单，包括水、电、煤气等等。房东看完说可以，老于说："那就签个字吧，如果不介意的话你们就签三份，我帮你们保存一份，万一今后你们都找不到了，我这儿还有一份。"说着从兜里又掏出了印台，让我们各自按了手印。

老于人就是这么心细，事事都考虑得很周全，经常是当你想到时，他早替你考虑好了，准备好了，这也是我放心在大连居住的一个重要原因，有这样一个朋友比多少亲戚都得力。

租完房子，我和小萍就返回酒店把房间退了。等再回来的时候，老于已经把床上的褥子铺好了，褥子是他从家拿来的，他还从家里拿来一些日常用品，正在帮助收拾房间呢。

我和小萍又去超市购买了一些生活必需品回来，"让嫂子收拾房间，咱们两个下楼买点海鲜，晚上让你们尝尝我的手艺。"老于知道我喜欢吃海鲜，带着我去了附近的玉华市场买回来许多海鲜。一回来，老于就

跑进厨房里忙活了，包饺子、煮海螺、煮螃蟹。我帮不上手，就拿起《金刚经讲义》看了起来。

一会儿老于喊我去吃饭，出来一看，菜已经摆一桌子了。我伸手先拿了一个螃蟹，蘸着老于调的蘸汁一吃，刹那间，一股强烈的快感从舌头迅速延伸开去，抵达我的五脏六腑。

老于调的蘸汁是到目前为止我吃过的最好吃的蘸料，吃海鲜第一要新鲜，第二就是要有好的蘸料，老于调的蘸汁那真是天下一绝！写到这儿，回想起老于做的海鲜大餐，我从未如此深刻地感受到什么叫垂涎欲滴！

正吃着螃蟹，老于递给我一个海螺说："你尝尝这个！"他先做了个示范，用筷子扎一下，再一转，一个完整的海螺肉就出来了。老于又咬开海螺肉中间稍上的部位，从里面拿出两个淡黄色的东西来，说："这是海螺的脑子，不要吃，吃多了会头疼！"

老于手把手地教我，我按照他的方法实践了一下，果然顺利地找到了海螺脑子，将它去掉，然后将海螺肉蘸点调料，放入口中，味道妙不可言，比刚才的螃蟹还要好吃！从这天起，我在大连时几乎天天吃海螺，到后来也没有吃腻。

许多患者都曾问过我，手术化疗后，是不是可以吃海鲜？对此，我也曾请教过许多医生，每个人给出的答案都不一样，有的说不能吃，有的说能吃。

不能吃的理由是，海鲜是发物，手术后吃海鲜会影响药物的作用，使药物不能完全吸收。海鲜还会引发伤口发炎、过敏等，不利于凝血和伤口愈合。术后饮食应以清淡易消化的饮食为主，因为清淡的食物对伤口影响小，易消化不伤脾胃，这样身体负担小，有利于恢复。

能吃的理由是，海鲜蛋白质丰富，可以增强机体免疫力，有利于手术后身体恢复和刀口愈合。当然如果是过敏体质，容易发生过敏的尽量不吃。

对于这个问题，我以自己康复的经验来说：

> 如果术前对海鲜、牛羊肉不过敏，术后只要口腔不溃疡、自己的胃肠功能允许，医生也同意，但吃无妨。只是对食用的海鲜数量要稍微控制一下，不可贪食多吃。另外选择海鲜种类时，也尽量选择鱼虾这类易消化的。

浪漫：小饭店救美结缘

2004年春天，小萍先是到美国陪女儿，接着又特地回国以办美国身份为名和我离婚，这在前面我已经说过了。和小萍办理完离婚手续后，第二天一早我就乘"辽东半岛号"返回大连。老于听说我回来了，上午就去玉华市场买了海鲜，又给我包了大蛤蜊的饺子。

在大连，老于每天都过来陪我，每天我都生活得充实而快乐，很快就把在沈阳的烦恼抛到了脑后。

7月的一个周日早上，老于陪我在一家小饭店吃早餐，吃的是海菜馅包子，用不锈钢的托盘盛着。由于早餐时段接近尾声，店里已经没有几个客人了，几个男服务员嘻嘻哈哈的，一边打闹一边收拾桌子，吃完的空餐具盘隔着两张桌就扔过去，对面的服务员张手来接，跟玩杂耍似的。

这时一个穿白色连衣裙的女孩刚刚吃完饭，夹着书急匆匆地向门外

走。一个服务员扔餐具时，餐具中的剩菜汤刚好甩到女孩的白色连衣裙上，女孩尖叫了一声，同几个服务员理论起来。

没想到那几个服务员却满不在乎，继续嘻嘻哈哈的，有一个服务员说："谁让你这工夫从这儿走了？你等我们收拾完这桌再走不就没事了吗？"另外一个服务员嬉皮笑脸地说："咱们快帮小妹擦擦，别闲着。"说着从桌子上拿起几张餐巾纸，就要帮这个女孩擦，旁边的几个服务员也都围上来了，说："我们大家给你擦！"他们乘机对女孩动手动脚的，把那个女孩吓得直叫。还有个服务员说："擦不掉呀，干脆脱下来，我给你用去油净洗洗吧！"

女孩忙说不用了，拔腿要走，几个服务员却把路给堵住了，非要给擦干净才让走。双方正争执着，又从厨房里跑出来一个服务员，手里拿着一瓶洗洁精，不容分说就倒在女孩的衣襟上，女孩又恼又羞，哭了起来，有点手足无措。

老于一直在旁边冷眼观看这幕闹剧，这时忍无可忍，站了起来，冲了过去，大喊道："干吗？你们要干吗？光天化日之下，还反了你们了呢！"这么一喊，把那几个服务员都给镇住了，他们赶紧解释说："大哥，我们不是故意的，看给弄脏了，想帮着擦干净！"老于说："用你们给擦呀！你们不想摊上事儿，就给拿点干洗钱，去洗衣店洗！"几个服务员问："这得多少钱呀？"老于转过身来问那个女孩："洗这件衣服得多少钱？"女孩摇头说："不知道，没洗过，昨天才买的连衣裙，今天刚穿上就遇到这事儿了，真倒霉！"

我一抬头，看见马路斜对面不远处就有一家干洗店，说："那儿有一家干洗店，去问问价格，不就知道了嘛！"于是我们就一起往干洗店走。在去干洗店的路上，我悄悄打量了一下，发现女孩个子高挑，身高足有1米7多,面容清秀,眉目俊俏,如清水出芙蓉,真是一个天生的美人坯子!

到了干洗店,老板看了一眼,说这样的连衣裙干洗得20元。老于让女孩等着,自己回去向服务员要,他们4个人,刚好每个摊了5元钱。老于把钱交给了女孩,女孩道谢不迭。我看她手里拿了一本英语书,就问了一下:"你是学生吗?"女孩说自己正在大连外国语学院读书,老家在抚顺,多亏遇到了我们,否则不知怎么收场。老于叮嘱她:"以后要多加注意,平时出校门最好和同学结伴同行。"临走时老于还向女孩要了电话号码。

送走了女孩,我和老于也往家走,我们经常吃完饭一起走一走,走累了路过哪个顺路的车站就搭公交车回家。路上老于问我:"我看刚刚那个女孩不错,不知道有没有对象,老吴你联络联络!你现在如果能再处一个女朋友,重新谈场恋爱,对你养病绝对有好处。另外,你身边也需要有一个女人来照顾。小萍同你离婚去美国了,你将来也得考虑再成一个家,我现在陪你毕竟不是个长远事儿!"

说着,老于意味深长地问我:"你看刚才那个女孩不错吧?"他这么一问,我还有点儿不好意思了,连忙说:"噢,没太注意呀,好像还行……好像不错!人家那么年轻,我都40多了,还得癌了,人家不可能找我,别做梦了!"

"你过去谈自己引进统一来沈阳投资时,不是经常说,只有想不到的,没有做不到的吗?你没有尝试,没有努力,怎么知道不能成呢?另外,尝试一下,对你又有什么坏处呢?女孩最怕男人追了,只要功夫到了,没有追不到的。哪天我帮你安排一下!"

老于竟然摆出一副情场高手的姿态来教训我,让我感到好笑。然而，对他这番话，我一时却不知怎么反驳，又或许，我根本不想反驳。

沉醉：我又坠入了爱河

一个周六的中午，老于来到我家里，进门后就说："我约到那个女孩了，她今天没课，上午陪同学去弄头发，下午3点钟我约她来伊势岛。老吴，你得穿精神点儿，穿正装吧，打条领带。"

这话把我给气笑了："老于，至于吗？大热天的穿西装打领带，多热呀！又不是大领导去给人剪彩！"

老于急了："第一次见面，出于对女孩子的尊重，应该穿得正式一些，以后熟悉了穿随便点儿就无所谓了，第一印象非常重要！日料店里空调开得凉，没事的！"这语气，就像一个当妈的监督儿子第一次相亲。

"还是穿T恤吧，夏天穿西装我容易冒汗。"

老于还想给我讲道理，说服我，但我坚持自己比较怕热，爱出汗，"到时候顺着脑袋淌汗，影响形象，更尴尬。"老于不得已，这才作罢。

突然间，老于又对我说："老吴，穿这双皮鞋吧！"我一看是过去朋友送给我的Boss皮鞋，质量非常好，但是很硬很板脚，因此很少穿。我说："这双鞋太硬了，穿着不得劲儿，老长时间没穿了，落的也净是土。"

"男人鞋子很重要，你这儿不是有鞋油吗，我给你打打。"老于说着就蹲在那儿开始打鞋油。

弄完鞋，老于问我有没有电熨斗，还要帮我熨裤子。我说没有那玩意儿，老于也不嫌麻烦，拿着裤子跑到楼下的干洗店去熨了一下。我看老于拿我的事儿比自己的事儿都上心，心里十分感动。一生能遇到一个老于这样的朋友，是我的幸运！

跟老于的交往让我真正明白了鲁迅先生"人生得一知己足矣，斯世当以同怀视之"的意思，也真正明白了知己的意义。

彼此无所求的朋友，才是真正的朋友。真正的朋友，未必出现在你得意时，但一定会出现在你患难时。真正的朋友，会成为你患难时最好的良药。

两点刚过，老于就开始催我走，尽管伊势岛酒店离我住的地方很近，走路用不了10分钟。

"这么近，差15分钟过去就赶趟儿！"

"要早点儿到，不能让女孩早到等我们！"老于一脸严肃，像老师在教育犯错的学生。

我们来到了伊势岛酒店，服务员拿来了两本菜谱，递给我和老于每人一本，又倒了两杯茶。我翻着菜谱，突然老于的手机响了，他像触电一样，一把抓起电话："你到万岁街下车，我去车站接你！"说完捅了一下我说："来了！"

老于站了起来，大踏步往门口走去。这时我在想一会儿聊些什么话题，也在想她长什么样。我努力地回忆，还是只有模糊的印象，似乎和她认识是很遥远的事情，只记得高挑的身材、清秀的面容，但具体啥样却想不起来。人有时候就是挺奇怪的，越是使劲地想，越是想不起来。

一会儿，老于领着一个女孩进来了，一看到她，我对她所有的印象又一下子回到脑中来了，就像昨天刚见过一样。只见她上身穿一件白色的衬衫，下身着牛仔裤，头上戴一顶白色的鸭舌帽，梳着马尾辫，一身学生的装束。她像一只蝴蝶一样翩翩而来，来到座位前，冲我淡然一笑，算是打了招呼。我把菜谱递了过去，说："看看喜欢吃什么，我点的是198元每位的套餐，想吃什么可以随便点，管够吃！"

看到她的装束，我知道要谈什么话题了，可以谈谈大学里的生活，毕竟我在大学里面足足教了十年书呢！

在谈话中，我了解到女孩叫语汐，来自抚顺农村，是一个很实在的女孩子。老于讲起万岁街的来历和大连的一些历史，又说前两天在万达看了一场电影，是冯小刚导演的《唐山大地震》，非常好看，推荐我们去看看。老于怕我们不去，还自作主张，当场打电话帮我们在万达影城订了两张电影票。

盛情难却，吃完饭我和语汐便去看电影了。外面不知道什么时候下起了小雨，语汐从背包里掏出了折叠伞，同我一起打着伞。我们乘坐出租车去了万达影城。老于说的没错，电影确实挺感人，尤其陈道明精湛的演技让我深深地入戏了。

电影散场后，我还在咀嚼着陈道明的孤独和痛苦，他那拉二胡的画面一直停留在我的脑海中。这时候语汐推我一下，说："走啊，大家都走了。"我这才站起身来，随着人流走出了影院。雨已经停了，我叫了一辆出租车，准备把语汐送回学校。

出租车路过中山公园观景台时，我看那里高楼林立、灯光璀璨，观景台在山中间，可以居高临下欣赏大连夜景，就跟语汐说："我们下车看看风景吧！"语汐欣然答应，于是我们下了车。刚刚的雨似乎把空气洗了一遍，新鲜的空气让人神清气爽。

观景台上一些外地游客在拍照，旁边几个商贩在卖一些旅游纪念品。

"喜欢什么？我给你买一个做纪念吧。"

"真的？那我可真的挑一个了！"

最终语汐挑了一个拿在手里能转的小彩灯，一转起来五颜六色的，

煞是好看。记得当时是花了28元买的,前两年收拾东西时还见过呢。

我们在路边找了一块石头坐下,又聊了一会儿学校的事儿,我也跟语汐讲了自己的抗癌经历。通过这两次的接触,总感觉语汐心事重重的,时而会发呆,于是我问她:"感觉你好像心里有事儿,是不是最近在感情上遇到一些挫折?"

语汐沉默了一会儿,告诉我,她一年前处了一个男朋友,是本溪人,也是她的初恋,两人你侬我侬,情深似火。未承想,交往了半年,她才发现这个男的离过婚,还有个儿子,由于初恋感情深,心里一番挣扎后,最终还是接受了。

语汐没有嫌弃男方,男方家却嫌弃起语汐来了。前一段时间,语汐去男方家里拜见未来的公公婆婆,男方的父母刚开始还热情相待,一听说语汐家是农村的,脸上的神色马上晴转多云。他们是怕未来经济上受连累,儿子借不到什么光,希望儿子找一个城里干部家庭的女孩。

那个男人从小到大唯父母命是从,不敢有自己的主见。父母找人给他介绍对象,他就得处。他同语汐说,怕父母生气,处对象快半年了,父母催登记,婚房也买了,但是男方向语汐保证说:他只爱她一个,这只是逢场作戏,应付一下父母,怕父母着急上火,说让语汐等到他父母百年后,他一定会同这个女人离婚,再娶语汐的。

我顺口问他父母多大年纪,语汐说:"50多岁,但听他说父母身体不好,有糖尿病和高血压。"

"这不是开玩笑吗?糖尿病和高血压只是慢性病,现在人都长寿,假如他父母活到90岁,还有30多年,你等他30年,中间说不定有什么变化呢!"

语汐哭了起来:"我也几次想同他分手,可是每当提到分手,他就会哭，到后来我就不忍心了，在大连学习也是想躲开一段时间，一个人清静清静！"

"他是在骗你，玩弄你的感情，你一定要远离他！"

"没有，他是真的爱我的，要怪只能怪他父母！"

语汐单纯得让我心疼，她的哭泣声引来旁人惊异的目光，我有点慌了，连忙说："别哭了，别人还以为我把你怎么了呢！以后你就把我当你哥哥吧，有什么委屈的事跟哥说，哥来帮你！"

听到我这么说，语汐停止了哭泣，身体向我靠了过来，我也紧紧地把她搂在怀里……

日后语汐提到这段历史，总说是我乘虚而入。

从那以后我们经常见面，语汐爱吃麻辣火锅，位于港湾广场的皇城老妈店内经常留下我们的身影，偶尔我们也会一起去看场电影，慢慢地我们稀里糊涂地开始了恋爱。

幸福：阳光灿烂的日子

转眼秋风刮起来了，一天父亲突然打电话说要来大连看看我。我选择了一个周末，和语汐一起去沈阳把老人家接过来了。父亲虽然80多岁了，但是平时注重保健和锻炼，腿脚非常好，他有早睡早起的好习惯，晚上一到8点钟就必须上床睡觉，雷打不动。父亲天生忠厚老实，与世无争，不为世事羁绊。后来他活到了96岁的高寿，可以说与这种好心态有很大关系。

父亲到大连后，我同语汐商量着领老人家出去玩玩。去哪儿玩呢？

想来想去，我记起我们几次想去发现王国，结果都阴差阳错没有去成，这次正好弥补一下遗憾。我把这个想法告诉语汐，没想到她也有这个念头。啥叫心有灵犀？这就是！

第二天一大早我们就乘轻轨前往发现王国，买票进去后，看到许多洋气的建筑，感觉像来到了欧洲。走了不远，一个叫翻江倒海的游乐设备映入了我们的眼帘，只见上面的机械装置一排椅子挨个坐满了人，随着摇臂的转动360°翻转，先是向前翻转两圈，然后又向后翻转两圈，人们随着翻转发出刺耳的尖叫声。别说上面的人了，就连我们在下面听了之后胃里面都跟着翻江倒海起来了！

我们沿东面的路再往里走，又遇到一个名为大摆锤的游乐设备，底下围了不少的人，我们也凑了过去。大摆锤是很多大型游乐园中最惊险的项目之一，堪称"撒手锏"，很多玩过山车谈笑自若的人以为大摆锤也不过如此，结果下来之后冷汗直冒手脚瘫软，更有人吐得昏天暗地乃至直接趴在地上。想想一般人都承受不了，我这个刚从手术中捡回一条命的人自然更是无福消受了，只可远观不可近玩。

没想到父亲今天心情格外好，不知道是认真还是开玩笑，跟语汐说："你去坐坐玩吧，要不白来了！"语汐一听，也调皮起来："我想让大爷陪我一起坐！"父亲笑道："我这么大年纪了，受不了，让吴江陪你坐吧！"语汐看了我一眼，说："他胆儿小，不敢坐！"父亲拽了我一下，对我说："男子汉大丈夫，勇敢一些，陪语汐坐坐去！"

实际上我是真的有点儿怯阵，不敢坐，但被这一老一少合起来激将，前后夹攻，只好豁出去了，装出一副大义凛然的样子，说："正好，我也想坐坐，哈哈。"于是，我和语汐就去排队了。看到前面的队伍还挺长，轮到我们还得好一阵子，我便耐下心来，仔细地观察了一下这个大摆锤，用心数着1次、2次、3次……15次，原来就它一共就摆动15次呀！看来坚持15次我就胜利了！心里有了数，也就没有那么慌了。

轮到我们了，系好了安全带，伴随着开始的铃声，大摆锤开始摆动了。语汐紧紧地攥住了我的手，随着大摆锤一下一下地摆动和转动，我感觉到她的手攥得越来越紧，慢慢地渗出汗来。大摆锤终于停了下来，大伙儿终于长松了一口气。这时语汐问我："好像这一拨人中只有你不害怕呀，咋回事儿，难道你事先吃了壮胆药？"我摇头道："其实是我事先观察掌握了它的规律，做到了心中有数！"语汐笑道："原来是这样呀，你好狡猾呀！"

我们继续向前走，语汐怕我父亲身体吃不消，特意租来了一台4人自行车。我们来到了跳楼机那儿，语汐指着跳楼机说："这个我不敢坐，你敢吗？"我看了一下，觉得只是上下几次，没有什么，估计比刚才的大摆锤轻松多了，就说："没什么，我坐给你看！"于是就排队坐上去了。

从跳楼机下来之后，我发誓，这辈子再也不会坐这玩意儿了！坐完后我心脏好几天都不舒服，最难受的是触底反弹到高点后又瞬间下降的那一刻，有一种心脏到了嗓子眼儿，一张嘴就能吐出来的感觉，别提多难受了！

万幸的是，那天我们事先没吃东西，否则非得当场吐出来不可！我们一直玩到4点多钟，几乎走遍了整个公园，这才踏着夕阳走上了回家的路。在轻轨上语汐靠着我睡着了，看样子是真的玩累了，看她睡得香甜的样子应该是玩得很尽兴。回到家中，德生已经做好了一桌子丰盛的海鲜大餐，还包了鲅鱼馅儿的水饺。

父亲在大连住了一个多月，多亏有语汐帮忙照顾，她每天下课就回来陪父亲，跟他说话谈心，让老头子不会感到寂寞。父亲年纪大了，坐在椅子上洗脚，弯不下腰，每天都是语汐帮忙洗。

这个月，语汐为父亲做的两次事儿尤其让我感动。

一次是周六，我同老于去逛旧物市场，中午语汐陪父亲吃必胜客。回家上电梯时，父亲大便憋不住了，拉了一裤子。语汐一点儿都没有嫌弃，帮助父亲脱掉裤子，擦干净身体，让父亲躺在被中，下楼买了新的内裤给父亲换上，又将换下来的脏裤子洗干净。一个20出头的小姑娘能做到这点，真的挺不容易的！

还有一次，沈阳的朋友老丛请一位大连的战友吃饭，我带着语汐参加。大连战友是带着老婆来的，老丛介绍语汐是我女朋友后，战友的老婆对我们似乎有些看法，很不热情。开始上菜后，语汐向服务员要来了几个打包盒，对老丛说："丛哥，不好意思，吴江的老爸来大连了，他还没吃晚饭，我看那个菜他爱吃，我先给他夹点了儿。"刚吃一半儿她就要走，说怕饿着父亲，大家劝她再吃一会儿也劝不住，愣是走了，说回家陪父亲吃去。语汐走以后，在座的所有人都夸她，不但人长得漂亮，心灵也美，就连战友的老婆对她印象也完全不一样了。我心里听得美滋滋的，甭提多高兴了！

人越老越容易思乡，在大连待了一段日子，父亲总惦记着沈阳，想回去。临走前一天下午，语汐说要给父亲买几件衣服，于是我们一起去了和平广场。

逛商场时，语汐看到一个黑色的大包，拿过来左比量右比量的，一看就是非常喜欢，但一问价格——600元，立即吐了吐舌头，把包还给了售货员。我说喜欢就买了吧，她摇摇头道，太贵了，不值得！一边说一边拉着我们往旁边走，然而走几步后她却情不自禁地回头看了看。连父亲都看出来了，她有多喜欢这个包！

语汐给父亲挑了一些平时换洗的衣服，又买了两条裤子。逛到这时

我们肚子也有点饿了，于是来到一楼的一家日式简餐厅吃饭。点完菜后，语汐去洗手间了，趁这工夫，父亲冲我摆了一下手，意思让我近一些，他从口袋里掏出来一沓钱递给我，说："你快去把那个包买了，算我这次来大连送给她的礼物！"我说："您要养那么一家子人，钱也不富余呀！"父亲的退休金都用来接济林姨一家了，林姨没有退休金，大儿子有病，小儿子和儿媳妇也没有工作，全靠父亲的退休金。

父亲有些着急，怕语汐回来不让买，催促我说："快去呀！"我急忙一溜烟跑了过去，指着那个包，对售货员说："给我开这个包！"

当我拿着包哼着小曲回到餐厅时，语汐还有些抱怨说："菜早就上来了，都快凉了，你上哪儿去了？"我把包装盒子递给她说："这是父亲送给你的礼物！"语汐小心翼翼地打开了包装，看到包时，高兴得几乎跳了起来，眼中也闪了一点儿泪花："谢谢大爷！我太喜欢啦！"

语汐最大的优点就是高兴生气情绪都挂在脸上，活得真实而坦然，这样彼此相处起来一点儿都不累，不像一些女孩子，生活就像在演戏。和语汐相处的日子，时间好像也变快了。

结束了在大连的疗养生活后，我把语汐带回了沈阳，我们成了一家人。当初离开沈阳去大连，今时离开大连回沈阳，我都是成双成对的，可是我还是我，身边的人却换了。人生着实充满了戏剧性，让你无法提前猜测。但这就是生活的魅力，你永远不知道下一步会发生什么，只有坚定地向前走，才能看到新的风景。

2006年6月30日是一个重要的日子，我和语汐的孩子出生了。记得怀孕期间，语汐在沈阳市妇婴医院做B超检查时，医生提醒她孩子的头部双顶径偏大，说孩子有脑积水的可能性。主治医生又了解到我有患肝癌的历史，就对语汐说："姑娘你傻呀！他这个病能好吗？他没了，你将来可怎么办呀！"语汐坚定地说："这是我同老吴爱情的结晶，即使老吴没了，我一个人也要把孩子抚养成人！"这事儿让我感动得热泪盈眶，我觉得自己找到了人生中最好的灵魂伴侣！

一晃十几年过去了，现在我们的女儿也已经快上高中了，再回首前尘往事，恍然如梦。

遇见语汐是我在大连养病期间最大的收获，我也因为她明白了这样的一个道理：

人在绝境中只要充满希望，只要敢于追求，美好的事情就会发生！心存希望，一切都有可能！

扫码观看更多精彩内容

下篇

跟老吴一起快乐抗癌

① 于静因化疗脱发但风采依然
② 高艳萍在北京天安门广场
③ 美丽姐与病友郊野大联欢
④ 吴江与参加过国际骑行大赛的冯瑞大姐（左）合影
⑤ 牟英（左）给吴江题字——我是癌克星
⑥ 吴江与歌唱家任丽蔚（右）合影
⑦ 周云川在蜂场
⑧ 陈玉山垂钓
⑨ 吴枭杰（右二）与好友合影
⑩ 吴江与画家马广群（左）合影
⑪ 积极康复、热爱生活的兰姐
⑫ 高尔夫球场上的王仁迈

我是「癌克星」

4 老吴辅导癌症病友案例

人没有不恋生惧死的,谁都希望自己的病能够治愈。此时此刻,最能够给他们带来安慰、帮助和启示的就是像我一样的抗癌路上的康复者。看到与自己同病相怜者能够顺利逃脱癌症的魔爪,甚至看到比自己病情更严重的患者都能够成功康复,这无疑是对他们最好的激励,能给他们带来最大的信心!

在患者得知患癌实情后,迅速对其进行心理干预,让其放下心理包袱,改变错误的认知,树立起战胜癌症的信心,是非常有必要的,甚至要超越药石之效。要拯救一个病人,不仅要拯救他的身体,更要拯救他的灵魂!

当然,癌症不是感冒,病情容易反复,导致患者情绪也会反复,因此心理辅导不可能一劳永逸,必须是经常性的、长久性的,最终的目的是抑制患者心情的波动,让他们处于稳定的情绪之中,让免疫系统始终处于最佳状态。

记得我曾给一起在大企影响力总裁班上课的丁峰同学辅导过,他当时患的也是肝癌,肿瘤大小同我当年差不多,只是没有被诊断出转移。医生也告诉他患的是有"癌中之王"称号的肝癌,并给他讲述了肝癌有多么可怕。医生的用意或许是好的,希望他充分重视起来,趁着肿瘤还没转移全力治疗。然而丁峰当时就蒙了,光想着肝癌有多可怕,茶饭不思,魂不守舍。一个星期之后,我同他见面,他人已经脱相了,我差点没有认出来。

我给丁峰详细介绍了自己当年的情况及治疗过程,当时我已经康复15年了,却依然神气活现地坐在他的身边,仿佛从来没有得过癌似的。丁峰听了我的介绍,看到我的状态,感觉瞬间就变了。后来听他爱人介绍说,过去的一周他们全家人都处于无限的恐惧之中,饭吃不下,觉睡不着。等我辅导完后,丁峰回到家中,一躺下就睡了十几个小时的觉,醒来后也有食欲了,情绪发生了根本性的转变。

两年后丁峰爱人也被诊断出了癌症，出乎所有人意料的是，对此她表现得格外平静，情绪几乎没有发生太大的波动。她说过去就听过我的抗癌辅导，了解癌症只是一个慢性病，没有那么可怕！

我现身说法的抗癌辅导，基本上可以打开患者的心结，迅速调整好患者的心态，同时根据我接触过众多肿瘤患者的例子，挽救了很多人的生命。

以下是从我十几年抗癌辅导过程中提炼出来的十个典型案例，在这十个案例中我又有所选择和侧重。钟尧的案例侧重的是癌症病友们普遍出现的"术后焦虑症"如何解决；顾春秀和金振久侧重的是信念在延长生命和癌症康复方面的关键作用；徐祥和姚磊本来都已经陷入绝境，但是他们没有放弃，一个找对医生，一个用对方法，最终也出现了奇迹，至今安然活着！刘兵的案例提醒大家用药要掌握度，过犹不及；林美仑的案例提醒病友癌症是非常复杂的，对病情的分析一定要慎之又慎，反复求索，才是对自己生命负责；张慧父亲和高玉芬的案例提醒大家一定要注意社会上形形色色的骗子，他们在你病入膏肓的时候还想方设法榨取你的救命钱，骗子猛于肿瘤；老唐的案例提醒病友和家属要把心理健康建设放在治疗与康复的重要位置，也提醒和激励自己必须坚持不懈地投入关心与辅导病友的事业中！

案例在精而不在多，"十"又是完满之数，所以这次我只从自己多年来辅导的众多案例中选出这十个案例献给读者。限于数量和角度，可能不能满足每一个病友的期待，请大家见谅。也希望在这有限的案例中，能够给更多病友带来启迪和力量！

出于病友的意愿和保护病友隐私的需要，辅导案例中部分人物用了化名。

钟尧：癌症康复得克服"术后焦虑症"

这是一次难忘的辅导经历。万万没有想到，我回到沈阳后的第一次心理辅导，竟然是在打骂中结束的。

患者叫钟尧，生于1968年，比我小六岁，是一位甲状腺恶性肿瘤患者。

钟尧从老家新民来到沈阳打拼，开始在印刷厂里做小工，后来跑业务，由于他勤奋努力，业务做得越来越出色，客户关系也处理得很好，不少客户都动员他自己创业。一番抉择后，钟尧终于下定决心单干，成立了辽宁北方彩色期刊印务有限公司。在他的不断努力和苦心经营下，公司业绩逐年攀升，由最初的年营业额300多万元做到了2 000多万元。

正当钟尧事业风生水起、蒸蒸日上的时候，命运却跟他开了一个残酷的玩笑。

2012年，钟尧做东请几名厂长一同到医院体检。当其他人都检查完后，钟尧自己也顺便检查了一下，就像请客吃饭一样，客人都吃完了，原本矜持的主人也得吃一口。没想到，B超结束的时候，医生突然抛出一句信息量很大的话，他劝钟尧再到大一点的医院检查看看。

到医院检查，最怕听到的就是这句话了。钟尧马上有了一种不祥之感，他第一时间赶到中国医科大学附属盛京医院进行复查，当时就被确诊为甲状腺恶性肿瘤。被检查出得了癌症，这是多么可怕的事儿！

一听到这个结果，钟尧感觉天都塌了下来，想到比自己年轻13岁的妻子和刚上小学的儿子，有种万箭穿心的痛楚："如果我就这么离开了，剩下这孤儿寡母可怎么生活？"

即使修炼到宠辱不惊的圣人境界，第一次听说自己得绝症恐怕也会大惊失色或者悲痛入髓，更何况钟尧只是个凡夫俗子："我勤勤恳恳，与人为善，作为儿子对上尽孝，作为领导对下尽诚，作为丈夫对妻尽爱，作为父亲对子尽责，为何命运对我如此不公？"

钟尧越想越想不开，悲愤交集，原先脾气还算不错的他没有几天就像变了一个人似的，整天在家里"狮子吼"，吼完就摔东西。他最喜欢摔的是水杯，大概水杯摔到地面的声音和支离破碎的样子让他特别过瘾，使得他乐此不疲。

钟尧很快住进了医院，开始了治疗之路。由于有核辐射，治疗室设在医院的地下室里，阴沉又压抑。钟尧一个人被关在病房里，医护人员都穿着像宇航员一样的防护服，让他有种被外星人劫持远离地球的孤独和恐惧。病房里连个电视也没有，想看看新闻转移一下对疾病的注意力都没门。因为怕辐射传给别人，医生不让钟尧回家，不让他接触外人，每天连个说话的人都没有，只能躺在病床上盯着房顶，时间格外漫长，那种滋味比坐牢还难受。

特别是碘131治疗结束后,钟尧连话都说不了,声音嘶哑得让人听不懂,还总感觉喘不上来气,难受的时候就像有人一直用手掐着他的脖子一样。这段治疗经历对钟尧精神体系的创伤性打击太大了,以至于他出院后还没有办法走出住院时期的阴霾,唯有不断地寻找发泄的目标才能转移他内心的不安,就连平时他非常溺爱的孩子,也常无缘无故挨他的打。

钟尧爱人看到他这个样子,心里非常着急。在一次朋友的聚会上,她认识了我,知道我正从事癌症病人辅导,想让我去劝劝丈夫。我欣然答应了,约好第二天去她家里。

钟尧家住在铁西区沈辽西路的宏发小区,当天上午一直在下雪,下午雪停了我就去他家。雪后的沈阳,空气格外新鲜,我同钟尧爱人先约在兴隆大天地见面,然后一起去她家。

在去钟尧家的路上,他爱人还几次提醒我,最近老钟情绪特别不好,也不知道能不能接受我的辅导。我当时信心十足,拍着胸脯保证没问题,在大连时,我就辅导过很多患者,效果都很好。

说着说着就来到了钟尧家门口,他爱人掏出钥匙把门打开,让我在客厅的沙发上坐下。我问怎么没有看到老钟,她说在屋里睡觉呢,自从得癌以来,他大半夜总不睡觉,白天困了才睡觉,作息规律变得跟猫头鹰一样。说着她进了卧室,我听到她叫钟尧起床的声音。趁着钟尧还没出来的间隙,我使劲地搓手,想着等下同老钟握手时,首先得让他感受到我传递过去的温暖。

不一会儿,老钟一边系着睡衣的扣子,一边走了出来,就像很多睡得正酣被强行叫醒的人一样,眼睛里带着倦意与怒意。老钟一看到我,爱人马上向他介绍道:"老钟,这位吴师傅得过肝癌,现在都好了,我让他给你传授点经验,我去给你们泡茶。"

我马上礼貌性地站了起来,向他伸出了手,想同他握手,老钟却一动不动,任凭我的手停滞在半空,让我非常尴尬。沉默了一会儿,钟尧说:"你得肝癌了,怎么没死呢?是误诊了吧!"这话听起来,就像吃了枪药一样,格外刺耳。

幸好他爱人早就给我打了预防针,我也做好了心理准备,虽然笑容瞬间像电视没信号的时候花了一下,但马上恢复正常。我告诉老钟:"患了癌症并不等于一定会死,有很多癌症患者都康复了,我在大连就辅导过很多癌症患者,现在都挺好的。"

老钟冷冷地瞅着我,说:"你把癌症给攻克了呗!医院怎么没请你当医生呢?你应该获得那个什么诺贝尔奖呀!你不吹会死啊?"这时他爱人端了一杯茶水过来,对我说:"好不容易找到一个水杯,家里的水杯都让老钟给砸光了!"

这话不说还好,一说倒提醒了钟尧。话音刚落,老钟突然一个箭步蹿上前,从茶几上拿起水杯又摔在地上,茶杯碎片四处飞散的同时刚刚泡的热茶也溅了我一身,他爱人在一旁顿足道:"老钟啊,就剩这一个杯子了,你怎么又给摔了呢,拿什么泡茶呀!"

老钟冲他爱人吼道:"喝个毛茶呀,我睡着正香呢,你就领回一个傻蛋来,给我叫醒了,烦不烦人呀!"又冲我说:"你是来卖药的吧?"

我在给人辅导的经历中,经常遇到这样的误解,以至于目前只有不到30%的人愿意接受辅导。大家受到的欺骗多了,本能的防御意识也加强了,你想帮助人家,人家第一感觉却是你想卖药给他们,想要赚他们的钱。因为自从他们得病时起,身边就充斥着各类抗癌药品的广告,住院病房里也经常有借口探视病人混进来的药品销售人员,这些人趁医护人员不在时，把传单塞入病房内，或找患者和家属攀谈推销药品，而且这些药往往价格不菲却没有什么作用，广告上印的都是夸大疗效、欺骗患者的虚假内容，因此让患者非常反感。

我努力平息住躁动的心情，说："我不卖药，我是来做心理辅导的，是来做公益的！"

"别总装，你是雷锋呀！我不需要什么辅导，你赶紧走吧！"

我不想就这么轻易放弃，还希望同钟尧拉近距离，希望他能够接受辅导，说："老钟，看上去我们好像是同龄人，我是62年的，你是哪年的？"

"62年是属虎的，我是属猴的，同属虎的最犯相，你赶紧走吧，我看见你就不痛快！"

他爱人一边劝老钟，一边对我说："吴师傅，老钟情绪就这样，要不以后再说吧！"

我不甘心就这样走了，于是说："属猴的是68年的吧？比我小六岁。我有好多朋友也是68年的，你什么时候发现得病的？"

老钟已经不耐烦了，情绪更加激动："你像个查户口的，问来问去的烦不烦人呀，让你滚了，你还赖着不走，非得让我打你呀！"说着抄起自己穿的塑料拖鞋。

他爱人一见，赶紧拦住他："老钟你干什么呀！吴师傅是我请来给你做辅导的呀！"转过头来对我说："吴师傅你先走吧！"

我见状只好站起身来，往门口走去，一边说："这样的情绪下，癌症很难好，必须要改变！"

老钟嘴上还在继续骂着，手中的拖鞋扔了过来，打到了我的右肩上。我换完鞋匆匆地下了楼，心情十分郁闷，辅导了这么多人，还是头一次遇见这样把好心好意当成了驴肝肺的!

晚上老钟爱人打来电话,对我表示歉意。第二天她又执意来看我,临走时,我送给她一套有助于老钟心情平复的书,希望她带回家给钟尧看。不知道是这套书真的起了作用还是爱人劝导的效果,钟尧再见我的时候已经不再像炮仗遇到火柴一样一点就着了,我终于可以和他坐下来正常交流了。

因为经常从事癌症康复辅导,病友中也有不少甲状腺肿瘤患者,我知道甲状腺癌由于部位特殊,属于比较容易早期发现的癌症。如果说患上癌症是种不幸,那患上甲状腺癌就是不幸中的大幸,它不仅性子温和,恶性程度低,而且还挺懒,发展速度慢。如果能早期发现,患者做个切除手术即有可能根治。

此外,甲状腺癌还有个"最善良的癌症"的"雅号"。据相关数据统计,甲状腺癌的十年生存率为90%以上。而且,甲状腺癌的预后十分可喜,复发率低于3%,一旦复发,也可通过治疗维持相当长时间的寿命。著名央视女主持人朱迅2007年就患上了甲状腺癌,经过治疗现在仍坚持在一线。

当然,不同类型的甲状腺癌,恶性程度也是不一样的。甲状腺未分化癌就是脾气最暴躁的一员,发起狠来,可能很快就要你的命。钟尧得的是脾气比较好的甲状腺癌类型,而且又是早期幸运地发现,实在没有必要过于悲观。

我跟钟尧交流这些情况,鼓励他积极勇敢地面对现实,改变不良的生活习惯,控制好自己的情绪,调整好心态,快乐抗癌。

经过多次接触后,钟尧对我的敌意渐渐消除了,心态也慢慢好转,我们的沟通交流越来越畅快了。在我、钟尧爱人和钟尧自己的共同努力下，钟尧终于走出了人生最灰暗的时期，看到了云开雾散后的风景。

现在，钟尧把自己的生活节奏调慢了，生意全部交给了自己的大儿子打理，没事儿的时候还能跟着我一起去给其他癌症患者打气，鼓励他们快乐治疗。

经历过了生死大考的钟尧，已将生死看淡，说每天能快快乐乐地活着，就是人生最大的幸福。从2017年至2019年，钟尧又检查发现了心脏血管堵塞，三年下了四个支架，但他的脾气却没有因此再变化过。"我连癌症都不怕，这点儿病根本就吓不倒我！"

如果说"产后焦虑症"是女人的专利，那么"术后焦虑症"则是男女通吃，特别是癌症这样的重病。老钟的故事或许比较有戏剧性，但是类似于他这样的病友我在多年的辅导中还是见过不少例，尤其一些特殊类型的癌症患者，手术后更容易情绪波动，老胡就是其中一个。

老胡是一个喉癌患者，接受了全喉切除术，但在肿瘤被切除的同时，平时发音的声带也被切除了，成了俗称的"无喉人"，连正常的语言表达功能都丧失了，真的是"哑巴吃黄连有苦说不出"。哑巴遇到惊吓尚且可以"啊啊"地大叫，老胡却只能目瞪口呆，连哑巴都不如。在这样的打击面前，老胡变得脾气暴躁，动不动就拍桌摔椅，朋友们都说他病后连性格都变了，其实这都是无法沟通导致的。

由于这样的特殊情况，我对老胡进行辅导时，他只能当倾听者，但是即使这样，老胡的情绪也好转了很多。因为这段时间朋友们对他都是避而远之，没想到我一个陌生人愿意坐下来跟他说这么多话。后来老胡用上了电子喉，通过努力训练，找回了自己的"话语权"，那扇封闭的大门也就重新打开了。

辅导心得：

钟尧的情况是典型的癌症术后焦虑症的表现，患者手术后暴躁，不仅影响和家人朋友的感情，更阻碍自身的康复。遇到这种情况，可以采取听音乐、散步、多和人交流等方式来排解压抑郁闷的心情。如果没有效果的话，家属也可以为患者请辅导老师或者心理医生进行干预。同时也要注意检查患者的身体，比如有没有存在维生素、铁元素缺乏，肝火旺盛等情况，然后对症治疗。

从患者自身的角度来说，要放下癌症就是绝症的执念，这种执念就像鱼钩一样，而你就是那条上了钩的鱼，你越紧张、越挣扎，就被钩得越紧，死得越快。冷静下来，轻松应对，才有可能脱钩。

顾春秀：信念是最好的抗癌良药

早年我曾看到一本书，书中介绍了一个案例，说的是一个两岁孩子的母亲不幸身患癌症，但她并未因此自暴自弃，而是立下宏愿——"我一定要把孩子抚养成人，要看到孩子成家"！为此她给自己制定了目标，每天积极治疗，前后坚持了25年。在这25年中，她做了十几次的手术，忍受了常人难以想象的痛苦，但始终没有放弃，直到女儿27岁嫁人以后，她才离开人世。

当初读这个故事的时候，我只是感动于母爱的伟大，而在我从癌症中康复和从事癌症辅导事业以后，对这个故事又有了新的理解。我看到了一个癌症患者如果心中有信念、有目标、有期待的话，创造奇迹的概率是远远高于一般患者的。在我辅导过的病友当中，就有这样的奇迹缔造者。

2013年，我受朋友邀请去瓦房店给他的同学顾春秀做辅导。记得那天早上我们从沈阳出发，中午到达瓦房店。见到顾春秀时，我第一印象是惊讶，虽然不少癌症病人都很消瘦，但像她这么瘦的我还是第一次见到，用皮包骨来形容一点也不夸张，衣服穿在身上感觉空荡荡的，就像挂在衣架上。从这一点就可以看出顾春秀备受体内的肿瘤折磨的程度,让我顿起怜悯之心。

春秀说她这些日子天天疼得死去活来,都不想活了,只是想到儿子明年就高考了,还得坚持下去,自己唯一的愿望就是等到儿子高考完,帮助儿子报上志愿,看到儿子上大学。

这时朋友在旁边插嘴说,春秀以前上学读到了高中,而且成绩很好,只是因为家庭原因,最后没能上大学,成了一生最大的遗憾。所以她这辈子最大的心愿就是看着儿子上大学,谁知道就在这当口得了这病。

听到这话,我感到一阵心酸,苍天总是戏弄人,通常肝癌骨转移后的生存率不到一年,谁也不敢保证春秀能见到儿子上大学。但我也知道,信念的力量非常理可以揣度,春秀内心有这样强大的信念,或许可以支撑她在不可能中创造出可能来。于是我给她讲了一些病友带瘤生存的故事,包括我自己的父亲也是带瘤生存了9年,虽然得了癌,但是最终却不是死于癌症,由此鼓励她通过自我调节,提高免疫力,坚持到儿子考上大学那一天。

正说着,我看到春秀枕头边有一个红色的本子,封面上好像还写着"日记本"三个字。我好奇地问道:"你生病时还会写日记吗?"春秀说,她学生时代就喜欢写日记,这会儿生病了,经常卧病在床,百无聊赖,有时候也会把一些想法记下来,当作一种排遣和寄托。我随口说一句"能不能让我看一看",她脸上闪过一丝忸怩的表情,但还是把本子递给了我。

接过春秀的笔记本,看上面的字迹,如她的名字一样,很清秀,但内容却让人不忍卒读,每篇都像是在交代遗言。我随手翻了几篇,跟她说:"你不能过度把注意力放在生病这件事上面,虽然我们自己身处黑暗之中，但要看到光，也要把光传给别人。试想想，你的儿子，还有未来你的孙子们看到这些记录，他们的心情会怎么样？你应该回忆下自己以前人生中那些美好的时刻，或者想想未来儿子上大学、娶媳妇那些美好的场景，把它们写下来。这样即使未来你人不在了，这些东西对他们来说也是一笔宝贵的精神财富。"

说这话的时候，我看到春秀使劲点着头，看来她和我的想法有了共鸣。

我走后，春秀听了我的建议，对生活也有了信心，我也不时和她通电话，了解她的现状，激励她朝着目标努力。一年后，春秀如愿以偿地看到了儿子考上了大连理工大学。记得那天，她手捧着儿子的大学录取通知书，拍了一张照片发给我，虽然脸上依然苍白得毫无血色，但那幸福的笑容，就像寒屋中的炉火，温暖了人心。我甚至可以说，自己活了大半辈子，还从未看过如此灿烂而动人的笑容！遗憾的是，后来由于我手机中毒，存储在里面的资料和图片都遗失了，这张珍贵的照片也未能保存下来。

春秀儿子考上大学后，我又同她说："现在上大学已经没啥大不了，大学生遍地都是，就好比你以前上个中专而已，将来你得让你儿子考研究生呀！"

"是呀！儿子爱学习，是想让他将来考研究生。"

"那你得积极治疗，保持良好的心态。亲眼看着你的儿子考上研究生！"

连我都没有想到，春秀竟然真的看到儿子又考上了大连理工大学的研究生，在儿子读研第二年时，她走了。原本医生都认为她的生命最多剩下几个月，但顽强的春秀却多活了好几年！

听朋友说，春秀走的时候很安详，没有遭受太大的痛苦，是在睡梦中走的，嘴角似乎还留着一丝微笑。

我相信，春秀是开心地走的，心中没有留下遗憾。

辅导心得：

> 一个人活在这个世界上要有方向，有目标，有寄托，否则就成了行尸走肉。在我们人生陷入困境乃至绝境的时候，这样的信念可以成为黑暗中的一座灯塔，指引着我们不断前行。科学研究证明，每个人都有一种超乎寻常的潜能，一旦被激发出来，将使我们得到许多意外收获，甚至产生奇迹，而信心就可以激发这种潜能。
>
> 当然，我们也不能把信念当成纯粹的意念，认为自己不用看医生，不需要吃药，光靠意念就可以把癌症治好，那不是信念，是妄想。信念的作用是通过坚强的意志、良好的情绪来激发我们身体的潜力，释放疾病带来的压力，从而提高我们的免疫力，这与药物治疗是并行不悖的，而且没有副作用。

金振久：对付癌症复发更要坚定信心

比起初得癌症的人，那些癌症复发的病友所面临的困境和苦痛有过之而无不及。试想想，如果有人历尽千辛万苦刚刚挖了一条地道从困境中逃出来，结果还没呼吸几口自由空气，马上就被抓回去，这种痛苦一定比第一次陷入困境时更加强烈。而且癌症一旦复发，治愈的难度往往要大于初次得癌，治疗的手段也可能比初次得癌更激进；而患者在心理上更容易产生绝望之感，认为自己哪怕付出再大的努力也注定逃不出病魔之手，进而自暴自弃。

我在多年的辅导实践中，经常遇到癌症复发的病友，其中经过我辅导后成功康复的也不乏其人。在和这些病友沟通的时候，我会从外因和内因两方面帮助他们进行分析，找出复发的真正原因，逐条列出来帮他们修改康复方案。外因方面，比如手术切除的方式不对，该是肿瘤根治术的却进行了肿瘤的局部切除。再比如患者由于害怕化疗的毒副作用，没有系统地进行化疗。诸如此类，可以从医学技术上改进的相对来说都比较简单。由于我不是医生，在凭自己的经验判断到有这方面的倾向后，我一般会建议他们找专业的医生进一步诊断，明确真正的原因，以便后续治疗上的改变。

最棘手的是内因。很多病友真正癌症复发的原因并不是医生的错，而是自己吓出来的，这类患者如果没有经过专业人士的辅导，仅凭自己的努力，是很难走出困境的。就像一只在光滑的墙面上爬行的蚂蚁，爬了一段就掉下来，再往上爬的时候可能就没那种心气了。因为人毕竟是人，心态要比蚂蚁复杂得多，每只蚂蚁都可以屡败屡战，但是大多数人却很难做到这一点。

金振久，大家都管他叫老金，他是沈阳工业大学的一名退休职工，也是我早年的老同事。金振久2004年被发现得了膀胱癌，当时他被诊断为二期占位病变，肿瘤大小3 cm×4 cm。确诊后，老金在中国医科大学附属第一医院做了手术，医生说手术很成功。

但是老金并没有把医生的话当真，不仅没有振作起来力图活得长长久久，还萎靡不振，以为自己活不了几天了。笼罩在这种情绪下，老金变得像鲁迅笔下的祥林嫂一样，逢人就唠叨，说自己得了绝症，没有多少活头了，好像在盼着复发似的。就这样，三年后老金癌症复发，再次在中国医科大学附属第一医院做了膀胱镜电切手术。

不用猜也知道，复发后的老金变得比第一次癌症手术后更加萎靡了，因为他成功地证明了自己的预言。有人跟我说，老金快完了，他现在不仅不是一块金，连铜和铁都不是了，最多就是块泥巴，一捏就碎。我和老金以前在一个学校工作，非常熟络，听说老金这样子心里也很不是滋味，于是我给老金打电话，想给他些帮助，辅导辅导他。

没想到这一通电话打了一个小时，我不仅没有辅导成老金，还被老金反过来辅导了一番。老金语气坚定地说我得的不是肝癌，如果医生说是，那也是被误诊的，因为他知道肝癌是"癌中之王"，是所有癌症中最难治的，他认识的人凡是得了肝癌的没有一个好的，而且被发现了基本上活不过几个月。老金举了几个身边患肝癌后去世的例子，其中包括他的父亲，金父从发现到去世只有两个多月。这一个小时电话，大多数时间变成了老金在安慰和教育我：你根本没得癌症，你是被误诊的！

我知道这样打电话根本是白费口舌，过了两天，便亲自登门拜访老金。见面后，我给老金送上了一份礼物——一篇关于20世纪百年医学发展的介绍。当年我在上海手术前夕，曾在《光明日报》上看到关于医学百年发展大事的内容，这对我的内心触动很大，极大地增强了我手术和康复的信心。我想把报纸带给老金看，但那么久的报纸一时不好找，网上也找不到原文。好在我费尽周折之后，终于找到了一篇内容非常相近的文章，便将之打印下来，作为探望老金的礼物。

老金看这篇文章的时候，我跟他讲，癌症在几十年前被称作不治之症，那是因为当时的医学对付癌症的手段有限。现在医学的发展日新月异，对付癌症的方法已经很多了，我们应该重新定义癌症了，把它定位为慢性病！

老金听得有点动容，我又给他举了我们沈阳工业大学老校长闫更堂的事例。闫校长20世纪70年代初也患了膀胱癌，那个年代医疗技术相对现在落后多了，但人家手术后也没再复发，他的治愈原因主要是心胸宽广，心态好，不在乎！闫校长的事情老金也是熟知的，听后不断点头称是。我们一起回忆起了闫校长的点滴，老金自愧弗如，连说自己得向他学习。

我趁热打铁，又把话题拉回老金一直纠结的我是不是肝癌的事情，告诉他肝癌是"癌中之王"这种说法就不准确，实际上早期肝癌手术治疗效果是很好的，但往往发现时已经是晚期了。因为很多人早期肝上长肿瘤并无反应，往往转移到其他脏器上才反映出来，这时候已经是晚期了，这才是造成肝癌死亡率高的真正原因！说着，我向老金展示了自己手术的一些单子，老金看到证据确凿，便也无话可说了。

看到老金的思想已经和我同频了，我再次强调："你现在最重要的是要相信医学技术，相信你的手术做得很成功，相信你的病已经彻底治愈了！不要再想着自己是个病人，如果成天这么想，你的癌症很快会再想回来的！"

经过这一番苦口婆心的辅导，我明显地感觉到老金的心态已经有了翻天覆地的变化。后来我又设法联系了两个自己辅导过的癌症复发但是成功康复的病友一起去老金家坐坐，现身说法，让他亲眼看到真实的榜样。

这一系列操作之后，老金终于摆脱了之前萎靡的状态，又硬朗起来了，学会了以积极乐观的心态去面对自己的病情。如今十几年过去了，老金的癌症再也没有复发过。5年康复期过后，老金还设宴庆祝了一下，把我也请去了，我们还一起拍了合影。后来老金又推荐了杨德茂和张成两位直肠癌的病友，让我也帮忙辅导辅导，现在两人患病超过10年了，也都安然无恙！

别说像老金这样复发一次的病友，就连两次以上肿瘤复发的病友我也辅导过好几例，随着他们心态的转变，其中也不乏痊愈者或者接近痊愈者！

有个患者叫魏宏娟，患的是结肠癌，第一次癌症复发后她老公怕开腹手术对妻子身体伤害大，特别为她选择了腹腔镜手术。术后复查显示手术效果非常好，但是她回家后闲着没事老爱胡思乱想，疑神疑鬼，最后心思定格在腹腔镜手术上，跟这个概念较起劲来。她一门心思觉得医生做腹腔镜手术时看得肯定没有开腹手术清楚，做得也不可能干净，早晚还会复发的。于是开始成天埋怨她老公选择腹腔镜手术是错误的，是居心不良，想谋害自己。她老公好心被当驴肝肺，愣是被气成了高血压。

就这样一年半以后，魏宏娟还真的又复发了。见到她时，我对她说这个复发完全是她自己给盼回来的，她根本不了解腔镜手术。腔镜手术时，医生是借助于监视屏幕上的图像进行手术操作的，看得很清晰，不存在看不清楚遗留小病灶或切得不彻底的可能。

为了让魏宏娟相信，我为她联系了维康医院，带她参观了腔镜手术的设备，还特别为她录了一段手术中的视频。她这才顿足捶胸，后悔当初的无知导致再次复发。后来魏宏娟经过治疗后，转变心态积极应对，到现在已经超过4年没有复发了，距离癌症医学上痊愈的5年标准只差一年了！

另外，我还辅导过一位叫王智慧的肝癌患者，当时她肿瘤占位为4.3 cm，在沈阳医大一院做的开腹根治手术，也是术后心理压力一直很大，认定肝癌是"癌中之王"，根本好不了，成天扳着指头等待复发。到术后的第三个年头，她已经"成功"复发两次了。我去见她时，以自己为例对她进行了心理辅导，帮她找回了"智慧"。王智慧这次复发肿瘤占位是2.0 cm，我推荐她去上海东方肝胆外科医院找程树群教授。程教授安排她做了消融术，至今已经3年半了。前一段时间我还看到过她，她状态非常好，每天上午会出去骑行，下午在家里唱歌，生活得很有规律，也非常乐观。我对她说："看来你的病真的好了！"她说："我感觉也是！"

我曾看过一部科幻电影《盗梦空间》，影片中男主角为了让不愿意回到现实的妻子从梦境中走出来，给妻子植入了"这个世界是不真实的"意识，妻子接受了这个意识，选择离开梦境，但是回到现实，"这个现实不是真实的"这个想法依旧深深扎根于妻子的脑中，导致妻子以为梦境才是真正的真实，选择自杀。

电影里的场景固然是虚幻的，然而我在辅导癌症病人的过程中，却发现很多这样的病友，他们身体内的肿瘤明明已经通过医学手段治疗好了，可是他们的心理还是执着于过去，一直觉得康复对自己来说是一件不真实的事情，自始至终把自己视为一个癌症病人，不可自拔。

我愿天下的癌症病友都能放弃这种可怕的执念，勇敢地奔跑在通向康复的路上！

辅导心得：

> 癌症复发，不管是给患者还是给其家人带来的心理打击都是巨大的。患者可能会比以前更加无助，更加悲观，并因此变成一个怀疑主义者，怀疑是不是医生没有把自己的病治好，怀疑自己天生就是一个肿瘤易感者，怎么治都逃不脱复发的命运。这种怀疑和焦虑会耗尽患者应该用来应对疾病的能量，甚至让他们放弃对抗疾病，束手待毙。遇到这种情况，必须先治心才能治癌，如果不能自拔就要求助他人将你"拔"出来。家人和朋友应密切注意患者的心理状态，必要时求助于专业辅导人士或者心理医生。另外，如果有条件可以带患者见一些经历过复发的癌症康复者，榜样往往能起到意想不到的作用。

徐祥：找对专家治好了病

徐祥是我过去做生意时合作过的客户，我俩关系不错。有一天，我突然听说徐祥得癌了，而且非常严重。我做了这么多的癌症公益辅导，帮助了很多素昧平生的病友，现在老朋友出事了，能不闻不问吗？我赶紧拨了徐祥的电话，却始终没人接听，连续打了几天的电话，不是不接就是关机。

这下我明白了，徐祥这一得癌不仅是身体上出了问题，精神上也跟着出错了。我辅导过的病友中这样的例子不少，得癌之后，连"自闭症"也跟着出现了，就像遇到天敌的豪猪一样，把自己蜷缩成一团，别人想靠近都很难，靠太近还容易被刺伤。

直线行不通，只好走曲线。我通过朋友，问到了徐祥爱人的电话，同她通了个电话，约好了在她家附近见个面。徐祥爱人介绍说，近半年徐祥后背总是疼，开始以为是颈椎病，一想这病很多中老年人都有，也没怎么放在心上。后来疼痛越来越厉害，就去奉天医院看病。一番检查之后，医生给了一个坏消息和一个好消息，坏消息是徐祥被诊断出了胸腺瘤，好消息是医生说这个瘤是良性的，不要紧，先给开了点消炎药打点滴，消炎后再进一步治疗。

　　胸腺瘤就是在胸腺中生有肿瘤，绝大多数都起源于上皮细胞和淋巴细胞，有良性和恶性之分，大多数情况下是良性肿瘤。但胸腺瘤良性并不意味着高枕无忧，如果不积极治疗，肿瘤会进一步生长变大，压迫胸腔内的组织器官，出现一系列的临床症状，严重的会危及生命。所以出现胸腺瘤，无论良性还是恶性，都应及时到正规医院心胸外科就诊检查，由专科医生根据实际病情采取手术治疗。

　　打了几天药之后，徐祥的后背疼并没有消失，反倒是手指头肿了，变成了杵状指，脸也肿胖了，医生也没说出个所以然，只说可能是徐祥的肾不好。后来脸肿得都吓人了，两口子不敢再耽搁，就去了医大附属一院进一步检查，医生让徐祥做了个PET-CT，诊断结果出来了，是肺部的纵隔肿瘤，而且已经转移到了头部。医生表态说已经做不了手术了，只能保守治疗。

　　夫妻俩不甘心，又去了省肿瘤医院和陆军总医院咨询，结果都一样，都说长的位置不好，不能做手术，只能做化疗或用靶向药物治疗。听到这话儿，徐祥就像一只被剪断翅膀的鸟儿，再也飞不起来了，情绪犹如被暴晒的大白菜，一下子蔫了，谁都不想见，过起了与世隔绝的生活，食欲也降到了冰点，半个多月就瘦了十多斤。我一想，这样下去不行啊，按照这个速度，再过几个月，徐祥人就要"蒸发"了，得赶紧劝导他一下。

　　于是，我提出想见见徐祥，他爱人说："那我给徐祥打个电话。"我们上楼见徐祥，看到徐祥瘦得都脱了相，像刚刚逃过了一场饥荒。

　　我向徐祥介绍了自己过去的看病史，鼓励他增加信心，战胜癌魔。徐祥嘴上虽然答应着，但还是信心不足，说："可是我这病没法手术呀，只能维持，医生说用上靶向药物，也是用一段时间就会耐药，到时就得升级，最后就会无药可用了！"他这话像在喃喃自语，与其说是给我听的，不如说是给自己听的，看来对这话他已经深信不疑了，就像一首歌曲一样，在心中循环播放很多次了。

我建议徐祥再去别的医院看看，最关键要搞清楚，是这个医生做不了这个手术，还是这个手术根本就没有医生做过。这个问题非常关键，必须搞清楚！同样的癌症，在这个医生的手里束手待毙，到了另外一个医生手里却起死回生，这样的剧情现实中每天都在上演，光我辅导的病友中就有好几个。我向徐祥夫妇耐心解释了一下，看到他们频频点头，知道自己的话已经产生了效果。

隔了大约一周后，一天，我突然接到徐祥爱人打来的电话，声音中流露着掩饰不住的兴奋，她说："吴总，你那天走后，我们又去看了几家医院，主要目的就是像你说的，了解国内有没有能做这个手术的专家。昨天我在胸科医院，还真的打听到华西医院的周清华教授能做这个手术，而且他对这个手术非常拿手。我今天也同周教授取得了联系，他让我们去四川华西温江院区的肺癌治疗中心，那边已经帮助我们留好了床位，我们明天就去成都了。"

在成都，周清华教授给徐祥做了手术，手术非常成功。之后，徐祥头部的转移灶又做了30次放疗，将那些癌细胞"逃兵"彻底剿灭。现在徐祥已经恢复了健康，重新回到了工作岗位，他感慨万千地说："如果没有找到周清华教授，我可能已经见到了阎王！"

没错，有好多类似徐祥这样的患者都是因为找到了周清华教授，才获得了新生！正是"山重水复疑无路，柳暗花明又一村"。

徐祥的遭遇使我想起自己早年刚留校当老师时的往事。当年，我们学校卫生院一个名叫张开的药剂师也患了肝癌，听说也是找到一个挺关心、照顾他家的医生诊断，那个好心的医生确实很为他们家着想，劝他们顺其自然。那时还没有介入治疗，动肝是大手术，再加上肝癌治愈率很低，即使开刀了，好的希望也很小，不死在手术台上，也多活不了多长时间，最后几乎难逃人财两空的结果。

张开和家人听从了医生的建议，没有进行任何治疗，一年多人就走了。张开去世不久，学校卫生院一名姓黄的外科医生也检查出了肝癌，他找到了第二军医大学上海长海医院肝胆外科（上海东方肝胆外科医院的前身），由吴孟超主任亲自给做了手术，记得当时卫生院内还有不少同事都觉得他家最后会落得人财两空的结局。后来他彻底治愈了，没有再复发，大家又都说他命大福大，好像救他的不是医生，是运气。

这是单纯的命大吗？这是他努力寻求治疗，不放弃的结果！在一个小小的卫生院内，短短的时间出现两个肝癌患者，两种选择，最终导致两个结果，两种命运，难道不值得我们深思吗？

辅导心得：

小说中常常有这样的情节，主角受了某种怪伤或者中了某种奇毒，寻常医生个个束手无策，眼看主角马上就要伤重不治或者毒发身亡，这个时候不知哪里冒出来一个高人，指点他去找某个神医，主角按照高人的指点费尽周折找到了神医，果然药到病除，原来不是治不了，是没找对人！

相对于古代医生的包治百病，现代医学的特征是越来越细分，一个医生不可能像百科全书一样门门通，但他可能毕其一生专注于某个领域的研究，在这个领域内达到了别人无法企及的高度。就像文中提到的周清华教授和吴孟超院士，他们在肺癌和肝癌领域各自具有登峰造极的造诣，他们见过的肺癌、肝癌方面的疑难杂症也远远多于一般的医生，很多时候别的医生做不了的手术也许他们就能做。徐祥和黄医生找到他们，就像从高空中坠落的人打开了降落伞一样，至少有了安全着陆的希望。

作为患者，生命只有一次，不到最后不要放弃希望，一定要想办法搞清楚是不是真的没有人能做你的手术，奇迹的发生往往就在于你比别人多坚持一步！

姚磊：奇迹终于在他身上发生了！

姚磊是沈阳一家著名的建筑公司——沈阳海外建设集团的董事长，年轻有为，事业上正处于上升期，前途无量。然而，在他春风得意的时候，不幸却悄然降临了……

2015年6月7日晚上，姚磊突然感觉到右肋下面有些疼痛，他用手顶住右肋，以为过一会儿疼痛就会过去，可是这次的疼痛不仅没有过去，反而越来越严重了。

剧烈的疼痛让姚磊已经坐不住了，只能平躺下来。看到姚磊浑身直冒冷汗，妻子说："快上医院看看吧！"此时，姚磊早已疼得说不出话来，只能用点头表示同意。姚磊是一个对自己身体很自信的人，平时从来不愿意去医院，但这次已经由不得他了，实在挺不住了。

匆忙中，姚磊夫妻赶到了中国医科大学附属盛京医院，急诊医生开了一张CT检查单子。检查结果出来后，医生说看起来不大好，但片子上看得不够清晰，还需进一步确诊，又让他们再做了一次增强CT。增强CT结果显示姚磊肝部肿瘤占位面积为10 cm×14 cm，肝癌标志物甲胎蛋白也高达2 000多个单位，医生诊断为原发性肝癌！

姚磊又去了中国医科大学附属第一医院，这家医院是公认的东北地区最权威的医院。肝胆外科专家看了片子后表示无能为力，已经到了晚期了，不能手术了，但可以做几次介入化疗，延长些生命，只是想治愈几乎是不可能的。

姚磊当即办理了入院手续，并很快做了第一次介入化疗。化疗对身体的伤害是常人永远都无法想象的。化疗药物就如一只冲进瓷器店的猛牛一样在姚磊的身体里横冲直撞，让姚磊痛不欲生，一次又一次地呕吐，一把一把地脱发……

为了家人，为了孩子，为了能多活一段时间，姚磊咬牙挺着，默默地承受着。

为了让姚磊活下去，家属也尝试了所有可以想到的方法，找遍了所有能找到的关系。家人把相关的报告单复印了好几份，通过朋友找北京等地顶尖医院的著名专家咨询治疗方案，可一个个的回信都是："太晚了，不能手术根治了，只能靠介入治疗控制肿瘤的发展，从而延长生命。"

当姚磊住院第二次介入化疗时，在例行检查中，医生先让他做了增强CT，接着又让他做个PET-CT，结果出来后，医生说："第一次介入的效果非常不好，肿瘤不但没有缩小，反而比做之前长大了1 cm，而且在肺部和淋巴部位也都发现了病灶，说明已经转移了。这样再做介入效果也不会好，要不要继续做，你们自己掂量掂量吧。"

姚磊和妻子一听就明白了，这是在劝他们不要继续做了。当然医生也是出于好意，不忍心看姚磊为不可能好转的结果再遭罪了。只是，医生低估了姚磊夫妇的决心，两人均斩钉截铁地表示，即使只有一线希望或者只能多活一个月，也要坚持继续做下去！

就在姚磊与化疗痛苦搏斗时，他的一位朋友找到了我，希望通过我的抗癌经历给姚磊一些心灵的安慰和抗争的勇气。

见到姚磊是在一个下午，天气很好，阳光透过医院的玻璃窗，照射在病床上。姚磊依靠着病床坐着，人很瘦，面目暗淡发黑，情绪低落，不大爱说话，所有的病情都是他妻子介绍的，姚磊只是偶尔补充几句。

在详细了解了姚磊的病情后，我向他推荐了给予我重生的上海东方肝胆外科医院和程树群教授。对此，姚磊听后并没有什么太大的反应，只是冷冷地说："已经拿了检查的片子和报告找了很多知名医院的著名专家看了，这些医院包括北京的协和、301等，都说无能为力了！"

看来姚磊对我推荐的东方肝胆外科医院和程树群教授并不抱多少希望。在他的眼里，连北京协和医院都问过了，既然中国最好的医院都爱莫能助，其他医院肯定也回天乏力。

我没有放弃，继续做姚磊的工作，记得最终有两点打动了他：

第一，只要有1%的希望也要做100%的努力。你的名字中有三个石头，说明你的命比别人硬，不管能不能成功，也要把这种与命运抗争的精神展示给你的下属、你的孩子看，这样纵然抗癌不能成功，你的精神也会活在他们的心中！

第二，结合我当年看病的经验，不要把自己的身体委托给一个没有信心治好你病的医生来治疗，程树群教授是我的救命恩人，他在治疗肝癌方面的信心我是了解的。

还有我说最好的未必是最专业的，北京协和医院是中国最好的医院，可是未必在治疗肝癌方面最专业，上海东方肝胆外科医院虽然名气比不上北京协和医院，可在治疗肝癌方面却是业内翘楚，有自己独到的技术和经验，别的医院治不好的肝癌，到了他们手里没准就有办法，何妨一试呢。

最终，姚磊同意让我把片子和报告单等材料传给程树群教授看看。我知道他病情的严重程度，不敢耽搁，当天晚上就把这件事办了。第二天中午我接到程树群教授的电话，他说："患者的病情确实非常严重，已经不能手术了，做传统的介入效果也不会好。不过，我最近研究发明了'癌栓疗法'，他可以尝试一下用这种方法来治疗，即使不能痊愈，也能大大地延长生存时间和提高生活质量。"

放下电话，我马上给姚磊打电话，把这个好消息告诉他。姚磊听后很兴奋，好像一只落水的蚂蚁抓到了一块泡沫，说马上就订当晚的机票直飞去上海，让我帮忙约一下程教授。不愧是干大事的，做事情杀伐决断，绝不拖泥带水。

第二天一早，姚磊就在上海见到了程树群教授。程教授当即收他住了院，并给了他三个小白药片，下午安排他去长海医院，在腹部埋了一根管子，做治疗前的准备。几天后，第一个疗程的治疗结束了，程教授让姚磊间隔10多天再做第二个疗程。

在入院准备做第二个疗程前，姚磊进行了各项检查，主要是看一下上个疗程的治疗效果，让姚磊吃惊的是：甲胎蛋白下降了，由原来的2 000多个单位降低到了1 000多个单位，超声检查显示肿瘤也没有再次增大。

看来这阶段治疗已经见效了！

紧接着，姚磊又进行了第二个疗程、第三个疗程……等到了第五个疗程时，检查结果显示姚磊的甲胎蛋白已经降到20个单位以内，肝部肿瘤也缩小到5 cm左右。程教授让姚磊在长海医院做了个PET-CT检查，报告上显示不仅肝上的癌组织大幅缩小了，就连过去转移到肺上和淋巴上的癌细胞也不见了。

程树群教授看到这一结果也非常开心，告诉姚磊："这一段的治疗效果非常好，现在已经接近痊愈了，等到肿瘤再缩小一些，我给你切下去。"

听了程教授的话，姚磊也信心百倍。为了巩固前期成果，他又做了两个疗程的癌栓治疗，加起来总共做了7个疗程。

现在姚磊每3个月做一次检查，前一段时间我同他通电话，他说最近一次检查肿瘤已经缩小到1 cm，甲胎蛋白只有1.8个单位！

自从查出癌症后，姚磊把公司的事情都交给下属打理，再也没有什么烦心事儿了，每天都是轻松度日，乐以忘忧，生活也很有规律，"快乐抗癌法"已经在他身上落地生根了。

姚磊说，自己不想再做手术了，他想让肿瘤自然消失。我相信按目前的趋势，用不了多久，姚磊的梦想一定会实现的！

辅导心得：

姚磊得肝癌跟我当年颇有相似之处。我是乙肝病毒携带者，而姚磊小时候曾经得过乙型肝炎，后来虽然好了，但是乙肝病毒却伴随了他一生；我当时开办生活家超市，每天生活在巨大的压力之中，而姚磊作为公司的一把手，想必承受的各种压力不在我之下，长期处于高度紧张的状态，造成休息不好，免疫力下降。这就是中医常说的"肝郁"，最终造成实体肿瘤的生成。

我们两人在抗癌的路上也有异曲同工之处，都是经东方肝胆外科医院的程树群教授治疗，奇迹般地起死回生。我常常觉得，姚磊的故事就像我自己抗癌经历的翻版。我也想通过我们的故事告诉病友们，哪怕你的生命中只有一丝光亮，也不要停止追寻光明的脚步，走过黑暗幽深的隧道，迎接你的可能是一个美丽的新世界。

刘兵：时机不对，良药变毒药

2019年腊月二十八，好友小凯家的亲属刘兵因患胰头瘤，情况危急，已经不抱多大希望了，家人都开始着手准备后事了。小凯抱着一线希望找到我，请求我去帮着做些心理辅导。

看到刘兵时，他的情况的确不容乐观。他脸色苍白，形容枯槁，说话声音很弱，时断时续，气若游丝，要贴近了才能听得见。

据家属介绍说，去年年底，刘兵在沈阳的中国医科大学附属第一医院检查，发现胰腺长了肿瘤，冷静下来后他立即前往北京301医院进一步诊治，随后做了胰十二指肠切除手术。这个手术号称是普外最大的手术，难度非常大，所幸做得很成功。

术后，刘兵去了三亚休养，遇到这个人生最冷的冬季，他更想念海南温暖的气候。一天，刘兵在街头见到卖脆枣的，一时嘴馋，就买了一些回来吃。所谓"日食三枣，长生不老"，刘兵没想到这次吃枣不仅没让自己延年益寿，还差点让性命提前终结。

那天傍晚，刘兵肚子里面咕噜咕噜的，以为闹肚子了。他如厕时感觉拉出的都是水，站起身来准备冲时，往下一瞅，差点没昏过去——只见一便池鲜红的血！刚站起来没多久，刘兵又感觉有了便感，便后同样是血，就像关血的闸门坏掉了，不停往外淌血。

情况特别危急，刘兵马上去了三亚最大的医院，经检查后是胃出血。原来刘兵是乙肝病人，胃里已经形成门脉高压，脆枣皮碰破了血管，导致了大出血。医院收刘兵住了院，折腾了几天好不容易把血完全止住了。刘兵担心客死他乡，提前结束假期，买机票回沈阳家中休养。刚回来时刘兵还可以自己起床扶着墙去卫生间，过几天就越来越严重了，现在连自己翻身都翻不了！

我问家属："现在还便血吗？"家属说："回沈阳后就没见过便血了。"既然血已经止住，正常情况应该一天比一天好转才对，怎么反而越养越严重呢？我不禁纳闷，突然一想，是不是他们乱用什么药造成的？这样的案例我在以前辅导的病友中见过。

于是我又问家属："现在用什么药没？"家属说："有啊，中西结合。回来第二天就请来一个会治癌症的老中医给开了药方，这个老中医是祖传几代了，他爷爷70年代就治好了好多癌症，都是手术做完后，吃他的中药后就没再犯。他开的方子就是他爷爷留下来的，让我们一定要坚持吃，最好吃五年，五年不犯，就算彻底好了！吃一个月停一周，但这一个月内绝对不能停！"

怪不得进来时闻到浓浓的中药味呢！我问方子里都是什么药，家属说："蝎子、蜈蚣什么的，说是要以毒攻毒，扶正祛邪！一服药一千元！不便宜，但现在能把老刘的病治好就行，咱也不考虑钱了！"说着，家属拿过来一盒西药，告诉我："这是从医院开的口服化疗药，这不疫情来了，也去不了医院做化疗，我们只有在家里中西医结合治了！"

我听得暗暗摇头：老刘1个多月时间经过了一次开腹大手术，又经过了一次大出血，再用上这两种猛药，还不得被毒死呀！

我拿起西药问道："这是什么时候医生让老刘吃的？"家属说："出院的时候呀！"我说："出院后，老刘又经历了大出血，医生知道吗？他如果没有出现过大出血的话，术后休养一个月后吃这个，没有毛病。化疗药是毒药，是毒死身体里面的癌细胞的，但现在这种情况下用怕是连老刘一起给毒死了！"

"那个中药就更离谱了，所谓的以毒攻毒的治疗方法是20世纪六七十年代常用的，那时候我们这边还没有化疗药物呢，有的中医便用一些动物的毒来毒癌细胞，其副作用对人的伤害很大，现在早就被化疗取代了。化疗比它更高效，副作用也相对要小很多！"

看来老刘的家属不大相信我，也不太爱听，坚持反驳道："这个中药我们不能停，人家是祖传的，听他说治好了上万例癌症患者呢！老刘累了，要休息了！"我说："治疗癌症要懂得科学，患者自身的感受、自身的变化就是科学。越吃越严重，那是向好的方向发展吗？"

好在刘兵听到这儿，似乎明白了，用微弱的语气说："我确实是从吃了这两种药后，感觉病得越来越厉害的，要不停几天试试吧！"家属着急道："医生不是说这个中药一旦吃上就不能停，停了容易犯吗？"老刘说："再吃几天，可能真的要死了！"家属听到这个"死"字，好像也触动到了内心那根弦，顿了一下，说："那随你便吧！你自己拿主意吧！"

后来刘兵及时用上了白蛋白和鹿力源，果然一天比一天好转。记得正月初十那天，我给刘兵打电话问他情况时，他正在打麻将呢。我还提醒他注意身体，别玩太久了，累着！

这件事之后，刘兵很感谢我，总说我是他的救命恩人！说句实话，这个称呼并不为过，如果他没有遇见我，及时地叫停了所谓的中西医联合治疗用药，后果不堪设想！回忆刚见到老刘时，用"奄奄一息"一词来形容他一点儿都不夸张！

我们都知道，凡事有轻重缓急，正如一个运动员，受了伤之后首要任务是养伤，如果带伤上阵，很可能因为一场比赛葬送整个职业生涯，这样的例子在现实生活中没少发生。治疗也是如此，药物进入你的体内，马上要找癌细胞较量，就像两个人在屋子内打起来，而你的身体就是屋子，如果这个屋子还算结实，砸破几扇门，或者打碎几个窗户是不碍事的，最多事后花点钱修补一下。但如果这个屋子已经千疮百孔、残破不堪，再经过剧烈的折腾，一不小心把承重柱都弄折了，屋子也就塌了，尽管癌细胞也被压死了，但你自己也跟着一命呜呼了。

类似这样的悲剧还有很多，而其中绝大多数是可以避免的。我在这里讲述这些故事，也是希望病友和家属们能从中吸取教训，引以为戒，避免类似的悲剧再发生在自己或者家人身上！

辅导心得：

> 古人打仗讲究"天时地利人和"，其实我觉得用药也是如此，"天时"是用药时机，用得好不如用得巧，用药太早或者太晚可能都没办法达到最好的治疗效果；"地利"是要对人体内的环境有充分的了解，现在讲究精准治疗就是这个道理，避开大范围作战的无谓消耗，直捣黄龙，击敌要害；而三者之中最重要的还是"人和"，用药的时候，首先你的身体要调和好，这样相得益彰、事半功倍，如果罔

顾身体状况，一味猛药急攻，最终落得个两败俱伤甚至同归于尽的境地，这就得不偿失了！

　　打仗的时候，需要评估自己的实力，知己知彼，莽撞行事往往导致全军覆没。用药也是如此，实力不行，就得休养生息，待到元气复原时再发起战斗。最了解自己身体的还是自己，因此，我们在用药时务必对本身的状况做好科学合理的评估，让自己不要重蹈别人的覆辙。

林美仑：原发癌被当成复发癌

2014年夏季的一天下午，我接到老朋友孙宝枝的电话，她说自己的闺密林美仑肺癌复发了，现在是吃不下饭，睡不着觉，希望我去见见面帮助开导一下。她又补充说，林美仑很优秀，是一所重点中学的教学骨干，非常要强。

那天我刚好有客人需要接待，时间安排得满满的，我说："明天吧，今天实在是没有空！"电话那头宝枝很遗憾，她哽咽道："老吴，今天晚一点儿行吗？我同美仑是世交，双方父母关系就很好，我们从幼儿园开始就在一起了。上午我看到她的样子，心里非常难受，如果今天见不到你，她今天晚上恐怕又不能睡觉了。希望今天不管多么晚，你也能见她一面！"我感受到宝枝和闺密之间的感情，也感受到了她希望我今晚能和她闺密见一面的迫切心情。

"要不等我招待完客人后，再去找你们吧，但恐怕那时已经很晚了。"

"行，不怕晚，只要今天能见到就行！"

于是我们约好晚些在皇冠假日酒店大堂见面。

23点30分，我们如约在皇冠假日酒店相见，这也打破了我辅导病友时间最晚的纪录。林美仑长相清秀,个子高挑,体态瘦弱,好像一阵风就能把她吹走。由于休息时间不足,她看起来很憔悴,情绪低落,两只眼睛一点儿光彩也没有,像蒙了一层灰。了解她病情时,她都是低着头,我问一句,她答一句,仿佛在我眼前的不是个活人,而是一个智能机器人,有时候还要靠宝枝帮她来回答,我才大概了解了病情。

林美仑九年前右肺上长过肿瘤,在医院做了手术,最近发现左肺上又长了肿瘤,医生说是癌症复发转移了,不能再做手术根治了,还说可能不久就会转移到其他部位。她听了后很恐惧也很痛苦,精神压力很大,仿佛大厦将倾。

我想,对于癌症患者来说,手术后半年内是最易复发的,她这次在最近一两年内出现,是复发吗?为什么前几年没有复发呢?会不会是原发新长的肿瘤呢?于是我提议道:"现在癌症早就不是以前的不治之症了,治疗方法也在不断创新,我建议你去北京看看,首先要搞清楚这个肿瘤是复发的转移灶,还是新生的原发灶,只有诊断正确,才能制订出正确的治疗方案,对症下药!"

我们聊了40多分钟,她的情绪也慢慢好转了。我想了解和分析一下她的发病原因,因为癌症发病通常都是内因加外因相互作用产生的。交流后我才知道,林美仑两次得癌的经过竟然都跟"职称"二字挂钩。我曾在大学任教十年,深深了解职称评定难度之大,感情共鸣,叹息良久。

林美仑是全校公认的工作狂,连走路都像是在倍速快进,风风火火的,人称"风火仑"。她长年担任班主任,每天一大早就到学校督修,每天晚上要到学生寝室查寝后才回家,到家后自己的孩子都已经睡熟了。有一次,一个学生晚上偷跑出去上网,她跑遍了学校附近所有的网吧,终于在一家小网吧的隐秘角落逮到了他,当时她难忍怒火,叉着腰把这个学生怒骂了足足一个小时，也把许多上网的小青年吓跑了，气得老板直跳脚。

因为抓得紧，林美仑班级的各项评比在年段都是常年领先的，如果哪一方面做得不好输给了别的班级，她可以连续训斥学生一个小时不停歇。好胜心极强的林美仑刚参加工作那会儿就踌躇满志地给自己定下了一个宏伟的目标，五年评上中级，十年评上高级，这基本也是她能评上中高级最快的速度。然而，十年过去了，她竟然连中级都没有评上。

第十一年，林美仑终于攒够了分数，最后一名晋级，可惜只高兴了一周。就在公示期间，排在她后面一位同组的老师因为发表了一篇省级刊物论文，多加了两分，一下子把她挤下去了。在学校里素以强者面目示人的林美仑，回家后对着丈夫哭了一夜。

又过一年，林美仑终于评上中级职称。她如释重负，有一种扬眉吐气的感觉。谁知好景不长，一天林美仑感觉胸闷气短，呼吸很不畅快，到一家诊所看病说她是肺内感染需要消炎，于是打上了吊瓶，一打就是近两个月，从头孢换到了红霉素，也没太见效！老公建议她去大医院看看，后来她去了军区总医院做气管镜取出了活体，经检验后确诊患上了肺癌。

这一次得癌之后，林美仑消沉了很长时间，但要强的她很快又踩着"风火轮"跑起来了。

一晃九年过去，林美仑又攒够了评高级的分数。本来论资排辈，今年还轮不到她，但是想到手里的附加分，林美仑觉得自己还是很有希望的。两年前学校鼓励老师到挂钩的薄弱学校帮扶支教，但是无人响应，领导研究决定，每去一年以后评职称可以加两分。这下子很多人抢着去了，林美仑好不容易才争取到了一个名额。所谓的支教并不是人完全去那边，由于缺少人手，学校这边还得照样排课，两头跑，那两年过得非常辛苦。

没想到，到了林美仑评高级这一年，校长换人了。一切从头开始，新的校长不承认以前支教的分数,说是前任校长的土政策,不符合上级规定。

林美仑一怒之下,找校长大吵大闹了一番,之后一段时间她变得非常沮丧,像一只斗败的蟋蟀一样,干什么都垂头丧气的。

由于林美仑肺部做过手术,留下点后遗症,呼吸多少还是有一些影响,不及健康人流畅,始终有一些气短的感觉,今年又经过评职称这么一折腾,突然感觉症状有些加重。早年得过肺癌的经历让林美仑非常警觉,立即去医院做了检查,医生建议她再做一下气管镜。

一想到做气管镜,林美仑头都大了,上次做就感觉很遭罪,不但做时备受折磨,做完也难受了好长一段时间。但是想想做一下可以排除肿瘤,让自己安心,省得整天疑神疑鬼,林美仑还是咬牙做了!她觉得自己运气已经糟糕到了极点,该触底反弹了。

结果终于出来了,却是想象中最坏的结果——医生告诉林美仑:"你肺癌复发了,而且现在转移到左肺了,下一步可能还会转移到骨头、肝脏或淋巴,由于出现了转移灶,没有手术意义,考虑先做化疗吧!"至于最后能够治到什么程度,医生也没有底儿,只是告诉林美仑复发后的情况肯定比第一次得癌时棘手得多,只能先化疗,走一步看一步。末了,医生为了鼓励林美仑,特地说了一句暖意十足的话:"别灰心,勇敢和疾病做斗争,奇迹一定会在你身上出现的!"

没想到就是医生这句温暖的鼓励语让林美仑的心情一下子掉进了冰窟窿,话中"奇迹"两个字深深刺痛了林美仑。这些年来,她买过不知多少次彩票,却一次也没有中过,对于奇迹的可遇而不可求感触良深。在医生眼里,或许每一个癌症患者能够复原都是生命的奇迹,而在林美仑的理解中,这个词却成了自己生机渺茫的证据。她几乎一夜之间就消沉了,以前的"风火仑"停了风、熄了火，似乎只剩下一个皮囊挂在身体上，灵魂已经被抽去了。像孙宝枝这样关心林美仑的亲朋好友也是看在眼里，急在心上。

这天晚上，我们聊到了凌晨三点多。我提到了自己的舅舅，他曾经就有过类似的情况，手术过两次，医生说他是肿瘤易生的体质，两次都是原发的。由于个别医生对多原发癌的发病认识不足，重视不够，执着于一个病人只能发生一种癌病或同一器官只能在一个部位发生癌症，否认多原发癌的存在。再加上，第二原发癌的临床表现往往与首发癌相混淆或被首发癌的临床症状所掩盖，以至于医生将第二原发癌视为复发癌。

我觉得林美仑第二原发癌的可能性很大，鼓励她别放弃，去北京看看。一般来说，多原发癌的治疗效果比癌症复发或转移的好，再次治愈的希望较大。同单原发癌相同，只要采取根治性措施，会有较好的预后。

听完我这一番分析后，林美仑原本暗淡的眼神闪现出了光亮，她说一定会好好考虑我的建议，给自己一个希望。

两周后的一个中午，我突然接到林美仑从北京打来的电话，电话中明显地感觉到了她有些激动，她说自己在北京的301医院看了，医生说她这个仍然是原发病灶，建议她手术根治，并留她住院了，下周就能安排手术。从语气中，我感觉到她找到了重生的希望和勇气！

林美仑从北京回来后，我们又多次见面，她的情绪同过去相比简直是天壤之别。我提出她的病例很有代表性，希望用这个例子来帮助更多的人，她为难了，她怕领导和同事知道她的病情，怕学校不让她当班主任——林美仑很要强，第二年又带班了。最后林美仑或许出于对我辅导她的感激，答应了我的请求，但同时她也拜托我千万不要用她的真实姓名。我尊重她的意见，在此用了化名。

现在的林美仑，眼神有了神采，顾盼生姿，身材也渐渐丰腴起来，已经和我初见的时候判若两人了。

辅导心得：

多原发癌症患者往往具有易感染体质，对环境中的致癌因子较为敏感。多原发癌的病人可能对某种致癌因素有易感性，如果致癌因素不排除，仍有可能引起其他部位的癌症。曾患癌症者患多原发性癌的机会远高于正常人，尤其容易在同一器官、同一系统发生。因为在成对器官及同一系统受到同一致癌因素的持续刺激下，容易同时或先后发生癌变。

而再次癌变归根到底跟机体免疫功能低下相关：长期忧虑、紧张或使用免疫抑制剂可导致血浆内激素水平升高，血液中淋巴细胞减少。也有的人第一原发癌后经过较大手术的打击，再加上放射治疗、化疗药物治疗等使机体的免疫状态受损，人体免疫功能下降，这是促使癌症患者在长期生存期间易患多发性癌的因素之一。因此，我后面在给林美仑辅导时，从心理上帮她祛除患癌的根本，用我的快乐疗法让她的心态变得轻松和超脱，不再挂怀得失，这样机体就能保持平衡，疾病也不会乘虚而入了。如果说手术是治标，那么心态的改变就是治本。

张慧父亲:"神医"其实是医疗界的"癌细胞"

"癌症患者就是唐僧肉!"这句话对也不对,唐僧像个白面馒头,一身肉让妖怪们垂涎欲滴。而得了癌症,无数癌细胞在体内抢你的营养,再加上心情郁闷,没多少时间就让你身体憔悴,形容枯槁,这一身"臭皮囊"妖怪是看不上的。可医疗行业中的"妖怪"比神话中的还可怕,他们不仅要吃你的肉,还要喝你的血,吸你的骨髓,直到把你榨干为止。最可怕的是他们往往还披着美丽的画皮,各路"神医"就是其中的代表。

我从事癌症公益辅导事业以来,碰到过许多被"神医"们骗钱骗财的朋友,尤以张慧的故事为典型。

张慧找到我求助时,一说起父亲的遭遇,眼圈就红了:"神医就是个骗子,不光骗了我的钱,还把我爹的病给耽误了。老人家现在只能吃些止痛药来缓解一下疼痛,已经是无药可治了。我太对不起我爹了!"张慧说得没错,面对病床上只剩下一口气的张父,我这个"辅导员"也无计可施,只有权且当一下"神父",在临终前关怀和安慰一下他。

张慧在沈阳从事皮货生意多年,由于入行早,再加上经营有方,她的生意在同行中出类拔萃,积攒下了万贯家财。有钱了,张慧终于可以实现从小到大的心愿——让爹娘跟自己享福了。张慧是个懂事而孝顺的女孩子，看到爹娘含辛茹苦把自己拉扯成人，没有享受过几天好日子，一直愧疚在心，报答爹娘的养育之恩也成了她奋斗的最大动力。

只是爹娘在老家生活习惯了，不愿意跟着女儿来东北，张慧使出了浑身解数，三姑婆八姨妈都搬出来做工作，最终才让爹娘不情愿地"缴了械"，从山东老家搬了过来，和自己一起生活。为此，张慧在沈阳一高档小区一下子购买了两套房子，自己住一套，另一套给爹娘住。

然而，子欲养而亲不待。2015年底，张父发现经常便血，张慧遂带父亲到医院进行检查，诊断为直肠癌早期。医生建议马上手术，由于肿瘤距离肛门较近，需要做结肠造瘘术。造瘘术说通俗点说就是把有肿块的那段肠子切掉，在肚皮上开个口，将上段的肠子从这个口拉出来，以后大便就从这个口出来，也就是做了一个"人工肛门"。造瘘可以起到给肠道减压、减轻梗阻、保护远端肠管的吻合或损伤、促进肠道痊愈的作用，甚至挽救病人的生命。但肠造口也给患者的生活带来了诸多不便，尤其是对一些患者的心理造成很大的打击，觉得自己像个怪物，很难接受这样的手术。

果然，张慧的父亲知道什么是结肠造瘘术后，打死也不愿意做。老头子脾气比驴还倔，摆出了一副宁死不屈的架势，张慧也无可奈何。手术虽然没有做成，但张慧也没有闲着，她到处寻找灵丹妙药，希望不用手术也可以把父亲的病治好。一次，张慧在网上查询到一个自称是李时珍后代的"李神医"，以家传秘方专治各种癌症。电话里，"李神医"给张慧讲了自己治好了成千上万名癌症患者的故事，说得神乎其神。

第二天，张慧就坐火车跑到河北保定，登门拜访"李神医"。第一次见到"李神医"，张慧差点转身逃离，原本她想象中的神医应该是白胡子老爷爷,仙风道骨的,而眼前这个"神医"居然是个肉满膘肥的中年胖子,虽然穿着一身宽松的衣服,却掩盖不住隆起的啤酒肚。

但神医就是神医,有两把刷子,说话时不时抛出一个深奥的词,什么"阴损及阳、阳损及阴",什么"内生五邪",什么"三焦气化",一套一套的,高深莫测,听得张慧肃然起敬。更关键的是,当地就有很多被治好的癌症患者,拜访他们时,个个把"李神医"捧为再生父母——直到后来张慧才知道这些所谓癌症患者其实跟"李神医"都是一伙的。

真是人不可貌相啊,张慧很惭愧自己对"李神医"第一印象的唐突,立即重金邀请其到沈阳帮助父亲诊断。"李神医"到沈阳后,张慧将其安排到一家五星级酒店住下,一番接风洗尘后,请他一起去家里看自己的父亲。

到了张家,了解完张父的情况后,"李神医"很坚定地说:"千万不能手术,一旦开刀,癌细胞就会像被捅了窝的马蜂一样到处扩散!""李神医"保证,张父只要坚持吃他的药,保管能好,一定要相信祖国的传统医学。

"李神医"带来了自制的药丸,每个月药费就得近5万元。虽然药费挺贵,但是考虑到他是名医的后代,又治愈了那么多的患者,而且这也可能是父亲唯一不用手术可以治愈的机会,张慧没有犹豫,马上支付了药费。

没想到,"李神医"的药用了半年,父亲的病情不仅没有见好,反而加重了。张慧跑去质问"李神医","李神医"却振振有词,说癌症好转需要一个过程,中医治疗效果不像西医一样能立竿见影,三分治七分养,在这个过程中,有时候表面上看来是病情加重,实际上是药在消灭癌细胞时,癌细胞的最后挣扎,这也是病好前的表现。

"李神医"还说,他治疗的每个癌症患者都要经历这么一个过程。

上次怕他们经济压力太大，也想给他们省点儿钱，药量开得不大，要不再加点儿量，能好得更快些！

张慧犹豫再三，考虑到已经治疗了一半，如果这时候停了，恐怕会前功尽弃，咬咬牙又掏了20多万元，购买了2个月的药……在"李神医"的劝说下，她相继购买了230多万元的药。

中药吃多了同样有很大的副作用，自从"李神医"的药加大了剂量之后，张父就像一辆开在野地里的汽车一样，每天上下折腾得够呛，很快折腾得骨瘦如柴，躺在床上都疼痛难忍。张慧越想越不对劲，再去找"李神医"时，却发现对方早已经消失得无影无踪了，微信和手机也联系不上了。

无奈之下，张慧只好带着父亲再到医大附属一院检查，看到结果后她肠子都悔青了——直肠癌晚期，肝转移、淋巴转移、骨转移。

很快，张父因病情恶化不幸去世。这件事让张慧直到现在都无法释怀，觉得是自己害死了父亲，为此懊悔不已。

这些年，我从癌症病友口中听到的"神医"类型不胜枚举，除了类似"李神医"这类的家传秘方派外，还有好几派：一是功夫派，教人以运气吐纳或者拍打筋骨等手段来治癌，好像癌细胞可以像武侠小说中中毒一样，通过外力或者内力把它逼出来；一是高科技派，给治疗方法包装上高科技的外衣，什么磁疗法、电波疗法等，或者宣传自己的产品是某某著名科学家发明的；一是自残派，典型的是辟谷疗法，希望通过近乎绝食的方式，饿死癌细胞，结果癌细胞没有饿死，倒把自己给饿死了。其他稀奇古怪的"神医"疗法也为数不少，这里不再一一列举。

每个人在自己得癌或者亲人得癌的时候，都是最无助的时候，面对死亡的阴影、求生的欲望、治疗的痛苦、手术的恐惧等因素，即使是像于娟夫妇那样的高级知识分子也难免在"神医"的忽悠下中招,更何况是认知水平并不高的一般大众呢!要想悲剧不再重演,我们必须拿起"照妖镜",让这些伪神医无处遁形。

辅导心得:

有些癌症病友通过化疗或者手术,已经达到完全或者基本治愈的效果,和正常人一样,之后为了进一步巩固治疗效果,又找了所谓的神医,吃了他的"灵丹妙药",至于最后癌症是怎么治愈的,他们自己心里也搞不清楚。一些"神医"就是钻了这个空子,把治愈癌症说成是他们的功劳,混淆是非。也有些"神医"在药里加入了一些激素或止痛药,让病人用药后感觉不那么痛了,但管不了太久,就像发烧后贴了退热贴一样,热是降下去了,但病并没有好,有时反而掩盖了病情,造成更严重的后果。

其实,那些受到所谓神医蒙蔽欺骗的人大多是"癌症焦虑症"患者,如果在平时心平气和的时候,他们一般是不会相信那些包治百病的谎言的,只是到了自己或者亲人得癌的时候,原本的这种对于谎言的免疫力也在焦躁的心态中下降了,给了那些"神医"可乘之机。因此,所谓神医其实就是社会上的"癌细胞",他们活跃在那些有利可图的地方,时刻瞄准机会侵入病友的世界,吞噬病友的钱财。而要抵御他们的入侵,我们自身就必须有一个健康的心态。

高玉芬：重症患者为何容易上当受骗

我同高玉芬相识，是通过一起做红酒生意的王霞介绍的。2018年圣诞前夕，王霞听说我在做抗癌公益事业，找到了我，求我帮帮她的闺密高玉芬。

高玉芬是王霞的大学同学，两个人还是同一个寝室的室友，住上下铺，接的地气都是一样的，可谓气味相投。大学四年，王霞和高玉芬成了形影不离的好朋友，即使毕业后各奔一方，也依然联系紧密。

经过王霞牵线，我很快给高玉芬打去了电话，虽然没有见过面，但是共同的抗癌经历却让我们在线上一谈如故。高玉芬毫无保留地向我敞开了心扉，将她这一生的遭遇如数倾诉给我听。

高玉芬和丈夫都是20世纪80年代末的大学生，毕业后分配到鞍钢集团下属的企业工作，从校友变成同事再变成夫妻。在鞍钢干了几年后，要强的高玉芬不甘心一辈子就这样风平浪静，天性爱折腾的她离开体制，跑到北京一家金融投资公司上班。工作的同时高玉芬也近水楼台先得月，学习期货投资，渴望着一夜致富，衣锦还乡。然而，一次疯狂的赌博式的投机行为后，高玉芬不仅输掉了全部身家，还欠下了巨额债务。高玉芬曾经想飞得更高,却不得不像一只铩羽的鸟儿一样,从北京回到家乡,寻找爱的港湾。然而,雪上加霜的是,丈夫不仅没有同情她,还提出了离婚。

事业和婚姻的双重失败给高玉芬造成了难以弥合的心理创伤,她觉得自己活得像个笑话,成天郁郁寡欢。

半年后,高玉芬突然感觉自己有些胸闷气短,呼吸不畅,后来又经常低烧、咳嗽。开始时,她以为只是肺内感染,就自己跑到小诊所打了一个多月的吊瓶消炎。半年后仍不见好,这才到正规医院去检查,很快被确诊为肺癌,医生建议她赶紧手术根治,这时高玉芬才40岁出头。

高玉芬生来还没有做过手术,听到"手术"两个字心里直打战,更重要的是她负债累累,哪里有钱做手术。关键时刻还得靠父母,父母知道女儿得癌后,悲痛欲绝,把养老的老本都拿出来了,凑了10万元让她去做手术。

就在这时候,曾经和高玉芬一起做金融投资的一个朋友给她介绍了新的投资项目——一个直销的大健康项目,其实就是卖一种电疗仪。据朋友介绍,这个电疗仪的效果堪比仙丹,能治百病,连癌症都不在话下,好多癌症患者用了以后都治好了。因此很多人都争着买,赚钱跟抢钱一样,她做了两个多月就赚了近一百万元。

女人在患病的时候跟恋爱的时候一样,都容易智商变低,漏洞这么明显的话,高玉芬居然信了,跟着朋友一同去考察。在现场,高玉芬听老师们讲赢利的模式,听朋友分享赚钱经验,也见到了穿着白大褂的医学专家们——实际上这些专家跟那些卖老年保健品的专家一样,都是冒牌货,他们不懂医术却精通患者心理,好比那些算命的,往往能够察言观色,一击即中。

高玉芬拿着片子和诊断报告让专家看，专家信誓旦旦地说她的肿瘤不用做手术，用这个治疗仪完全可以治愈，如果再配合一下印度的靶向药物治疗，效果更好。

人在病重的时候，就像掉进水里，拼命地想抓住任何能让自己浮起来的东西。一听专家们说自己的病能治，高玉芬兴奋不已，一点儿都没有疑心。她又加入了对方的一个卖靶向药物的微信群，在群里，有许多患者在分享经验，都说不但自己的癌症治好了，而且赚了几百万元。

看了这些人的成功案例，高玉芬十分激动。自己有缘遇到这么好的朋友，加入这个投资项目，不仅可以不用手术把病治好，还可以轻松还上那100万元的欠款。

对方说，想要加入这个投资项目，得先报一个单子，一个单子需要19.8万元。高玉芬手头满打满算就父母给她凑的10万元，哪有那么多钱。就在她垂头丧气、准备打退堂鼓时，朋友看出来了，提议说，如果现金不够可以刷信用卡透支，很快就能挣回来钱了，到时再还上。

看到现场踊跃报单的场面，高玉芬头脑一热，把包里的几张信用卡拿了出来……就这样，她凑了19.8万元，成功报了一单，拿到了一台电疗仪，并开始按照对方介绍的方法去发展下线。

然而，就像变魔术一样，在别人手上灵，自己一弄就不灵了。几个月下来，高玉芬一台治疗仪也没有卖出去，她刷的信用卡到死也没有还上，直到现在银行还经常催她女儿还款呢。高玉芬用上了治疗仪后自我感觉还可以，但或许只是心理作用，半年以后检查发现肺癌骨转移，她也因此错过了最佳的手术时机。

每次我跟高玉芬打电话辅导时，她都不愿意挂断电话，想同我多说说话，她说同我说话对她来说就是最快乐的事儿！因此我也不忍心主动挂断电话，每次通话时长都会超过一个小时。最后还是高玉芬说，"你还有事情忙吧，不好意思打扰你这么长时间"，才恋恋不舍地结束通话。她说每次跟我通话后，饭菜吃得有味了，连睡觉都变得香甜了。我常常遗憾自己没有早点遇到高玉芬，要是我能够早点遇到她，或许她就不会误入歧途了。

高玉芬回娘家不久，给我打电话说，舒兰市是吉林市下属的县级市，当地医院的医疗条件很差，想来沈阳住，让我帮她安排一下，于是我去找同自己比较熟悉的沈阳市维康医院董事长刘岚女士。刘岚听完高玉芬的情况介绍后，给她安排了一个单间，还慷慨答应尽可能地帮她减免费用。然而，当我把这个好消息告诉高玉芬时，她却又不愿意来了，说是在那边有娘家人照顾，比较方便。但我知道，她其实是清楚自己已经病入膏肓了，怕连累我和王霞。

2019年7月，高玉芬病重住院，7月24日她不幸去世。高玉芬的死，让我心痛了很久，直到她去世，我们都未能真正地见上一面，但她的声音却深深地刻入我的脑中，至今还在我的耳边萦绕。

古人讲"盗亦有道"，但是今天社会上很多骗子别说道德，已经连"盗德"都不讲了，哪怕是病人砸锅卖铁的救命钱他们也要染指，其行为实在让人发指！斯人已去，但是和高玉芬类似的悲剧在今天的人世间依然不断上演，在我辅导的病友中，就不乏上当受骗者，且各种手段层出不穷，在这里简单提一下，希望大家引以为戒。

这里面，除了冒充医生索要"关照费"、称有关系骗"好处费"等"常规套路"之外，还有的骗子专盯重症患者卖"特效药""新药"。有病友曾在门诊遇到一男子，对方自称是某医药研究所的研发人员，正好来医院签订药品供应合同。接着，他介绍了自己正销售的某种药，说是最新研发出来针对肿瘤的特效药，在上市销售前，可以成本价买到。病友听得耳热心动，花了好几千元买了几盒药，后来拿着药一问医生才傻眼了，被忽悠了。

再则，中国历来是一个"人情社会"，注重"礼尚往来"，这也是"熟人社会"盛行的原因之一，毕竟有熟人好办事。其实，这样的观念正是很多病态现象产生和发展的温床，很多骗子就利用病人的这种心理，乘虚而入。

这些骗子经常埋伏在各大医院，寻找操着和自己一样乡音的病人，锁定对象后，装出一副不期而遇的样子："哎呀，你怎么也来了？""这么巧，会在这里遇到你？"等你一脸错愕，在大脑中竭力回想眼前这人是谁时，他会一脸镇定地告诉你，他是你表哥的发小的二姨妈她家隔壁卖豆腐的，或者是村里卖豆腐家的二姨妈发小的表哥。两句话就把你绕晕了，信以为真。接着他就可以利用你对他的信任帮你分忧，为你代劳，再从你口袋里把钱掏走。

人在大病的时候，往往也是警惕心最弱的时候，在这人生最冷的季节里，一点小小的火花就可以让你像飞蛾一样猛扑过去。骗子深谙这一点，所以常常以爱心的名义接近需要帮助的人，点燃一支火把，等上当后你才知道，火把除了取暖，还能灼人。高玉芬作为一个早年的大学生，又有闯荡社会的经历，智商和阅历都不差，然而还是毫不犹豫地跳进了熟人挖的火坑。如果我们只是哀之而不鉴之，恐怕还会不断有人重蹈她的覆辙。

辅导心得：

记得我当年上东方肝胆外科医院手术的时候，带了一万元过去，最后还剩下三千元回来，这七千元就是我的救命钱。所以救命钱不一定是天文数字。钱不一定多，花对了地方，花在刀刃上，它就能救你的命。按理说既然是救命钱，就应当像对待自己的性命一样珍惜，可是在实际的生活中却有不少人像高玉芬一样轻易地拱手于人，最终把自己的性命也一同葬送了。

我们仔细思考一下，众多上当受骗的人，难道真的是缺少防人之心，很傻很天真，太容易相信别人了吗？实则未必，他们关键不是缺少防人之心，而是缺少了逻辑思维能力，或者说欲望战胜了逻辑。

人在重病的时候，也是求生的欲望最强烈的时候，这个时候恰恰也是理性思维自我防护最薄弱的时候，一旦被欲望蒙蔽，智商就直线下降了。很多骗子都是一副智商不足的样子，让你觉得自己比他聪明得多，而结果却是他把你玩弄于股掌之上。抑制贪念，不占便宜，可以防一半的骗术。剩下的一半就要靠你的生活经验了，比如平时看到类似的新闻多留心，比如以后多关注老吴介绍的病友被骗案例等。

天下没有免费的午餐，而所谓的成本，不一定是财物，也可以是时间、情感等。任何要自己付钱的建议，都要考虑对方有何目的，是否符合他的利益。切勿让自己的救命钱，转手成了他人的盘中餐。

老唐：对不起，我来晚了！

2018年3月初的一天，我接到北京一位唐女士的来电，说她哥哥刚刚检查出了肺癌，整个人就像身上绑了一个即将引爆的炸弹一样，成天念叨着说自己"快死了"，任凭家人怎么劝说也无济于事，希望我能给他做一次辅导。

唐女士恳求说："吴老师，我哥哥去年年底腿刚刚骨折，行动还不太方便，希望您能抽空来一趟北京，我给您买动车票或订机票都行。我们小时候父母就去世了，始终是哥哥在照顾我。我们兄妹的感情很深。希望您能尽早来一趟北京，需要多少费用我出……只要能让我哥哥好转起来，让我花多少钱都行。"

说着说着，唐女士哽咽起来，即使隔着遥远的距离，我也能强烈感受到她对哥哥深厚的感情，父母早逝，长兄如父，这份兄妹之情令人动容。我忙安慰她："我不收钱，都是公益的，4月初我会去北京给父母扫墓，到时候顺便去见见你哥哥。我开车去，也不用你们出任何费用。"

我父母都是北京人，因为工作调动来到沈阳工作，他们生前一直渴望能够调回北京，可惜未能如愿，后来我帮他们在北京买了墓地，总算让他们能够叶落归根，也算是了却老人的心愿。为此，每年清明节我都会不远千里到北京扫墓，正好利用这个机会给唐女士的哥哥辅导，可谓一举两得。

"最好能早一点儿，现在我看哥哥痛苦的样子，简直是度日如年，心理压力非常大！"此后，我们又多次通过电话联系，每次她都巴不得我能够马上插上翅膀飞到北京去给她哥哥做辅导，似乎一个月非常漫长。但那时候我觉得她未免太心急了，毕竟沈阳和北京千里迢迢，来回也不是那么方便，而且她哥哥是肺癌早期，一时半会儿也没有什么生命危险，多等几天看起来不算什么事儿。

3月31日，我给她打电话说准备4月1日动身去北京，想安排在4月3日约她哥哥见面。我原以为唐女士听到后一定会很高兴的，可没有想到的是，电话那头她的语气就像掉进冰窟窿里，冷得让人发颤：不用了，不用了，再见了！

我一头雾水，问道："你哥哥最近好吗？"话还没说完，电话那端"哇"的一声哭了起来，说她哥哥已经走了！电话随即就被挂断了，通话戛然而止，只有我一个人还握着手机兀自发愣了好一阵子："唐女士的哥哥刚刚发现的肺癌，怎么可能这么快就不行了？"

为了解开这个疑团，4月3日，我按唐女士之前告诉我的地址找到了她哥哥家一探究竟。她哥哥家住石景山区，是首钢的退休工人。国企工人的退休金本来就不多，家中又有一对双胞胎儿子，两个儿子也到了成家立业的年龄，因此生活比较拮据。这次老唐又得了癌症，很多治疗药品都是自费的，没法报销，看到钞票一张张扔出去,老唐感觉就像在割自己的肉一样。

同时,老唐认准了癌症就是不治之症,再这样治下去,很快会把家中的钱全部花光,最终病没治好,自己一辈子省吃俭用好不容易攒下的这点家底也会被耗光,本身自己家庭条件就不是很好,给儿子处对象增加了不少困难,再这么一折腾,儿子连老婆都甭想找到了!老唐不想成为家里的累赘,于是在3月19日半夜,起夜上厕所时用上吊的方式结束了自己的生命。

我找到老唐家时,刚好他家的房子已经租给了一家房屋中介公司,工人正在往里面搬东西,房间内已经重新粉刷。当卫生间顶部的那根粗下水管出现在我眼前时,我似乎看到了老唐半夜里在下面徘徊,最终决绝地把自己吊在上面的情景——那么痛苦,那么无助,那么悲惨!

据老唐爱人介绍,那天半夜大概3点钟,老唐下床去上厕所时,她还知道,后来就睡着了,等再醒来时已经5点多钟了,一看身边没有人,以为他还在厕所里,就喊:"怎么?掉里面啦?"喊了几声都没人答应,她就起来去查看,进了厕所,当场吓得魂飞魄散,再一摸,人身体都发硬了!

从他们家出来,我的心里很不是滋味。虽然我知道要想救活一颗绝望的心很难,但没有试一下,怎么知道转机不会发生?我后悔自己没能早点来,如果当初能及时地来,及时地给老唐做心理辅导,及时地解开他的心结,结局或许就不是这样了!

从老唐家走出来,阳光晃得刺眼,我一下子闭上眼睛,好一会儿才缓过神来。我回过头去,看着老唐家,想到这么灿烂的阳光老唐再也看不到了,心里不禁黯然,唯有对着他家说上一声:"对不起,我来晚了!"

辅导心得：

根据相关的研究，20%~40%的癌症患者曾有过自杀的念头。当然很多人只是心动而没有付出行动，实际上自杀率并不会这么高，但由此折射出的癌症病人的生存状况还是令人担忧。

面对癌症困境，弱势群体所面临的身体病痛和经济压力需要医疗和政策支持，有待于技术和社会的进步，非我辈所能为之。但癌症不仅仅是一场身体上的疾病，更是一场旷日持久的心理浩劫。心理辅导虽不是药，但在癌症患者身上，它或许比药物能更加有效地缓解痛苦、延长生命、提高生存尊严与质量。一些实证研究发现，这样的非医疗的支持能显著降低癌症病人的自杀意念。

没有人是一座孤岛，面对重大疾病，谁都不能做旁观者。老唐的事例让我更加深刻地意识到自己做癌症公益辅导的意义和责任，我将会在这条路上坚定地走下去，继续奉献自己的光和热。我也希望全社会的人都能行动起来，给癌症患者更多的关怀，未来的我们每一个家庭都可能会面临癌症的威胁，帮助别人，也就是帮助我们自己。

我是"癌克星"

5 病友快乐抗癌案例

乍听起来,"快乐"和"患癌"怎么能联系在一起呢?患癌的人能快乐起来吗?似乎把"患癌"和"痛苦"联系在一起更合适。但在我近20年的抗癌实践中,亲身经历的诸多实例都证明了"快乐"在"抗癌"中的作用,毫不夸张地说,目前"快乐抗癌法"是最有效、最经济的对抗癌症的方法!

"快乐抗癌法"属于免疫疗法,快乐是增加免疫力的第一良药。从医学角度讲,一个人处于愉快的情绪中,可以促进大脑皮层的代谢,使兴奋和抑制过程处于平衡状态,从而维持各器官的正常运行,这样免疫力自然就会提高。反之,人处于痛苦和郁闷的情绪中,免疫力也会随之降低。情绪健康,细胞就健康;情绪不健康,细胞也跟着遭殃。

近些年来,我同国内的著名医学专家及心理学专家进行了探讨研究,发掘了大量相关的案例,验证了情绪调整在抗癌实践中的作用。

病友该如何管理好自己的情绪,让自己快乐呢?我总结了两个原则:一记住,二忘记。

一记住。一定要记住时时刻刻保持快乐的心情。比起疾病来,更糟糕的是对生活失去希望和热情!人生的欢乐与苦恼往往来自于看问题的角度不同,同样一片落叶飘舞,有人嗅到死亡的气息,有人却在欣赏秋叶之静美。经历过生死轮回的病友,更应懂得珍惜余生,不辜负自己活着的每一天。

二忘记。首先忘记一切的烦恼,让自己处于愉悦状态之中,其次是忘记自己的疾病,不要把自己当成一个病人。把你的注意力放在健康上,放在光明的地方,就像阳光照下来,阴影自然就没有了。肿瘤犹如一个任性的孩子,你越在意它,它越喜欢跟你闹,你不管它,随它去,它很快也就消停了。

"快乐抗癌法"听上去是个"高大上"的方法，如何才能落地？这真是个值得好好研究的课题。经过多年来的观察与研究，我发现快乐的核心是兴趣，兴趣广泛或者执着于某一门爱好的人往往活得更加快乐，更能抵御疾病和灾难的侵袭，正如英国哲学家罗素说的，一个有兴趣的人可以少受命运的摆布。

当然，治疗癌症是个性化的疗法，实践"快乐抗癌法"也是个性化的，要根据自身的兴趣爱好，找到能给自己带来快乐的事儿，然后投入进去，通过做这个事儿真正地让自己得到快乐，继而达到忘我的境界。

榜样的力量是无穷的，这些年的辅导中，我接触过一千多位癌症病友，看到了众多抗癌斗士快乐康复的事例。他们有的是我辅导过的患癌病友，有的是我拜访过的抗癌楷模，从中我选出若干典型，将他们的感人事迹写下来，与大家分享，希望以此为榜样，为更多抗癌路上的朋友呐喊助威！

于静：从走秀中获得快乐

这些年来，我见过不少癌症患者，他们在得知自己患癌之后就像犯了不可饶恕的罪行一样，恨不得把自己真空包装起来，与外界的空气隔绝。也有人得癌之后一夜之间性情大变，犹如中了诅咒一样，变得面目狰狞，吓得大家都不敢靠近他。相反，我也见过很多了不起的勇士，泰山崩于前而色不变。然而，像于静这样特立独行的，能在缺陷中发现美，甚至乐于展示自己缺陷之美的，我还是第一次见到。

朋友向我推荐了于静之后，我便迫不及待地想见到她，看看这位富有传奇色彩的抗癌斗士的庐山真面目，我甚至有点忐忑，担心朋友言过其实。但当我真的见到于静之后，却惊讶地发现，她比我想象中更乐观、更从容、更优雅。

2018年2月，于静的母亲突然身体不适，连饭都吃不下，被紧急送进了医院，一番检查后，已经是胃癌晚期。老母亲时年79岁，病情来势汹汹，几天时间就瘦得不像样，身体虚弱得像一间年久失修的老屋，随时都有倒塌的风险。如果做手术的话可能下不了手术台，不做的话连饭都吃不下。于静和她哥哥为此伤透了脑筋，两人商量后，最终还是决定给老母亲手术，有一线希望也要搏一下，幸运的是母亲的手术进行得很顺利。

母女情深，母亲的病让向来开朗的于静偷偷流了不少泪，似乎积攒几十年的眼泪都在这个时候流出去了。人一伤心，免疫力就下降。这不，得知母亲患癌后，于静的嗓子开始疼了起来，很快发现嗓子右侧起了个小疙瘩。她以为是上火导致的，也没放在心上，自己买了一点药吃。

连吃了几天药后，于静的嗓子倒是不疼了，但鼓起来的那个包却一点儿也没有消下去。那几天于静的心思全部聚焦在母亲手术的事情上，一心想着让母亲快快好起来，没有余力去管这个事儿。

等到4月初，母亲做完手术出院，于静的注意力重新回到自己身上，这才发现问题不太妙，不知不觉中，这个疙瘩已经从一个多月前的只有豆粒那么大，长到了如今拇指指甲那么大。特别是晚上睡觉的时候，那个疙瘩都快把气管堵住了，喘气都费力，再这样拖下去，不得窒息而死啊？

于静赶紧和爱人跑到当地铁煤集团医院检查，查来查去也没看出是啥，只好开点药吃，然后过几天去验一次血。到了4月中旬，于静第三次去验血时，那疙瘩上边已经起了小白点，这下她有点心慌了，医生一看也不淡定了，让她做个病理检查。

病理结果出来后，医生说看起来不太好，只是当地小医院仪器不太先进，存在误诊的可能，建议她再把切片送到沈阳的医大医院，进一步确诊一下。于静是个乐天派，她压根没想到最坏的结果会出现在自己身上，回家后，歌照唱，秀照走，每天忙得不亦乐乎。

原来，2016年6月，辽宁铁岭调兵山市成立了旗袍协会，于静是第一批报名并入选的。这样的业余协会虽然并没有区分年龄段，但参加者基本是一些退休的老阿姨，年轻女性都忙着上班养娃，哪有闲情逸致来走秀？

调兵山市旗袍协会第一年刚成立的时候，只有10名会员，走秀曲高和寡。有的人觉得自己身高不够，身材发福，不敢来；有的人觉得走秀是年轻人的事情，自己都当奶奶了，不好意思上台。她们更热衷于开着大喇叭扭着腰去跳广场舞，对于走秀这种高雅的艺术敬而远之。

很难找到一种服装能像旗袍这样兼具古典与时尚，在一举手一抬足间完美展现女人形体之美，在一颦一笑间诠释出女人的万种风情、千种姿态、百般风韵。于静自己也已经当了姥姥，但她从不服老，她认为穿上旗袍，青春又回到了自己的身上，而且年纪大也有年纪大的优势，可以穿出年轻人没有的岁月之美，春天固然美丽，秋天不也照样迷人？事实上，于静看起来就比她的实际年龄年轻许多，这不仅是因为她保持得很好的身材和优雅的气质，更在于她始终年轻的心态。在她身上，有一种忘怀岁月流逝的沉静之美，一如她的名字一样。

在于静和姐妹们的示范与带动下，调兵山市的旗袍协会很快发展壮大，人数越来越多。穿旗袍的女人最美丽和自信，很多姐妹们都说自己越走越年轻，有的人神经衰弱走好了，有的人老胃病也不犯了，比天天吃保健品还管用。走秀训练虽然辛苦，但姐妹们在一起有说有笑，气氛十分轻松愉快。于静作为团队的负责人之一，看到姐妹们的变化，也十分开心，越做越有干劲。

2017年6月，在中国香港举行的全球旗袍艺术节上，于静所在的调兵山市旗袍协会获得团队三等奖；同年11月，于静和姐妹们前往泰国参加全球旗袍大赛总决赛，总决赛的地点位于泰国国家大剧院，比赛受到泰国方面的最高礼遇，摩托车、警车开道，总理夫妇亲临现场观看。最终，于静所在的铁岭旗袍协会获得团队冠军，她参加个人赛又获得冠军！

于静加入旗袍走秀仅仅一年多就取得这样辉煌的成就，让所有人都对她刮目相看。然而，谁又能想到，仅仅几个月后，一场疾病，让她瞬间从云端掉了下来，坠入苦海。

切片送到沈阳的中国医大附属一院七天以后，病理结果出来了。当爱人打电话让于静赶紧上沈阳的时候，于静正在一场旗袍表演上走秀呢。听说要上沈阳，于静马上有种不好的感觉，但她第一时间的反应竟然是拒绝了爱人的要求，说现在还不能去，4月26日自己还有一个演出。那是在铁岭开原市白鹭洲旅游景区举办的一个艺术节开幕式上的旗袍秀，届时铁岭地区的各个旗袍分会都会去，是一场大比拼，也是检验队伍成绩的好机会。于静决定走完这场秀再去沈阳。

爱人心急火燎，恨不得把自己变成一个炮弹，马上发射到沈阳，说这都啥节骨眼了，还想着演出呢！于静只好给老伴做思想工作："没事，天塌不下来，要塌也不差这几天。"她解释自己是队伍领头的，姐妹们天天训练这么辛苦，马上就要演出了，自己不在场，队伍没了主心骨，能行吗？老伴拗不过她，只好答应了。

演出结束的第二天，于静就和爱人赶紧上沈阳，到医大附属一院检查，总共检查了两天，从上到下全身查了个遍，最终确诊为淋巴恶性肿瘤。

每个人检查的时候都会心存侥幸，当希望破灭后，于静整个脑袋一片空白，但她还要努力保持镇定，看着女儿和爱人哭肿的双眼，她明白，"我要再哭的话，他俩咋办"。于静强忍自己心中的悲痛，告诉女儿和爱人："不要放在心上，有病咱就治疗，医院让咋治咱就咋治，难过也起不到作用。"

就这样，检查后的第二天，也就是4月29号，于静住进了辽宁省肿瘤医院，主治医生跟她见了面，把利害关系说了一下，重点是化疗选择国产药还是进口药的问题：国产药便宜，但是副作用大，疗效也没进口药好；进口药用的是美国产的美罗华，一支就要三万元，还不算其他辅助药的费用。当时进口药还不能走医保，一共要八个疗程。于静和爱人都是普通的工薪阶层，听到这个数字，脑袋都大了，但家人都坚持要用最好的药，爱人说哪怕砸锅卖铁也得治病。幸运的是，正好赶上美罗华5月1日进当地医保，能报一部分，也帮这个并不富裕的家庭减轻了不少压力。

更幸运的是，化疗前，于静做了一个PET-CT，没有发现转移，分期属于二期，算是早期。5月3号，第一轮为期六天的化疗开始了，这次的化疗过程似乎没啥反应，让于静有一种化疗不过如此的轻松感。第一轮化疗结束后，要回家休养半个月再进行第二轮化疗，回到家之后，化疗的副作用就显现了，于静的头发开始一把把地往下掉。

于静是个特别爱美的人，一头漂亮的齐腰长发给她走秀加分不少，掉头发的感觉比花钱还让她心疼。但心疼不管事儿，到了第二次化疗前，于静的头顶已基本荒漠化，她干脆到理发店剃了个光头。

按照计划，5月23号于静要去沈阳进行第二轮化疗，但是她得知月末铁岭要举办辽宁省第二届旗袍艺术节后，马上改变了计划，她觉得这个演出自己非参加不可！

于静之所以铁了心要参加这场演出，是因为她确实非常热爱旗袍，这可是一场旗袍界的盛会，得有上千人参加，错过了太可惜。还有一个更重要的原因，于静住院后，跟调兵山旗袍总会的会长宋秀华说自己身体不太好，得住院一段时间。宋秀华得知实情后，不知为于静流了多少伤心泪，她跟铁岭旗袍总会的负责人袁丁说了这件事，两人一商量，瞒着于静，在铁岭地区总会会长群里发起了募捐，总共筹集了46 000多元，募捐完第二天她们几个会长就驱车来到沈阳，亲手把钱送到于静的病床前。

看到这一幕，于静感动得热泪盈眶，她也重新认识了自己所在的旗袍协会，原来姐妹们不但能把外在美展现给社会，还有金子般的爱心，可以说内外兼美。要知道，旗袍协会属于自发组织的民间协会，没人给一分钱。而且很多姐妹彼此都叫不上名字，但大家之间却是如此情深义重。想到姐妹们这么爱护、鼓励自己，给自己力量，于静下定决心，要把自己的美展现给大家，用自己的乐观回报大家。

因此，于静打电话跟自己的主治医生商量，请求推迟十天，等演出结束后再去化疗。

医生一听着急了："你不要命了吗？"

"死不了就行！"于静很干脆。

看她这么执着，医生也无可奈何，只能让她快去快回。

那天上T台，于静不仅光着头，胳膊上还带着化疗用的管子，很粗的一个大管子。因为需要多次化疗，埋管可以减轻对静脉的损伤程度。只是带着这个管子既不方便也不美观，由于旗袍遮不住，露在外面，看起来挺吓人的。当时，铁岭旗袍分会会长张敏特意给于静赶做了一件旗袍，还很贴心地给她做了精美的头巾和帽子，帽子可漂亮了，但于静觉得如果这样遮遮掩掩会很累，她也相信没有头发的自己更美，自己要勇敢地面对观众，遂婉言谢绝了大家的好意。

于是，于静就光着脑袋上台了，台上的她是如此从容、自信、优雅，台下发出雷鸣般的掌声，经久不息。那短暂的一会儿时间，她身姿挺拔，纯真而灿烂的笑容好像风雨洗礼后的荷花那般让人动容。快离场的时候，主持人把于静拉了回来，让她跟大伙说几句话，于静将自己得病以及姐妹们如何帮助自己的事讲述了一遍，说出了自己这次来走秀的真实想法，她一边说，台下很多姐妹一边抹眼泪，这大概是铁岭有史以来最感人的一场旗袍走秀了。

后来，于静把自己光头走秀的视频放在网上的个人空间里，让朋友们都可以看到。她认为，有病不可怕，可怕的是缺少直面疾病的勇气。她也自信光头的自己一点儿也不输长发飘飘的自己，甚至更美，美难道不是一种自我超越吗？每次于静回看当时光头走秀录像那一段，都会特别欣慰，她说这是自己一生中最难忘的时光。

演出完第二天于静赶紧收拾行囊去沈阳化疗。到了医院，医生护士们看到她都笑道："大美人回来了。""大美人"是于静在医院的外号，因为她每天穿得特别漂亮，化疗完就换上衣服出去溜达，保养也没耽误，天天照样敷面膜，跟在家一样。

在同病区，于静算是个异类，其他人都被病魔折磨得灰头土脸，命都顾不上，哪里顾得上形象，心态一个比一个差。隔壁屋一位男士得了肠癌，一天连嚎带喊的，非常暴躁，好像活不了似的。他妹妹就以于静为例，教育起哥哥来："隔壁那个大姐，一来穿着大裙子，一会儿化疗完脱下病服，穿上大裙子又走了，多漂亮，你看人家，哪像个病人啊！"又让于静现身说法，劝劝她哥。医院里好几个病人都是这样，争着拿于静当榜样，连医生们都说，这哪像有病的人啊！

当然，化疗期间，于静的心情也有过剧烈起伏的时候。特别是第二个疗程中，于静的皮肤开始变黑，连指甲也黑化了，甚至开始脱落。第三个疗程中，开始出现剧烈的恶心。从第四个疗程开始，于静的心理反应就上来了，一提到化疗就有了条件反射，恶心反胃。化疗之后，于静浑身燥热，医院每个房间都有小冰箱，晚上她就起来偷偷吃雪糕。因为医生不让吃凉的东西，化疗期间碰到凉的东西就麻，舌头麻，手也麻，甚至手碰到病床的铁支架都会麻，再吃凉的东西，凉上加凉，搞不好人也得凉。

由于每次化疗结束白细胞很低，于静还得打升白针，打完以后腰疼得直起不来，觉也睡不了，十分遭罪。化疗到后面，于静觉得自己的身体软得像泥捏的似的，虚得不行，走起路来气喘吁吁，走几步就要停下来歇息。但不锻炼还不行，医生叮嘱她得适当运动，每天要散步。这样连番的折磨，让于静中途有了放弃的想法，跟医生商量能不能化到第四轮就停下来。医生告诉她，你这样很可能连前四轮也白化了，咋说也得坚持到六轮之后，看看效果再决定下一步。

为了增强疗效，于静每天还得吃泼尼松，这是一种常用的糖皮质激素，吃完后效果显著——人马上跟充气似的，体重直线飙升，变得身材臃肿。特别爱美的于静遇到特别会让人变丑的化疗实在是一种煎熬，每天照镜子，一看自己又胖又黑，一张脸像个发酵的黑面馒头，心里就如刀割一般。

好在于静学会了劝慰自己，这只是暂时变丑，化疗完就又恢复了。她对自己说，难看的时候更得爱美。于是，原来的衣服穿不上，就重新买衣服穿，每天在病房旁若无人地敷面膜、化妆，就像从来没有得过这个病一样。

第六个疗程结束后，于静又做了个PET-CT，结果显示化疗的效果特别好，所有的癌细胞都灰飞烟灭了。原本化疗还剩下两个疗程，此外医生建议化疗后还要进一步放疗，这样效果更好。但于静决定后面两个化疗疗程不做了，也不再放疗了，六轮化疗下来，她觉得身体已经到了极限，而且结合PET-CT的结果和自我的感觉，她相信自己已经痊愈了。

2018年9月28日，于静终于结束化疗出院了。此后两年内，她每次到医院检查，各项指标都很正常，有时连大夫都感到惊讶，这恢复的程度也太完美了吧！医生告诉于静，按照她的情况，两年内不复发，基本就没问题了。如今于静已经顺利迈过了第一个大坎，正在向着第二个目标挺进，只要五年内不复发，她就算基本痊愈了。

"我从来不去想和病情有关的问题，每天都活得充实而快乐。"于静认为，自己能恢复得这么好，最重要的原因便在于此。现在她不仅带了一个旗袍团队，还加入一个民乐团，每天的生活比以前上班时还忙碌。

于静说，自己每次走秀的时候，在台下也会紧张、害怕，但一上台走起来，就进入了忘我的状态，整个人很放松，这也让她能够发挥出最好的状态。其实，和疾病打交道又何尝不是如此？面对疾病最好的方式就是忘记它！

2018年6月，于静第一次在朋友圈展示自己的光头形象时，配上了她非常喜欢的一句话："一个女人老了的标志，绝非年龄，而是她不再爱美。"

同样，一个人真正病了的标志也不在于疾病本身，而在于他不再热爱生活！

高艳萍：从旅游中获得快乐

高艳萍没退休之前是沈阳一家市属国有企业的党支部书记。在外人眼里，作为国企的领导应该很风光才是，然而，实际情况恰恰相反，高艳萍即使不算全中国最苦的企业领导，至少也是其中之一。

由于企业停产多年，穷到连暖气都用不上，冬天办公取暖都还得自己生炉子。拖欠职工的各项费用更是像滚雪球一般越滚越大，历史遗留老大难问题一大堆，导致下岗及退休职工上访不断，企业也成了沈阳市有名的上访大户。

高艳萍上任十年期间主要工作就是接待这些人，听取他们的诉求，向上级反映，处理问题和解决矛盾。上访的人都带着一肚子怒气和怨气，接访的人必然成了发泄对象，挨骂时还得赔着笑脸，心里有气也得自己憋着忍着。所以，日积月累难免气出病来。高艳萍退下来后，接任她工作的负责人仅仅上任三个月时间，就因又气又累，瘦了三四十斤，愣是把原先一个很壮观的将军肚给折磨掉了，可见高艳萍那些年活得多么不易！

2013年夏的一天，高艳萍突然连续三天排不出便，接着肚子也痛起来，到沈阳陆军总院检查，排除其他选项后，医生怀疑是肠子的问题，让她做了个肠镜。做的时候，检查的人一脸严肃地问她："你多大岁数？怎么现在才来检查？"这句话里面隐含的信息量和杀伤力，即使是一般人也能感受到，更别说常年保持敏感神经的高艳萍了。病理检查出来后，高艳萍被确诊为结肠癌，所幸还是早期。

高艳萍上任后天天在风浪中度过，抗压能力强于常人，但是遇到这种致命的问题也不由得晕头转向，向来活动范围仅仅局限于沈阳的她跑到了北京，希望找到名医救命。在那里，高艳萍遇到一个沈阳的大夫，是她同学的同学，说自己可以到沈阳给她做手术，这样她还能用医保，于是她又折回沈阳。

2013年6月6日，高艳萍在沈阳做了手术。第二天，我的副手小肖因为工作的关系正在与高艳萍单位进行谈判，高艳萍是项目负责人，她跟小肖说自己身体不好，以后再说吧，说话态度也不像过去那样自然，显得有些生硬。小肖打听了她单位的其他人，听说高书记得癌了，刚手术完，现在还在住院呢。于是小肖就跟我商量要不要一起去看看她，我一听，马上说："那必须去呀！"

在病房里见到高艳萍，问清楚她的病情后，我把自己10年前曾得过肝癌，手术后用乐观积极的态度去面对癌症，最终战胜疾病的事情告诉她。之后我又讲了自己辅导的一些其他的结直肠癌患者的例子，鼓励她勇敢起来，直面病魔。

高艳萍说，我走后她的心情好多了，心里想着，吴江患了肝癌，比我这结肠癌可严重多了，他都能活10年，我肯定也能战胜病魔！

手术后的第三天，高艳萍身上还插着管子，就在病床上拿个笔记本电脑，给某政府部门打起报告来了。原来，高艳萍手术这几天，企业代替她打报告的人怎么弄也弄不好，总过不了关，无奈之下，她只好亲自上阵。主管的医生一看，惊道："你不要命了啊！"说完，他赶忙把这事儿报告给了主任，好像看到了多大的怪事。

几天后，主任来找高艳萍谈心了。主任说："一般人手术完要回家休息一段时间再化疗，否则身体受不了。但我看你手术三天就能起来写报告，肯定是个非常坚强的人，相信你能承受得住。我准备马上给你化疗，顺势追击，把癌细胞杀死，这样效果更好。"高艳萍一听，没有一点儿犹豫："来吧！"

做完第一个疗程的时候，医生又找高艳萍谈心了："你得了这病，就不要拼命工作了，得适当改变一下生活方式。"高艳萍问咋改变，医生说："出去旅游啊，走一走，换一下生活方式，对你的病非常有好处。"

正唠着，对面过来一男的，拉着个拉杆箱，医生指着他问高艳萍："你知道这男的是做啥的吗？"没等高艳萍回答，医生接着说："他是一个画家，得的是晚期肺癌，已经做不了手术了，只能化疗，化完疗他就出去写生，写完生再来化疗，现在已经七年了。你看，保持一个好心态有多重要！"

高艳萍听完，颇为心动，但她考虑到自己还在治疗，不免有所顾虑，问医生："我的病不怕累吗？"医生说："什么叫累，心累才叫累，身体累但心情愉悦，精神快乐，那就不累。身体累一点，睡一觉就好了，心不累不会得病，心累才会得病。"

高艳萍反复琢磨医生的话，觉得特别有道理，就召集哥嫂、侄女等亲属去营口的鲅鱼圈海边玩，爱人问："你的刀口还没长好，能下水吗？"她说："我不下水，你们去玩，我给你们看东西。"到了鲅鱼圈，高艳萍虽然没下海游泳，但看着大伙儿玩得很高兴，她也受到了感染，乐在其中。

　　第二次化疗完,高艳萍又跟爱人说:"我们去爬山吧,山里面空气好,新鲜的氧气有助于身体康复。"这一次他们去了棋盘山,两人在山上看着风景,吃着自带的大饼卷肉,感觉心旷神怡,回家之后还意犹未尽。于是,第三次化疗完,他们又去爬了马耳山,第四次化疗完爬了本溪的平顶山,完成一次化疗登一座山。每次站在山顶,纵目远眺,俯仰天地之大,涤荡心胸,似乎化疗遭的那些罪也不算什么了。

　　第一次爬棋盘山的时候,高艳萍看到一群人有说有笑地在山顶上拍照,爱人告诉她,这是自发的旅游群,你以后也可以加入这样的群中,费用低,人多,玩得高兴。有一天高艳萍想起了这回事,就联系了几个同学加入一个登山群。这几个同学和闺密都爱玩而且会玩、敢玩,彼此志趣相投,这样高艳萍就把爱人"甩了",跟同学和闺密组成了"乘风破浪的老阿姨们",一起跋山涉水,虽然她们年纪上已经是"后浪"了,但精神头儿可一点也不输那些年轻的"前浪"。

　　就这样高艳萍爬了两年多的山,爬遍了沈阳周边及鞍山、本溪、铁岭、抚顺、法库等有点名气的山。她越爬越有劲儿,腰不酸腿不疼,以前走起来吃力的楼梯现在健步如飞、如履平地,比天天吃钙片还管用。

　　就连大冬天高艳萍也不消停,跟着驴友们爬本溪的大冰沟。冬天山上冰雪湿滑,路途危险,她就买铁的冰爪子放到登山鞋底下,可以防滑。带路的驴友先爬上去,把绳子拴在树上,从山顶上扔下来,她们再顺着绳子往上爬。这帮老阿姨就数高艳萍动作最利索,其他同学都赶不上她。

　　最长的一次,她们在山里面行进了二十多公里,背的干粮和水全消耗光了,只能漫山摘野果充饥。"就跟要饭似的,但大家连说带笑,特别开心。"至今回忆起当时的场景,高艳萍仍津津乐道。

如果这个礼拜爬山累了,下个礼拜就不爬了,走走平地,泡泡温泉。那时她们每周都要跟团出去。她善于选择一些性价比高但费用低的旅游团,到沈阳郊外采摘草莓,来回大客接送,管午饭,还能带二斤草莓回来,才40块。到鞍山爬千山,来回接送,下午带去泡温泉,还管午饭,一天才75块,多合算。

回来后,把一天的精彩片段做成小视频放到网上,看到那么多朋友点赞,心里更乐呵。这样,所花不多,但所得甚多,有一些老阿姨成天被人忽悠去买保健品,花了不少冤枉钱,这样下来保健品也不用吃了,倒省了不少钱。

原本高艳萍想趁着自己生病辞掉党支部书记的工作,撂下重担,结果申请一提出,领导直接给否了,"这担子你要现在撂下,可没人担得起"。就这样,6个化疗结束高艳萍就马上上班了,又坚持了4年,直到自己正式退休。

退休后,她去的第一个国家是韩国,这是她生平第一次出国,第一次坐飞机,第一次坐游轮。8天7宿的韩国行,让她领略了异国风光,韩国济州岛海边捞海带的妇女之吃苦耐劳,让她感慨良久,也让她感觉到自己现在的生活是多么幸福。

接下来,高艳萍又去了广州、珠海、深圳、澳门、香港。到了2018年,她的"离家出走"更频繁了,去了普陀山、宁波、扬州、无锡、南京,回沈阳后又随团去了福建南部,厦门鼓浪屿和漳州云水谣的美景让她的心灵为之震撼,也让她对这个美丽的世界更加眷恋。

高艳萍甚至要感谢疾病,大病过后,自己看世界的眼光也跟以前不一样了。看来,疾病可以让一个人真正学会欣赏风景。

同年9月,意犹未尽的高艳萍又独自去了北京,患病初期,她为看病去了两次北京，那时自然也没心情游玩，匆匆去匆匆回。而这次去北京是纯游的，她逛遍了北京的名胜古迹，特别是在故宫、恭王府听了朋友和导游精彩的讲解，与平时在家看的清宫剧结合起来，就像自己也进入了剧中，特别过瘾。高艳萍感觉这一段时间是出游以来最有收获的阶段，厦门有美景，北京有故事，看了美景，听了故事，有一种没白活这一遭的快活。

到北京的头晚，高艳萍在天安门附近找了个住处，她骑个共享单车就去天安门溜达了。高艳萍还买了一张北京地铁卡，远的地方就坐地铁，近的地方就骑共享单车，就这样把北京都穷游了一遍。

出游的经验丰富了，高艳萍也琢磨出了一套省钱的妙招：每到一个地方，她就在当地找几个旅游团，互相比较，然后跟他们砍价，凭着她十年做人思想工作练就的三寸不烂之舌，几乎每次都能成功砍下一半。

每次跟团出游，高艳萍都会认真地把旅行社和导游的信息记下来，以备受骗时进行维权。在广西时，儿子提醒高艳萍小心被人弄进传销窝点关起来，她让招团那人把身份证发给她，告诉儿子，要是自己两天没发朋友圈，马上报警。高书记以前天天跟维权的人打交道，想骗她可太难了。

高艳萍越玩越玩得开。在三亚的椰田古寨，能歌善舞的黎族村民邀请游客们一起跳舞，大家都很拘束，只有高艳萍大方加入，和一个黎族老头结对翩翩起舞。那一幕连黎族同胞们都被感染了，纷纷掏出手机拍照记录。在四川的稻城亚丁，同行的两人因为高原反应吐得昏天暗地，而高艳萍却浑然无事，别人都跟不上她的脚步，一起游稻城的人都说她比健康的人还健康。这一天游玩下来，比干一天体力活还累，连饭量都锻炼上去了。

高艳萍常说，自己出去旅游，走几天就高兴几天，到景点拍了照片，回家后看照片还能高兴几天，再把旅游时拍的照片及视频做成彩视微电影，发到朋友圈，看到大家点赞还能高兴几天，这样算下去，一年就没有几天不高兴了。每天都在快乐中度过，没有压力，没有烦恼，没有着急上火的事，更没有时间想自己的病，担心活不久，净想着快乐的事情了，这样病能不好吗？

高艳萍还跟自己的同学说，出去玩就不用天天在家跟老公孩子生闷气了，不见面时间长了还会互相想念，回来后再给老公孩子做做饭，让他们尝一下很久没有尝到的味道，这样一家子谁看谁都高兴。经她一说，同学们都乐了，以前不爱出门的现在也跟着出去玩了。

"心情好，身体累也不会觉得累。"是的，医生的话一点儿也没错！

病从口入，为了保持健康，高艳萍给自己制订了饮食规划：不吃海鲜，不喝酒，不吃辛辣食品，不喝鸡汤及各种大补汤，每天早晨空腹喝土豆汁、苹果汁，每天一个鸡蛋，每天喝小米粥或苞米楂子加红豆、黑豆、薏米、大枣、枸杞等煮的粥，每月喝两锅猪大骨头汤，汤里加山药、香菇、胡萝卜、红萝卜或冬瓜，平时吃菜以清淡的青菜居多。

水果方面，高艳萍特别爱吃橘子、菠萝、水晶梨、葡萄等，到什么季节就吃什么，饮食以清淡为主。她的食谱分享出去后，很多朋友都觉得受益。

此前，高艳萍做完化疗后就肩膀疼，有个同学跟她说："你不出门旅游时就去学游泳吧。"高艳萍天生怕水，但听同学说他有个同事也是结肠癌，手术后每天都去游泳，至今8年了，身体非常健康。所以，她也鼓足勇气办了一张游泳卡，没事就去游泳池里泡，终于学会了游泳，每次去游

500米再上岸，每周最少去4天，就这样，肩膀疼的毛病也不治而愈了。

　　为了对自己负责，高艳萍每年都去医院复查两次，每次都是全面检查，比如：肺CT、全腹彩超、血常规、癌胚抗原及各项血液指标等，每两年做一次肠镜，至今已7年多，一切都很好。

　　让高艳萍印象深刻的是，有一次她上医院复查，医生看了她的报告单后，说："你的各项指标比我都正常！"

美丽姐：从帮助病友中获得快乐

美丽姐原名宋春燕，因为在她出生时正逢春暖花开，生下来又爱哭爱闹，父母说她像一只叽叽喳喳的小燕子，就给她取名春燕。宋春燕的网名叫作"美丽人生"，朋友们都亲切地称她为"美丽姐"。

我和美丽姐是通过一个名叫顺子的病友介绍认识的。美丽姐为病友们策划了很多活动，最让她伤脑筋的就是寻找训练场地了，正好我手头有些资源，也乐意为她们提供帮助，一来二往，志同道合加上情投意合，就成了知己。

人如其名，生活中的美丽姐就是只快乐的小燕子，典型的东北女人，性格豪爽，大大咧咧，快言快语，行事风风火火。无忧无虑的人生似乎过得特别快，美丽姐从来不去想有一天小燕子也会变成老燕子，她只是觉得哪怕燕子有老去的一天，春天也永远不会离开自己。在娘家，她是父母的宠儿；在婆家，她同样幸福美满。活泼开朗的性格，使她到哪儿都自带聚光灯，成为众人眼中的焦点。

然而，美丽姐才32岁就迎来了人生第一场暴风雨，这一年她患上了卵巢蒂扭转，切除了一侧的卵巢。又过了6年，第二场暴风雨又来了，美丽姐因为子宫肌瘤大出血切除了子宫。美丽姐倒是坦然面对，但家人却吓坏了，叮嘱她好好保重身体，再也别往医院捐钱了。美丽姐40岁不到，先失卵巢，再去子宫，她想横着竖着这回老天爷也不至于再对自己下手吧，就这样平安度过了十年。没想到，48岁的美丽姐迎来了人生第三场暴风雨，这回不仅给医院捐钱，差点还把命都给捐出去了。

上天似乎特别嫉妒美丽姐作为女人的一面，专门盯着她女性独有的器官下手。在取了她的卵巢和子宫后，这回又对她的乳房下手了。

2017年8月，美丽姐发现左乳房上长了个小肿物，本以为无关紧要，也没放在心上，只是闲聊之中告知了家人。家人却紧张起来了，催着她就医。几经检查后，美丽姐被确诊为乳腺癌，需要尽快手术治疗。美丽姐是见过大风大浪的人，曾因肠梗阻一个月内三次紧急入院，与死神赛跑过，锻炼出了一点免疫力，虽然有些吃惊，却并没有慌张，反而安慰痛哭中的家人。

2017年9月4日至7日，美丽姐做了大小两次手术，切除了整个左乳房。在康复换药时，美丽姐眼望天花板，不敢看自己的身体。之前虽然切除过卵巢和子宫，已经失去了作为完整女人的资格，可那毕竟是发生在身体内部，不像这次带来的视觉冲击那么大。乳房，是一个女人外在美最核心的所在，失去了乳房，就像蒙上布的手电筒，一下子黯淡无光了。断臂的维纳斯依然是人间至美的典范，但是你能想象切除乳房的维纳斯吗？纵然美丽姐已经不再年轻，纵然美丽姐再开朗，一时之间也无法接受这样的沧桑巨变。

可随着时间的推移，在好奇心的驱使下，美丽姐还是从换药室的玻璃反光中，看到了自己的身体。那一瞬间，美丽姐的眼泪像决堤一样从眼眶涌出，她只能咬牙克制着。然而，就连美丽姐自己也觉得奇怪的是，当时她并非顾镜自怜,而是盯着旁边的医生和护士大发慈悲,想着他们天天看着这些残缺的躯体是多么的残酷,心理阴影面积该有多大。

手术后漫长而痛苦的化疗开始了,这是已经开刀两次的美丽姐所没有经历过的新的煎熬。为了适应脱发造成的心理压力,美丽姐在术前就把长发剪成了短发。化疗时,一发现脱发,她就一不做二不休,立刻挥刀斩青丝,剃成了光头。美丽姐没有因脱发而哭泣,反而告诉病友说:"光头多好啊!方便又凉快,我这才知道男人们为什么爱剃短发和光头了。"一席话逗得病友们哈哈大笑。

痛苦的化疗带来了巨大的肉体折磨,昂贵的靶向药带来了巨大的经济压力。但为了生存,美丽姐只能做一只逆风飞翔的燕子,世界那么美,她还没有看够。所幸亲人想方设法减轻美丽姐的痛苦,他们的关爱温暖着美丽姐。化疗过程中,美丽姐经历了白细胞过低、粒缺严重等危机,甚至曾在鬼门关前一游,好在终于熬过去了,结束了炼狱一般的化疗历程。

在打靶向药的过程中,美丽姐经历了太多的无奈与无助,为了少走弯路,把钱花在刀刃上,更有效地治疗,她开始和病友们交流,也和大家分享自己治疗过程中的喜乐与悲伤,因为悲伤与人分享就不会那么悲伤,而快乐与人分享则会加倍快乐。

美丽姐没有想到的是,她原本的目的是抱团取暖,结果自己反倒成了别人取暖的柴火。没有接触到大量病友之前,美丽姐以为自己是最无助的,接触的病友一多,美丽姐才发现,比自己无助的人多了去了。这些病友往往疾病上的问题没有想象中那么严重,只是心理上的负担太重了,而女性出于独特的心理特点更容易成为精神重压下的牺牲品。

女性相对男性更敏感多疑,遇事不冷静,容易走极端,患癌后抑郁、焦虑、恐惧等情绪不稳定的问题比例高于男性患者,而情绪不稳定会极大地影响患者的治疗和预后，造成免疫力下降，影响治疗效果，导致复发率增加，生存率下降。甚至有的患者不愿主动配合治疗，贻误病情。因此，及时改善患者的负面情绪是非常重要的。

然而，美丽姐也发现，医生们太忙了，病人满腹的疑问想问医生，可要从医生那里得到满意的答复比看懂医生写的处方还难，心中的疑虑越积越多，久而久之，就成了心结。美丽姐久病成医，特别是患癌之后学了不少癌症方面的知识，通过自己的所学所闻所见，积极地与病友互动，帮助那些迷茫无助、痛苦挣扎的女性病友，舒缓她们的精神压力，安抚她们的紧张情绪，让她们逐渐从心理上接受现实，不再慌张和逃避，重新昂起头，迎接挑战。

美丽姐身上同时具备女性的细腻与耐心，也有巾帼不输须眉的豪爽与大气。更重要的是，她是属向日葵的，无论身处多深的黑暗之中，只要给她一点阳光就能灿烂。她以身作则，乐观面对病魔的榜样作用感染了众多的女性癌症病友，她就像一块吸铁石一样，身边很快吸引了一大批追随者。

很多病友在复查的时候都成了惊弓之鸟，一发现点小问题赶紧跑来问美丽姐："你看我这是怎么回事啊？严不严重啊？"还有的患者不听医生的话，就信美丽姐，美丽姐一说，她的心就搁肚里头了。有一个病友可能稍稍累了一点儿，胳膊和胸稍稍有点儿疼，吓得连气儿都不敢喘，觉得喘气儿都疼。美丽姐跟她唠了半天，最后她哈哈大笑说："我跟你唠完，胸也不疼了，胳膊也好了。"甚至一个牙疼的患者跟美丽姐唠完了，说牙也不疼了，让美丽姐哭笑不得："我这还管牙疼了呀！"事实上，她们往往都是因全身性的高度紧张而造成了不适，经美丽姐一开解，心理暗示没有了，症状也就消失了。

美丽姐干着心理咨询师的活儿，然而她的重要性又远超心理咨询师，常常从鬼门关前把人拉回来。有的患者肿瘤转移了，觉得自己没有希望了，产生了轻生的念头；再者化疗跟怀孕一样，每个人反应程度不一，有的患者反应特别大，几个疗程后，觉得生不如死，宁死也不想继续做下去。美丽姐最长的一次辅导是连续四个月跟一个老姐姐煲电话粥，谈恋爱都没这么殷勤，好在终于说服了她坚持治疗，并成功完成了所有的疗程。

诸多病友中，最让美丽姐牵肠挂肚的是那些年纪轻轻的患者。她们往往才二十来岁，正当人生最美好的年华，就患上了癌症，命悬一线，好比花儿刚绽放就要凋零，这让美丽姐非常心疼，甚至超过了心疼自己。美丽姐亲切地称她们为"小朋友"，她非常留意这些"小朋友"，跟她们积极地做着互动，希望她们不要放弃任何一丝希望。然而，癌症病人之中，悲欢离合本是常事，而每一个"小朋友"的离去，都会带给美丽姐无尽的伤痛。

有一个小妹才28岁，她对美丽姐说："姐姐我想放弃了，我太痛苦了，不想再遭罪了。"那些日子，美丽姐每天都要和她交流，生怕她想不开。有一天，美丽姐正好在搞一个大型活动，忙到很晚，活动刚结束，美丽姐就微信联系她。然而，这次是小妹的家人回复美丽姐的，说她已经在重症监护室了。之后的日子，美丽姐微信再问候，她就没有任何的回复了。美丽姐感觉到，那个妹妹可能已经去了彼岸。望着她永远定格的头像，美丽姐任自己的眼泪肆意流淌，女人如花花似梦，但梦醒时分，还是如此摧人心肝！

几乎是同时，另外一个小妹也"失踪"了，美丽姐一度以为她和前一位"小朋友"一样。一下子失去了两个"小朋友"，让美丽姐痛得无以复加。其实这个小妹是去了郑州治疗，因故未能回信息。有一天，美丽姐和小妹不期而遇，看到小妹那一刻，美丽姐就控制不住自己了，抱着她大哭。哭着哭着，美丽姐看到她好端端地站在自己面前，又大笑起来。美丽姐说，那个感觉是没有过这种经历的人永远体会不到的。

不记得多少次，家人劝说美丽姐不要再跟这些病友接触了，收到的都是负面消息，天天活在负能量当中，她有多大的承受能力呢？对此，美丽姐也有过犹豫和彷徨，但她很快想清楚了，在劝解别人快乐的同时其实也是在劝解自己快乐，这两者并不矛盾。虽然每次听到病友离去的消息都会让人感伤，但看到更多的病友在自己的帮助下走向了阳光，她们给自己带来的快乐远多于悲伤。

为了抵抗负面情绪，美丽姐创造了一种把悲伤转化为快乐的方式——翻唱，她堪称抗癌界的翻唱女王，三天两头就要改编一首歌曲，把自己的治疗过程，以及平时和病友交往的故事与心情都写进歌里，以此来释放情绪。"如果作词作曲的这些人看到我改的歌，可能也得气够呛吧！我是'毁'人不倦的，哈哈！"美丽姐笑道。

人的生命是有限的，弹指红颜老。而有限的生命却是可以无限延伸的，当你帮助一个人，延长了别人生命的同时也延长了自己的生命。美丽姐说以前自己活在狭隘的天地之中，成天只知道赚钱糊口，而现在自己却活出了大格局，像一只被困在暗室中的蝴蝶，突然间从门窗间挣脱，得以一睹世界之宏大，天光之明丽，才知道人生也可以有如此活法。

长时间的辅导让美丽姐深深明白一件事：抗癌不仅仅要在医院里，更要在生活中。很多姐妹生活中都是女强人，个性要强，力争上游，美丽姐觉得她们如果不是平时这么拼命，这么执着，可能也不会早早就患上了癌症。在平时的奋斗中，姐妹们忽略了对自己身体的保护，才酿成了这样的恶果，要想治好她们的病，不仅要治标，更要治本，其中的关键是让她们放松和快乐起来。

为此，美丽姐建立了"向快乐出发——吃喝玩乐游"群，建群第一天，群成员就迅速过百，可见大家对美丽姐的信任、爱护、支持。如今，美丽姐直接和间接管理的群成员已经数以千计，当然这也离不开众多姐妹和志愿者的大力支持与协助，包括常和美丽姐一起主持活动的娟子，还有美乔、鸿运澜澜、境随心转等小组长，特别是鸿运澜澜都接近70岁了，还在坚持义务教姐妹们跳舞。没有她们的付出，美丽姐也是独木难支的。

"向快乐出发——吃喝玩乐游"群开展的第一次活动名为"溢中海洗浴"。"溢中海"是沈阳一家有名的洗浴城，美丽姐选择在这里开展第一次群活动是有深意的，许多女性肿瘤患者因为自己不是"完整的女人"而自卑，美丽姐就是要带领姐妹们证明自己虽然身体有残缺，但精神和心理上没有残缺。那次活动效果很好，姐妹们的热情让美丽姐非常兴奋与感动。

在2019年，美丽姐和娟子等姐妹先后组织、举办多次大型的联谊活动。她们以自己积极阳光的心态、饱满的热情感染了越来越多的病友，激励着病友们走出家门，走出阴霾。很多多才多艺的病友在美丽姐的感召下，主动提出协助美丽姐，义务教授姐妹们跳舞、走秀、游泳、练瑜伽、做小制作等才艺，开设了国画课、书法课、绘画课等多个兴趣班。

一次舞蹈训练活动，美丽姐认识了辽宁省肿瘤医院的王妍医生。2019年春节，在省肿瘤医院院方和各界爱心人士的大力支持与帮助下，美丽姐和姐妹们策划了一台精彩的联欢会——2019年新春医患联欢会。联欢会取得了意想不到的圆满成功。姐妹们都度过了一年中最快乐的一天，笑声不断，倒是那些过来帮忙摄像、服务的大男人哭得稀里哗啦，主动请缨以后这样的活动一定得让他们再来。

作为群主,要让别人玩得尽兴,自己必须玩得比别人更尽兴,你得自己会玩,才能让大家跟着你一起玩。美丽姐也因此成为抗癌界一个出了名的"大玩主",每次活动美丽姐都要亲自登台表演,唱、跳、演、朗诵、走秀,她样样拿手。现在美丽姐还在学唱京剧,玩出了新花样。美丽姐还给病友们开设了美妆课,要学着把自个儿打扮得漂漂亮亮的。她说因此自己的精神状态一天比一天见好,可以说找到了人生的方向。

新冠疫情暴发后,美丽姐还赶时髦,玩上了网络主播。利用腾讯会议平台,联合辽宁省肿瘤医院的内科医生,每周三晚上7:30—8:30这个时间段,在群里开展线上患教活动,由美丽姐把医生的专业版解说翻译成大白话版的,为患友答疑解惑,也让那些在疫情期间被医院的规定搞得晕头转向不知所措的患友吃上定心丸。

无可奈何花落去,似曾相识燕归来。记得女儿小的时候,我曾陪她看过一部名为《快乐王子》的动画片,片中一只小燕子不断地把快乐王子身上最值钱的东西啄下来送给人世间的穷苦百姓,给他们带去了温暖与希望,自己也在这个过程中得到了快乐与满足。而现实中的美丽姐是把自己身上最值钱的东西,也就是她乐观抗癌的精神传递给那些同样渴求温暖与希望的病友。她就像童话中的小燕子一样,飞翔在病友们的春天里……

周云川：从"采蜜"中获得快乐

七月的长白山脉，正是椴树花开的季节，漫山遍野飘满了花香。椴树生长15年以上才能开花，80年到100年期开花最旺盛，每朵花都历经时间之沉淀，岁月之沧桑，也吸收了天地之灵气。

每当这个时节，各路养蜂人由南至北蜂拥而至。他们追逐花季，收获琼浆。这里出产的椴树蜜凝如羊脂，白如雪片，味道甜美，与南方的荔枝蜜并称为"中国两大名蜜"。

养蜂人追着花，而一个50多岁的中年男人却追着他们。他就是养蜂人的老朋友——周云川。蜂农们都很喜欢看到这个老朋友，这喜欢源于对他的了解。养蜂是世界上最甜蜜的事业，又是最辛苦的事业之一，奔波和清苦是主旋律，一年中像游牧民族一样到处转场，一个简易的帐篷就是家。夏天热得像蒸笼，雨天连被褥都可以拧出水来，加上与世隔绝，更多了几分寂寞。然而，看到周云川之后，他们就感觉自己没那么苦了。

没有尝过人间最大的苦，怎能酿出世间最甜的蜜！

1991年，周云川28岁，他的人生正当芳华。周云川当过兵，复员后分配在沈阳一家国营机械企业，这在当地是不错的工作，而且他干的还是当年十分光鲜的业务员。那时周云川刚结婚三年，妻子美丽贤惠，他们已经有了一个可爱的儿子。面对90年代扑面而来的市场大潮，周云川也不甘寂寞，他在沈阳繁华的开明街买了个铺位，连去广州、珠海进服装的货源地都联系好了，准备大干一场，让妻儿过上富足的生活。

这个时候的周云川就像一颗被放上天的烟花，准备绽放出五彩缤纷的光芒。谁知道，命运跟他开了个巨大的玩笑，他突然间发现自己成了一个哑炮，重重地从空中摔了下来。

1991年1月20日开始的一场发烧扭转了周云川的人生。连续七天高烧不退后，周云川和妻子小丽去了医院，验血报告出来后，医生建议他们到医大二院做进一步检查。

在医大二院，周云川前后进行了两次抽血化验和一次骨穿。骨穿结果出来了，周云川被确诊为急粒M2型白血病！报告单是妻子和大姐去拿的，看到她们痛哭流涕的样子，周云川什么都明白了，只是得知结果的那一刹那，他还是禁不住有点虚幻感，怎么这种电视上小说中才会出现的病也会发生在自己身上？自己还这么年轻，父母就要老年丧子，妻子要青年丧夫，儿子要幼年丧父，人生三大悲剧，一夜之间降临他的家庭。父母常常积德助人，年迈的二姥无依无靠，母亲就把她接回家抚养；自己也乐于助人，当兵时没少做好事，获得两次嘉奖，一次集体三等功，为什么会遭受这种不公的命运？

时间容不得多抱怨，周云川很快住进了医大二院的血液科病房。一个病房住着8个人，全都是像周云川这样的重病号，有的病人大小便都在床上，屋里的气味难闻至极。在这里，周云川生平以来第一次感受到死亡是如此真实，甚至可以触摸，10天之内，同病房的病友们就先后走了好几个，让他特别压抑和恐慌。周云川自己似乎也危在旦夕，医院返聘的血液病权威专家高教授很诚恳地告诉他的妻子小丽,从现在开始,有什么愿望尽量满足他,别将来后悔!

化疗开始了。第一次化疗历时10天,迷糊呕吐、没有食欲、胸闷,一系列的副作用相伴而来,一轮化疗之后,周云川变得消瘦、苍白,虚弱得走路都要喘气半天。似乎10天的化疗让他突然间穿越时空,从28岁变成82岁。三轮化疗之后,周云川已经戴上了假发套,回家后这个假发套常常被儿子开心地拿来当玩具。看着天真的孩子,周云川不知自己还能陪他多久,心如刀绞。

化疗期间,最大的痛苦不是副作用,而是死亡的如影随形。2月11日,又一个病友被太平间的人抬走,而前天他还在和周云川吹牛,说屋子里的人都死了也轮不到他。死神就像一个调皮而又任性的孩子,往往一声招呼都不打就擅自闯入。以后每次住院,总有病友去世,这直接压垮了周云川的意志,他整夜睡不着觉,买了很多安眠药,有了轻生的念头。母亲知道后,就假装来给他打扫卫生,再偷偷地把安眠药换成维生素。那段时间,周云川常常吃了安眠药还是一点儿睡意都没有,气得大骂厂商生产假冒伪劣产品。

最终让周云川走出深渊的是众人之爱。

父母知道儿子患上白血病后,常常以泪洗面,哭着来哭着走,但他们在儿子面前从来都没有表现出悲伤和懦弱,他们把苦痛留给自己,把乐观和坚强的一面留给儿子。母亲退休前是位医生,她在给儿子接尿的时候,甚至会用手指蘸一下尿放进嘴里尝一尝,以便第一时间知道尿液有没有异常。父亲到处去拜访白血病人,只要能活得长一点的,不管多远他都会去请教,回来后告诉儿子,以便增加他治疗的信心。

妻子小丽从周云川住院第一天起就记起了日记,一年之内从未中断。她记录丈夫住院的点点滴滴，也记录自己每一天的感受，她说如果丈夫走了，就烧掉日记，让自己的心伴随他一起去天堂。治疗期间，周云川变得喜怒无常，常常对妻子无端地发脾气，甚至把她做好的饭菜扫到地上。她任劳任怨，默默擦去眼泪，依旧笑脸相待。

知道周云川病重的消息后，单位的领导和同事们成群结队来看望他，给他送钱送物。他已经病入膏肓，但同事们没有一个嫌弃他。每次小丽去单位报销住院花费时，单位从来不打折扣，报多少批多少。整个患病期间，周云川从未因缺钱耽误过治疗。最让人感动的是，单位甚至给小丽每月开160元工资，以示她替单位看护周云川。

这样温暖的人间，你还舍得走吗？周云川明白，自己唯有努力活着，才是对这份人间大爱最好的报答。

那段时间，周云川除了化疗之外，还在口服两种药，一是歌手那英的名医父亲那大夫开的中药，一是云南某位"黄神医"研制的黄氏抗癌粉。但是周云川觉得真正让自己命运走向转折点的是另外一种东西——蜂王浆。

父亲退休后跟人合开了一个中药材厂，他也利用自己的专业，全国各地跑，给儿子寻找能够治疗白血病的偏方，黄氏抗癌粉和蜂王浆都是父亲千里迢迢带回来的。第一次吃蜂王浆，酸、涩、辛辣，特别难吃，周云川皱着眉只吃了两大匙，旁边的病友都在笑，他们全都不相信蜂王浆能治白血病。就连周云川自己也不相信，他最初吃蜂王浆，不过是不忍心辜负老父厚重的心意。

没想到服用一段时间蜂王浆后，周云川掉光的头发居然重新长了出来，又过了一段时间，经医生检查，白血病的外在症状也消失了。连医生都啧啧称奇："奇迹，真是奇迹！"

当然，周云川原本化疗的效果就不错，或许蜂王浆只是锦上添花，但病情扭转确实是在服用蜂王浆之后，他也把自己第一天服用蜂王浆的日子——1991年4月10日当作了自己重生的日子。

周云川感觉自己就像埋在土里重新发芽的新生命，一天比一天茁壮，一天比一天有朝气。1991年12月，周云川正式出院了。第二年夏天，周云川和他的四个兄弟姐妹一起去了北京，打算进行骨髓移植，遗憾的是配型没有成功，悻悻而返。但周云川认为自己是因祸得福，少花了钱，少遭了罪，他相信以自己目前的情况已经无须骨髓移植了。

出院后的前两年，周云川做了符合他名字的事情——云游名山大川，到处寻找能够进一步治他身体的药。这个时候，他还不太敢相信自己身上的白血病就这样好了，总觉得病魔只是暂时被封印在体内，随时还要出关，只有找到神药，才能真正消灭它。他一路看病，也一路寻找蜂农了解南北地区蜂产品差异等知识，为日后进军蜂产业打下了基础。

有心栽花花不开，无心插柳柳成荫。周云川并没有找到所谓能治白血病的神药，倒是被骗去不少钱。不过，他在拜访蜂农了解蜂产品的过程中，得其趣，忘其劳，每有所得便快然自足，第一次从做事情中体会到了满足感。虽然到处奔走，但他的心情是非常轻松的。蜂农们往往住在深山老林，有时候"只在此山中，云深不知处"，不得不跋山涉水，这也无形中锻炼了周云川的体魄。心态和身态的和谐，让周云川的身体一天好似一天。

到了1994年秋天，周云川觉得自己已经恢复得差不多了，病魔并没有出关，倒是原先被封印的各种欲望出关了。此后，他开始做买卖，开灯具店，做服装买卖，还炒过股票。这些生意或盈或亏，都没有进入正轨。直到2000年他接手了二姐的西餐厅，凭借着货真价实和大胆改造，很快火了起来，一年后，他已经开了第二家分店，事业蒸蒸日上。

然而，饭店带来的财富增值并未让周云川的快乐指数也跟着上升，心中还有一个执念在召唤他。

2000年的秋季到2001年的春季，周云川踏遍了辽宁省内外每个养蜂的县市，了解蜂产品的资源。在周云川的心底，一直有一个梦想，那就是把帮助自己脱离病魔的蜂产品奉献给更多病友，让更多人受益。为此，很多人不理解他，说他不务正业——那时候饭店正是最赢利的时候。

2002年4月初，周云川去了黑龙江，从尚志市的亚布力到鸡西的密山，他马不停蹄地考察了10天。这也是周云川近些年最快乐的10天，那10天，他远离人群，远离喧嚣，在广阔的森林里穿越，如同一匹脱缰的野马在无垠的绿色世界里驰骋。

回到沈阳后，周云川在市内马路湾找到一个20平方米的小店，简单装修了一下，一个星期后，小店开张了。这就是周云川甜蜜事业的开始。

那段时间，周云川两头跑，又要开饭店，又要卖蜂王浆，十分辛苦。这样坚持了一年多，2003年10月，周云川把两个非常赢利的饭店关闭了，一心做起蜂产品来。

面对家人的不理解，周云川只是简单地告诉他们，自己只想把一件事做好，精力不济，分身乏术。实际上他真正的想法是，蜂王浆救了自己的命，在他的眼里，蜂王浆就像自己的孩子一样，为了孩子，父母会不惜一切代价，舍弃任何利益。而且做企业不能仅仅为了个人利益，更要关注社会利益，蜂王浆比起开饭店来，对人们的益处更大，甚至能挽救一个人的生命，而饭店到处都是，谁都能开。

怀着这样一份父母对孩子的爱来经营自己的产业，周云川的蜂产业做得比别人辛苦，也比别人幸福。每年他都会到长白山收购蜂王浆和蜂蜜，挨家挨户走访蜂农，每桶蜂蜜他都要亲自查看，遇到好的货，总是喜笑颜开，有时候还会手舞足蹈。为了收购到质量好的蜂王浆，周云川的收购价比正常收购价格高出10%。在竞争激烈的市场，这样做劣势明显，导致成本上升，价格没有优势，企业难以迅速做大。但他认为，根基不牢，做得越大越容易垮掉；况且，想到更多患者能吃上货真价实的蜂王浆，他心里就快慰极了，至于企业是否做大，也就不那么重要了。

企业步入正轨后，周云川建立了自己的厂房和冻库，同时坚持科技创新的道路，公司蜂产品申请了诸多专利，也获得多项全国发明奖，他还和北京的医学专家合作，在北京科技大学院内成立了"北京圣野中科国际蜂业研究院"，提高产品的科技含量。每一次的进步和收获，都让周云川兴奋不已，感觉自己又年轻了几岁。

刚刚关掉饭店的时候，周云川也有过困惑，但几年后，他开始庆幸自己的决定。以前干业务员的时候，东奔西跑，到处应酬，后来开饭店，既要应对执法检查，又要讨好顾客，日子没有几天舒心坦然。以前的自己是活在别人的世界里，而现在从事蜂产业是活在自己的世界里，来买蜂产品的顾客都是爱护自己身体的人，公司与顾客相互成就，关系十分单纯。

周云川寻寻觅觅一生，终于在蜂产业中找到了心灵的归宿。

当年的化疗让周云川多个脏器受损，白血病虽然好了，但是经常要去医院修补脏器，事业上的压力更让身体频繁报警，他成了医院常客。现在卖蜂产品，轻松快乐，医院也去得少了。周云川很难想象，如果一直开饭店，18年后的自己会是什么样子！

周云川给自己的员工制定了一个特殊的规定：送货到顾客家时，一定要顺手把顾客家的垃圾带走扔到垃圾桶。这是周云川推己及人的做人和经商理念，也是他从大难中感悟出的哲学。本着这样的理念，周云川热心投身公益，虽然蜂产业利润并不高，但他还是每年投入许多资金做慈善，特别是资助那些像自己一样身患白血病的人士。他说因为自己有过这样的经历，更知道患者的痛苦和绝望，以及家庭财力的巨大付出，所以对他们特别同情。除了资金救助外，周云川也给许多白血病人士送上了公司的蜂王浆，他真正实现了自己投身蜂产业的初衷。

每年中的很多时间，周云川都穿梭于林中，寻找好的蜂产品。原始森林中的自然景观对长期生活在大都市的人来说，是那样新鲜和新奇。站在大森林里，望着浩瀚的绿海，在绿树间穿行，周云川说，自己突然感到，生活在这原生态的大自然世界里，似乎连死亡都是幸福的。不惧死，何惧生，在大自然面前，周云川学会了自然坦荡地活着，如风行水上，自在从容。

人只有一次生命，一定要做自己热爱的事业。如果只是为了追逐名利，去做自己不喜欢的事业，整天活在焦虑和躁动当中，那么赚到再多的钱也是不快乐的。在自己热爱的事业中，你未必可以获得最多的财富，但一定可以获得最多的活力、快乐与健康，这是周云川从事蜂产业18年给我们的启示。2012年4月，周云川被评为辽宁省劳动模范，他激动得好几天睡不着觉，认为这是自己从业以来最大的荣誉，也是最大的肯定，如今他正带领自己的"劳模创新工作室"，立志在蜂产业中做出更大的贡献。

云有聚散，川常奔流。如今，距离周云川被确诊为白血病已经30年了，但云在，川在，周云川也在。

冯瑞：从骑行中获得快乐

这些年，随着全民健身理念的推广，国内骑行族的队伍越来越庞大，每天踩着脚蹬用自行车双轮丈量世界的人不知凡几。骑行，曾经在很多人的心目中是个属于年轻人的运动，有人一边骑一边还要喊着"趁着没有老去疯狂一把"，似乎老了就没有资格骑了一样。

但现在，随着越来越多老年骑手的加入，骑行已经不再是年轻人的专利了。老了，不代表只能搓搓麻将跳跳广场舞，照样可以志在千里，照样可以追风逐日，照样可以聊发少年狂。就像冯瑞说的，老年人要从老有所养变成老有所为。

在国内骑行界，一提起冯瑞的名字，那是响当当的。有着20多年骑龄的冯瑞，骑过的里程是一般人难以望其项背的，从千里冰封的北疆到四季如春的南方，从潮起潮落的东部到载歌载舞的西域，她靠着自行车周游了整个中国，甚至骑出了国门，亮相国际舞台，让外国人看到了中国老人的风采。冯瑞说，老年人的形象，也是中国形象的一部分，"不能总想着年纪大了就'三个饱一个倒'，老年人真正的生活应该是不依附于儿女，不妄自菲薄，努力实现自身价值"。

很多人只是把骑行当成一种生活的点缀，或者一种锻炼的方式，而冯瑞是把骑行当成事业，甚至当成生命。在冯瑞家卧室的墙上，挂着好几辆功能型自行车。原来，这都是从冯瑞20多年骑行生涯中退役下来的，好比古代骑士们把自己用坏了的马鞍挂在墙上。

这些锈迹斑斑、伤痕累累的自行车本该去的地方是废品收购站，就像一个已经失能的老人一样，死亡是难以避免的结局。但冯瑞却把它们像奖状一样高悬在墙，在别人眼里它们或许残破不堪、大煞风景，但在她看来，它们就是风景！它们身上的每一个零件都陪她跑过了千山万水，看遍了最美的风景。它们也有故事，每一条伤痕的背后都是荡气回肠的往事。

看着它们，冯瑞心里想的只有出发，从未想到结束，还有多少山没有爬过，还有多少水没有涉过，还有多少路没有奔跑过，哪里能轻易说结束呢？看着它们，你怎么会想到老，怎么会想到病，怎么会想到死？只要活着一天，能骑就会继续骑下去，生命不息，骑行不止！

2001年是冯瑞骑行生涯中特别值得纪念的一年。那一年辽宁省宣传部选了8个骑手代表辽宁骑行进京支持北京申办奥运会，冯瑞和爱人均位列其中。他们从沈阳出发，沿路拿着20.08米长的大条幅，请万人签名支持北京申奥。骑行到北京奥组委后，交了大横幅，其余6个人就回沈阳了。但冯瑞两口子却不愿就此止步，他们觉得申奥是全国人民的事儿，哪能到北京就停下来了，怎么也得纵贯全国吧！两人干脆自己弄了块大条幅，继续向西骑行，一直骑到了西安，一路从东北骑到西北。时年冯瑞47岁，老伴66岁。

到了西安后，两口子索性就地驻扎下来了。当时国家正在推进西部大开发，两口子一合计，决定从行动上支持西部人民，为西部的体育事业贡献自己力所能及的力量。在那边转悠了一下，他们发现西安骑行者不多——自己热爱骑行，也要带动西安人民骑起来。于是两人找到了西安体育局，申请成立一个骑游协会。对方一听，说你们得在本地有房子才能办这事儿，没有根据地打啥仗啊！夫妇俩一咬牙，还真的掏出积蓄在西安临潼区买了套房子，好在那时房价便宜，一套房子才3万多元。就这样，他们成立了西安临潼区骑游俱乐部，带着一帮人，从临潼到西安、渭南等地骑行，最远去到了海南岛。

之后，夫妇俩还把自己的家弄成了全国首个骑友接待站，免费接待全国各地来的骑友，邀请他们到家里泡泡脚，吃吃饭，为他们接风洗尘，指导他们怎么到古城玩，怎么不走冤枉路。由于两口子都是自掏腰包，义务奉献，费用都是从两人的生活费里面省下来的，把骑友们感动坏了。他们就像火把一样，让大家向他们不断靠拢，很快把整个陕西省都鼓动起来了，建立了陕西省骑游协会。

陕西的成功给了夫妇俩很大的信心，他们有了更大的雄心，要为全国的骑友建立一个组织，成为大伙儿联系交流的纽带。这样两人就进京了，在国家领导人的关怀与帮助下，2008年由夫妇俩一手创立的"华夏骑游文化工作部"加盟在文化部中国乡土艺术协会旗下，冯瑞被委任为工作部主任，同年在秦皇岛举行了隆重的成立大会。为此，夫妇俩还把西安的房子卖了5万块，作为加盟费，交给了中国乡土艺术协会。

"华夏骑游文化工作部"成立后，冯瑞的生活也进入了"陀螺"模式，不停地转动，全国各地跑，组织各种活动，像撒种子一样把各地的骑游协会建立起来。到今天，"华夏骑游文化工作部"在国内已经有了超过40万的骑友加盟。但冯瑞并没有从中赚取任何利益，没有收取任何人的会员费，还是一如既往地倒贴钱，亲友们都笑她是赔本赚吆喝。到各地开会、考察、组织活动，冯瑞都是和会员们一起自己掏钱交食宿费，没有任何特殊之处。

很多人看到冯瑞晚年生活过得如此丰富多彩，以为她的经济条件多么优越。其实，冯瑞和老伴的退休金都不算高，两人住在不足80平方米的房子里，家具十分陈旧了还舍不得换，有点钱都投入骑行事业当中了。

想想十几年前卖掉当加盟费的那套西安的房子，如果留到今天，应该值不少钱了吧？但冯瑞不这样想，她觉得快乐是无法用金钱衡量的，也是金钱买不来的，一个人所拥有的一切无非是为了活得更好，更快乐，但在满足基本生存条件以后，并不意味着物质越富足你就越快乐，如果用一套房子可以换来后半生的快乐，何乐而不为呢？

这些年来，冯瑞活得非常充实，每天都像个充满青春能量的年轻人，她的生活状态完全可以用孔子的一句话来形容——乐以忘忧，不知老之将至！对此，冯瑞觉得自己虽然物质上是有所失的，但精神上却是最富有的。

正是这种超然、洒脱、投入、忘我的人生观，让冯瑞在2015年一场厄运的阴影中，不需要任何调整就轻松走了出来。

2015年7月，冯瑞组织了"纪念抗日战争胜利70周年回访抗联故地骑行活动"，从沈阳市的"九一八"纪念馆出发，沿抗联活动的路线走，一路向北直奔吉林省和黑龙江省，然后再折回，最终到抚顺的战犯管理所纪念馆，计划历时30天。

天有不测风云，队伍骑到长春市的时候，一辆汽车突然打开的车门把从旁边经过的冯瑞撞飞了，车祸造成了她脊骨髓损伤，在长春白求恩医科大学附属第一医院住院治疗两个多月。回到沈阳后，冯瑞又到解放军463医院继续康复治疗。快出院时，儿子建议她做个全身检查，因为她这些年全国各地跑,这事儿那事儿,忙得没有时间关注自己的身体,骑行到处颠簸,也不知道身体哪个"配件"会出问题,正好趁此机会来一场大"检修"。

正是不检不知道,一检吓一跳。在做肠镜的时候,医生发现冯瑞直肠里面有东西,进一步确诊为直肠癌。冯瑞之前有过痔疮,大便偶尔干燥,其他和肠子相关的症状好像也没有。要是没有这一次体检,指不定拖成啥样子,真是塞翁失马焉知非福啊!

因冯瑞的医疗关系在哈尔滨,于是她前往哈尔滨的肿瘤医院,做了直肠切除手术。住院期间冯瑞做了一件让医生护士们都哭笑不得的事儿,她让人将自行车抬到病房内,说看不见爱车就睡不着觉,同时她还在病床上规划骑行路线,指挥队友们骑行,把病房当成了办公室。

出院后,冯瑞就开始做适应性训练了,准备再次上路。康复期间,她策划组织了为庆祝六一儿童节的"革命人永远年轻"老年骑行活动,从沈阳市政府广场骑到西峡谷。当时骑友们都劝她说:"你身体不好,坐在车里指挥我们就行了。"但冯瑞向来习惯身体力行,觉得把这么多信任自己的人带出家门,得对他们负责,让每个人安全出发,也要安全返回,因此每次出行她都像一匹识途的老马一样兢兢业业地在前面领骑探路。

当然,冯瑞也特别享受领骑的感觉,"你要让别人做到,自己先得做到"。她有一种从不服输的劲头,哪怕自己一年年老去,体力开始衰减,也要一马当先,不向岁月妥协。

我跟冯瑞大姐是在沈阳市"学雷锋文化节"上认识的,我问她骑行最快乐的是什么,她说:"就像一个歌手唱歌,一个画家作画,一个作家写作一样,感觉上来了,激情勃发,挡也挡不住,停都停不下来,那过程真是一种享受。"冯瑞大姐提到自己三次骑行进四川的经过,如何征服

"难于上青天"的蜀道;她也提到自己如何分三个路段翻越秦岭,"那真是一线天走险门关,总觉得它在你脚下,你在山之巅,才能展示自己的力量,看到最奇特的风景"。

冯瑞说:"无论你自身状况到什么程度,都应该有一个信念,没有什么困难是征服不了的!"正所谓,没有经历过上大坡的煎熬,哪能享受到放大坡的痛快!

是啊,长途骑行,体力不是第一位的,意志才是,体力强可以骑得快,但只有意志强才能骑得远。连续几十公里的上坡,如果你没有做好心理准备,可能骑着骑着会很绝望,仿佛永远在爬坡,看不到尽头。很多人甚至第一天因为一个500米连续上坡就放弃了。所以,一个真正的骑行者必定是意志坚强的人,因为意志不坚定者早就被淘汰出局了。

冯瑞热爱骑行,还有一个重要原因,她认为一个人独乐乐一定是比不上和大家众乐乐的,只有融入大集体里,才能感受到那份大气磅礴,才能感受到那种温暖向上。

对此,冯瑞提出了骑行不仅仅是体育运动,更应该是集大成的文化。骑行是勇敢者的文化,没有受过伤的骑行生涯是不完整的;骑行是感恩者的文化,长途骑行,一路上难免遇到各种困难,需要别人帮助,你得感恩那些帮过你的人;在接受别人帮助的同时,你也得推己及人,帮助他人,回馈社会,所以骑行又是善良者的文化;骑行是责任心的文化,美丽的风景让你的骑行之路心旷神怡,你也要自觉去守护青山绿水,每个人的举手之劳就会汇成环保的洪流……

当冯瑞一开始提出"骑行文化"的概念时,连内部的骑友们都嘲笑她,说她酸了,像在听笑话一样,但冯瑞相信事实和时间一定会证明"骑行文化"是阳光和有前景的。经过这么多年的努力,越来越多的人认同了这个理念，许多人在骑行中都自觉响应冯瑞的号召，成为志愿者，去帮助贫困山区的人们，去关爱弱势群体，去守护美丽中国，也正是认识了骑行的意义，让骑友们的行途更有朝气，更有力量，也更加快乐了！

手术后的冯瑞并没有接受进一步的化疗，这么多年的骑行，让她对自己的体质有充分的信心，而且化疗会伤害身体，对日后的骑行带来难以预测的影响，这也是她难以接受的。最让我吃惊的是，冯瑞大姐这几年来竟然一次复查都没有去！我见过很多癌症病友，手术后都活得战战兢兢的，时不时要去医院查一下，生怕肿瘤细胞复活，每次一个指标不好就吓得魂飞魄散。而冯瑞大姐沉浸在骑行事业中，早已经忘记了自己是个癌症病人！

这几年来，冯瑞又成功策划组织了"缅怀先烈遗志——新疆独库公路骑行""盼望祖国统一环宝岛骑行"等系列活动，自己也骑行川藏线再次进藏。她原计划2020年骑行欧洲六国，可惜因疫情关系未能成行。我问冯瑞大姐接下来还有什么骑行计划时，她拿着手机给我看她规划的路线，有纪念红色娘子军海南岛环岛骑行、贝加尔湖骑行之旅等。我仔细一看，发现冯瑞大姐做的计划很细致，每天骑行到哪儿、住在哪儿都一清二楚，她期待着疫情过后再次出发。

遗憾的是，疫情还没过去，新的厄运又来了。2020年夏天的时候，冯瑞因为突发性的青光眼，双目几乎失明，仅能看到非常模糊的影像，不得不暂时停止她心爱的骑行事业。由于自己眼睛不行，而老伴腿脚不行，在一起连生火做饭都成了难题，生性要强的两口子不得不暂时住进了养老院——那里一日三餐有人照顾。

难得赋闲的日子，冯瑞头脑也没闲着，她说自己正在思考编写一本《骑游志》，准备把很多骑游前辈感人的事迹记录下来，让后来人知道骑游过程中的酸甜苦辣，也把前辈的精神传承下去。冯瑞提到有些骑行的前辈曾经是各行各业叱咤风云的人物，甚至包括许多参加过抗美援朝的将军，他们放下枪杆子，"把心态归零"，与年轻人一起，披星戴月，顶风冒雨，把每一次骑行当成一次人生的重新出发，这样的精神也激励着她不断自我更新，把每一天活成全新的自我。

短短几年之内，冯瑞先遇癌症，后遭失明，但她都坦然面对，等闲视之，有人问她："我看你天天乐呵呵的，精气神十足，怎么也看不出你像个有病的人啊？"冯瑞反问道："我笑也一天，哭也一天，干吗要哭？干吗不笑着去面对人生？"

虽然眼睛看不见，但冯瑞每天穿衣服仍会努力摸索着，按照自己的喜好去搭配。人家劝她，你眼睛都看不见了，何必在意穿什么衣服呢。冯瑞不以为然，她认为，人活着每一天都要努力活得精彩，服饰也要精彩，"你的服饰给他人赏心悦目的感觉，也显示你的精神面貌是阳光向上的，虽然你的身体出现毛病了，但并不妨碍你把正能量传递给他人"。

因为眼睛的问题，冯瑞经常上辽宁省人民医院看中医。在那里，帮冯瑞针灸眼睛的一个主任对她说："阿姨，我可喜欢你了，看你的举手投足，一点儿也不像有病的样子，不像一些人成天唉声叹气，跟活不了似的。"冯瑞告诉她："人一定要活得有滋有味，生老病死是自然状态，每个人都会走向终点，但没到终点之前，你就要活得有色彩，有光亮。"

冯瑞说，只要自己眼睛好一点，有条件上路了，就会继续骑行，去追逐远方。如果没有办法，哪怕坐着轮椅，自己也会和大家一起在路上奔跑。

牟英：从书法中获得快乐

很多人第一次知道宫颈癌都是因为梅艳芳，2003年11月，已经病入膏肓的梅艳芳在人生最后一场演唱会进入尾声时穿着婚纱，用一个人的"婚礼"向歌迷告别："每个女性的梦想，都是拥有自己的婚纱，有一个自己的婚礼，可我相信自己没有机会了。"梅艳芳说自己虽然一生未婚，但嫁给了音乐，嫁给了舞台，嫁给了歌迷，一番深情告白催人泪下。

梅艳芳属于和我同时代的人，只比我小一岁，她去世那年正是我得癌那年，尽管同是癌症患者，物伤其类，不过隔着荧屏，彼此距离遥远，伤感也只是转瞬即逝，毕竟芸芸众生每天生离死别的不知凡几。但十几年后，当比我大三岁的牟英对我讲述她的故事时，却给我留下了至今难以磨灭的印象。因为牟英得癌之时，我还是一个在校的大学生，肆意挥洒青春，对未来有无限的想象。想到同在沈阳，一个刚刚大学毕业的女孩子却因为宫颈癌经历生死之痛，流泪写着遗书，这样的对比犹如迅速切换的蒙太奇镜头一样给了我巨大的震撼。

1981年，牟英从首都师范大学中文系毕业，分配到沈阳一所学校任教。23岁，正是人生最美好的年纪，也是女孩子如花盛开的时节，那还是一个大学生很金贵的年代,刚毕业的牟英就像一张拉满弦的弓,一辆加满油的车,蓄势待发,干劲十足,可谁能想到命运却突然给她按下了暂停键。因为持续性的下体出血,牟英到医院就诊,当得知诊断结果是宫颈癌时,那种感觉仿佛你有大闹天宫的壮志,现实却把你压到五行山下,你有凌云志,命运却想让你翻不了身。不甘心的牟英和家人四处到各家医院求诊,但结果都是一样的残酷。

牟英住进了中国医科大学附属第一医院,等待着手术,如果割去身体的一部分能保住自己的命,那还有什么吝惜的呢?但当医生告诉牟英必须切除子宫后,中文系毕业的她第一次明白了"痛不欲生"这个成语的感觉。

子宫,对怀孕的妇女来说是孕育生命的场所,对未婚未育的女性来说,更是孕育美好与希望的地方。尽管子宫隐藏在人的身体深处,非肉眼可见,但失去子宫,对很多女性来说,比外观上的肢体残疾还可怕,于娟在自传《此生未完成》中提到医生让她切除乳房时,她爽快得犹如割掉头发一样轻松;可是后来当医生又让她切除子宫时,她却难以接受,尽管她已经生了一个孩子。

这些年的辅导过程中,我也见过不少因为宫颈癌、子宫内膜癌等疾病而切除子宫的病友,但她们的年纪往往在三四十或者四五十以上,早已经生儿育女,甚至当上了奶奶。然而,牟英当时连婚都没有结呢!那个时候,医学还没有现在发达,遇到宫颈癌切除子宫似乎成了不二法则,患者没有选择的余地。

当时牟英还年轻,尽管知道子宫对一个女人的意义,但她觉得自己命不久矣,对切除子宫的后果并没有想得那么长远。不过小学老师退休的母亲却是悲痛欲绝,尽管没有一夜白头,但牟英可以明显感受到母亲短时间内就苍老了很多。30多年后的某天，牟英突然对母亲当年的悲伤有了痛入骨髓的共鸣。

那是2017年的一天，牟英和她的中学同学们在一起举行毕业40周年聚会，当看到全班56个同学全部结过婚，都有了儿女乃至孙辈之后，牟英意识到自己是一个和别人不一样的人，他们是一类，自己是另一类！她就像一个被扔在茫茫旷野中的小孩，无依无靠，顿时眼泪无法控制地奔涌而出。当过多年语文老师的牟英说，那是自己第一次真正明白了"泪奔"这个词！

"我有花一朵，长在我心中，真情真爱无人懂，遍地的野草，已占满了山坡，孤芳自赏最心痛"，这是梅艳芳《女人花》中的歌词。我问牟英，其实不能生育并不意味着不能结婚，甚至你也可以领养一个孩子，为什么如此执着呢？牟英说自己生在一个传统的家庭里，受到的是传统的教育，她没有办法如此洒脱，去面对那样的现实。

好在这30多年里，如此悲怆的时刻并不多，牟英能够坦然地度过孤独的半生，正是源于书法的功劳。如果说梅艳芳嫁给了音乐，那么牟英就是嫁给了书法。

手术和化疗后，牟英在家休养了一年，这也是她一生中最阴暗的一段时光，在那个对癌症的认知程度远不如今天的时代，很多人还是把癌症等同于死亡的代名词。牟英不知道自己还能活多久，遗书写了，后事也交代了，但死亡是个未知数，生活还得继续，闲下来的日子，伤痛很容易被反刍上来反复咀嚼。牟英明白自己得找点事做，让自己忙一点，才不会一直停留在疾病的阴影下，她想起了书法。

牟英的父辈和祖辈都是教书先生，家里充满着文化氛围，奶奶是她的书法启蒙老师。只是当时并未想到要把书法当成未来的事业，浅尝辄止,没有系统地训练。靠着小时候的一点基本功,病后的牟英开始把自己关在屋子里,夜以继日地临帖,就像一个参禅苦修的老僧一样,闭关不出。

我问牟英,当时像你这样自觉生死未卜的情况下,是不是做点其他的事情更加轻松,比如出去走一走,看看美景什么的?天天窝在家里练字,多辛苦啊!牟英说,家里人也曾这样劝过她,但她全身心练字的时候,可以忘记一切烦恼,一旦停下来,烦恼马上又会如影随形。

就这样苦练了一段时间,牟英大有进益。一次父亲帮牟英投稿参加市里的一个书法比赛,她不仅获奖了,还引起了辽宁书坛著名的女书法家宋慧莹老师的注意,她拜入了宋老师的门下,成就了一段师徒缘分。之前牟英在家自己练习欧阳询的《九成宫》,在宋老师的指点下,她又开始临习颜真卿的《颜勤礼碑》,王羲之的《兰亭集序》《圣教序》等碑帖,并由此生发,逐渐融汇各家,自成一体。

宋慧莹是北派书法大师沈延毅先生的传人,沈老晚年她一直随侍身边,后来牟英也住进宋老师家一段时间,与其朝夕过从。三代之间保持了一种传统的师徒传承关系,老师与学生亲密无间,气味相通,学生不仅学老师的技法,也近观老师的为人治学,濡染老师的精神气质,使得师徒间的传承由技而进乎道。

南宋诗人陆游说自己写字时"一笑玩笔砚,病体为之轻",在练字的过程中,牟英也深刻感受到了书法的治愈力。写楷书的时候你得凝神静气,中正平和,沉浸其中,自然可以心无杂念,抱元守一;写行书、草书,任意挥洒,痛快淋漓,又可以让心中积压的负面情绪得到宣泄,从而意气昂扬。况且,书法的要义在于形神兼备,只有形似而无神采,充其量只是写字而非书法,一个个字看起来呆若木鸡,无精打采,令人生厌。而每当你写出一个感觉特别精彩的字时，自己也会神采飞扬，容光焕发，那种快乐的享受是没有练过书法的人很难体会到的。

只有传神，你写的字才能鲜活，而这需要作者把自己的情感和精神传递到字里面。王羲之《兰亭集序》"死生亦大矣，岂不痛哉"，有对生命终极的追问；颜真卿《祭侄文稿》"父陷子死，巢倾卵覆"，有对亲人罹祸的悲愤；苏东坡《寒食帖》"也拟哭途穷，死灰吹不起"，有对人生际遇的哀叹。这三帖能被世人并称为"天下三大行书"，不仅仅在于文字的纸上功夫，更在于每个字后面的至情至性。从这一点来讲，牟英的疾病或许对她的人生是一种不幸，但对她的书法事业却何尝不是一种幸运。正是过早有了生死之际的至痛体验，她才能把自己所有的痛苦与悲伤融入书法之中，才使得她的书法有了同龄人难以达到的情感高度，从而走向了早熟。

"泥上偶然留指爪，鸿飞那复计东西。"作为一名当时的大学生，一位时代的骄子，牟英不甘心自己就这样悄无声息地离开人间，哪怕是一颗石子扔进水里，也要发出一声声响，荡开一圈涟漪，更何况是一个人呢。牟英原本打算把自己的书法作品作为留给家人的"雪泥鸿爪"，想到在自己离开后，家人看到这些作品，自己精神尚在，她心里也有了些许安慰。

但癌症五年康复关键期过去后，牟英已经从绝望中走出来，她有了更长远而广阔的想法，既然自己日后难以拥有完整的家庭，难以拥有常人的生活，那么就在书法上有一番作为，从中找到自己存在的意义。我们在交谈中提到中国书坛赫赫有名的女书法家周慧珺先生，周慧珺少年时期患上了严重的类风湿关节炎，在半生四处求医、遭受了百般苦痛后，却未能向好，以至于双腿到了迈不开步的地步。但是她身残志坚，自强不息，终成当代书坛大家,更成为书坛众人学习的哲人典型。牟英一直以来亦把周慧珺当成自己的榜样,刻苦磨砺,矢志不移。

人生最可怕的不是面对疾病,而是屈服于疾病,碌碌无为甚至自甘堕落。

牟英年轻时,中国的书法传统出现了断代的迹象,书法教育人才青黄不接。沈延毅先生对此忧心忡忡,曾对牟英说,你应该去从事书法教育!这一句话竟然规划了牟英一生的事业。后来牟英创办了自己的书法教育机构,立志让学生接受最正宗的书法教育,让学生领略最传统的中国国粹,至今在此领域已经耕耘30余年。如今,牟英不仅是辽宁省中小学生书法大赛评委,还担任教育部书法教育指导大纲编委和辽宁省国学教育促进会副会长。

与此同时,牟英也热衷于公益事业,曾担任2019辽宁雷锋文化节组委会主任和辽宁雷锋文化节雷锋文化讲师团团长,我和她也因此结识。牟英说因为我曾当过十年大学老师,身上有股文化气息,又把精力都倾注在公益上,彼此之间有共同语言。以往别人给她介绍了很多商人之辈,她都没有兴趣交往。

如今牟英每天还坚持临帖不辍,早上五点就要起床开始练字,否则连早饭都食之无味,每有得意之作品,或欣然忘食。我问牟英,30多年来执着于书法艺术,虽然岁月不饶人,但会不会有一种如《兰亭集序》中所言"暂得于己,快然自足,不知老之将至"的感觉,牟英笑称我是她的知己。

看过牟英纸上挥毫时那专注而陶醉的神情,我仿佛穿越时空,看到了23岁时的她。因为书法,牟英从未老去!

任丽蔚：从歌唱中获得快乐

印度诗人泰戈尔在《飞鸟集》中写道："世界以痛吻我，要我回报以歌。"意思是说，世界给我们带来了痛苦和磨难，但我们依然要坚强和乐观，并用歌声来回应。听完任丽蔚抗癌的故事后，我觉得这句诗仿佛就是为她而写的。

1970年，17岁的任丽蔚正在辽宁省最北部的昌图县插队，她属于"老三届"中最小的一批，刚念完初一就下乡了。在时代洪流的裹挟下，一个人的方向是身不由己的，然而，从小爱唱歌的任丽蔚却凭借着优美的歌声逆流而上，幸运地从田间地头走到了聚光灯下。那一年，她先是被选入昌图县文艺宣传队，很快调到铁岭地区文工团，最后踏进沈阳军区前进歌舞团的大门，成为一名令人羡慕的文艺女兵。可以说，唱歌改变了任丽蔚的命运。

参军入团没有几天，按照沈阳军区陈锡联司令"在战斗中建队"的指示，任丽蔚和前进歌舞团的几百名团友奔赴中苏边境的珍宝岛前线，分散到各个连队当兵。一年前，这里刚刚发生过震惊世界的珍宝岛自卫反击战,虽然硝烟已经散去,但是局势仍旧紧张,战斗依然可能打响,首长希望文工团员们在战地得到磨炼,在血与火的洗礼中成长。上岛后,文工团员们每天和战士们一起训练和拉练,战士们做什么,她们就做什么,和士兵没有两样。

珍宝岛上条件非常恶劣,时值冬季,寒入骨髓,团员们洗脸的水都是战士们送来放在门前待化的雪。短短的一个多月,团员们和战士们建立了非常深的感情。当文工团的女孩子坐着大卡车离开时,年轻的战士们一直追着卡车,边跑边喊,车上的女孩子也是相拥而泣。如今,虽然过去了50年,但当年离别的场景仍然历历在目,仿佛就在昨天。任丽蔚说:"从那时候起,才真正觉得自己和士兵毫无距离,才真正觉得自己就是一个兵。"

多年后,任丽蔚又随团去了老山前线慰问参加对越自卫反击战的战士们。连续17天,她们除了演出就是在路上,每天奔波几百里,总共演了32场,最晚的演出已经是夜里一点多钟了,但到现场一看,战士们就在那里军容齐整地等着她们到来,那一刻,她们所有的疲惫一扫而光。

这些宝贵的经历在任丽蔚心里"打下了永恒的烙印",虽然作为文艺兵不可能上战场,但是她们与参加过战斗的战士们近在咫尺,呼吸着来自战场的气息,感受着战士们的英雄与可爱,这让任丽蔚一生为自己是一个军人而自豪,也让她下定决心永远为士兵歌唱,为军装歌唱。在文工团的日子里,任丽蔚走边关、上哨所、下连队、进营房,足迹遍布林海雪原、崇山峻岭、河源海滩,为士兵兄弟们留下了无数深情感人的歌声。

由于常年一直在连轴转演出,任丽蔚的身体每每处于疲劳状态,得不到及时的休息,加上演出时情绪起伏比较大以及演出期间饮食不规律等问题,给她的身体造成了一些潜移默化的损伤,终于量变演化成质变。

1993年，任丽蔚去印尼演出，回到沈阳之后，突然间从印尼的零上40摄氏度进入了沈阳的零下27摄氏度，如此剧烈的温差让她一下子没能适应过来，马上感冒了，嗓子疼到连说话都费劲。然而，本可以休假的任丽蔚仍坚持参加了团里的一场军区党代会的演出，结果演出结束后她的嗓子起了一个大血泡，检查后连医生都吓了一跳——她愣是把自己的声带给唱破了！

　　医生建议手术治疗，但任丽蔚坚决不同意，因为手术或多或少会伤到声带，给自己以后的音色以及发声能力带来难以预测的损失，于是她选择了保守治疗。此后四个月，任丽蔚天天针灸，每天脖子插着四根长针，每次45分钟，加上吃中药、气功疗法等，度过了痛苦的一百多天。这个过程中，任丽蔚又接到去北京参加一个歌唱比赛的通知，医生和团里都不同意她去，但任丽蔚认为机会难得，又自觉恢复得不错，还是冒险前往了。比赛结束后她又参加了获奖巡回演出，直到8月中旬才回到沈阳。

　　到了10月，任丽蔚开始出现频繁便血的症状，那年正赶上团里纪念毛泽东诞辰100周年演出，加上电视台拍新年、春节晚会等活动，她每天的日程排得满满当当的。而且便血时断时续，任丽蔚也没太在意。她还误以为这不过是痔疮便的血，和许多肠癌患者早期的症状、想法如出一辙。由于患痔疮的人很多，导致因此错过直、结肠癌早期发现机会的人也为数不少。在这里要提醒大家，有类似情形的务必警惕！

　　为了工作，任丽蔚向来是轻伤不下火线的。她曾在重病住院时，拔掉输液管去参加艺术片拍摄；曾持续一周高烧39 ℃不退，坚持下部队演出40场；曾脚脖子扭伤肿成碗口粗，硬是一瘸一拐爬上老铁山哨所，只为给一位战士唱歌……

　　等到任丽蔚有时间重视自己的身体时，已经是1994年的3月底了，她去了解放军202医院检查。检查后，医生把她搁在空荡荡的检查室里整整一个小时，几个人闭门研究。这个时候任丽蔚心里有了一种很不好的预感，瞬间觉得挺绝望的，癌症这个可怕的字眼已经在她的脑海里浮现。但这种绝望很快就散去了，她为战士们歌唱20多年了，一直用歌声鼓舞士气，自己又岂能在疾病面前士气低落？要成为一个真正的士兵，就要学会坦然面对生死！

任丽蔚一离开202医院，院方就火速把她的病情通知团里，团里当即派了一辆车把她送到沈阳军区总院。总院医生检查完后，通过加急处理，一个多小时就出了病理结果，任丽蔚被确诊为直肠癌！

有了在202医院给自己打的预防针，任丽蔚已经做好了心理准备。当医生神神秘秘地准备叫家属出去通知结果时，她断然阻止："没事的，就当我面说吧，我能接受！"听到直肠癌三个字后，任丽蔚第一时间的感觉竟然是不算太坏，她还跟医生开玩笑说："老天爷挺照顾我的，给了个肠癌，幸好不是肝癌、肺癌啥的。"

3月下旬，任丽蔚住院准备手术，住院前她状态已经非常不好了，身体严重贫血，脸色苍白。医院决定由宗修坤主任主刀。手术前，宗主任按照惯例跟任丽蔚谈心："你还有什么想法和要求吗？"

"手术后我还能唱歌吗？"任丽蔚脱口而出。

"能，你手术后两年，我保证听你的独唱音乐会！"

宗主任这句话就像给任丽蔚打了一剂强心针："那就没有别的要求了，您觉得怎么做能保证我回到舞台，您就怎么做。"

没错，生死时刻的对话就是这么简单，简单得好像日常的聊天。任丽蔚那时只有40岁出头，正当盛年，艺术生涯渐入佳境，突然得了这么致命的病，好像贝多芬《命运交响曲》开头的那几个悲壮的强音一样，让人听到了命运的敲门声。

手术后的那个晚上，任丽蔚打完哌替啶之后觉得一点也不止疼，原本可以打三天哌替啶的她索性后两天也不打了，就这样硬挺着忍受剧痛，但她一滴眼泪也没掉。那一刻，任丽蔚真的像一个在战场上带伤作战的战士，病床就是她的战场。

就连任丽蔚自己也没有想到，手术后不到两个月，她居然上台演出了，那时她都还没有出院。

那是任丽蔚手术前就定好的帮朋友捧场的一场演出，筹备了很久，朋友不清楚她的病情，演出那天还是把她接去了现场，盛情难却的她术后第一次脱下病号服换上军装。尽管在医院的整个治疗过程非常痛苦，但任丽蔚自始至终没有哭泣过，可是当这一天站在舞台上，唱起《难忘今宵》，"难忘今宵，难忘今宵……"，歌曲一出口，眼泪立即止不住地唰唰往下流。不过流泪不是因为伤心，恰恰相反，是感受到了强烈的幸福！那一刻，任丽蔚知道自己还能唱，而且嗓子特别好，一点儿没有受到疾病的影响。

尽管此时任丽蔚还在接受化疗，演出完得马上赶回医院，但这次经历让她大大增加了战胜疾病的信心。开口之前，她还一度顾虑自己会不会唱不好，而现在一切阴影都像雾一样，随着阳光的到来烟消云散了。没错，今宵难忘，这是一个让任丽蔚可以永远铭记的日子！

出院后三个月，任丽蔚还在家养病。这时，文工团的政委找到了她，说团里组织到老部队进行"迎新兵送老兵"的系列演出，战士们都很喜欢她，问她能不能去，任丽蔚一听，爽快地说："能！"

演出时，任丽蔚被安排在最后一个登场，她一连唱了四五首歌，台下战士们的掌声一阵比一阵热烈。任丽蔚正要下台时，对方单位的领导突然跑上台，拿起话筒，动情地把她带病演出的真相一股脑说了出来，他讲完后，台下响起了海潮一般的掌声。此情此景让任丽蔚也感动得难以自已，她觉得所受的一切苦难都值了！

或许是冥冥中自有天意，还真的应了宗主任的那句话，出院两年多后，任丽蔚成功地举行了"永远为士兵歌唱"个人独唱音乐会。这个音乐会开在了沈阳军区"纪念建军七十周年"大型活动当中，在前进歌舞团的历史上，可以说是空前绝后了，也堪称任丽蔚一生最荣耀的时刻。能在如此重要的大型活动中开一场独唱会，是多少人梦寐以求而难以达到的心愿啊！

那年任丽蔚45岁，很多人都说这是她的"告别音乐会"，认为这个音乐会之后任丽蔚的艺术生涯也就结束了。是啊，有了这样一场音乐会，她似乎可以无憾地告别舞台了。

但是任丽蔚自己并不这么想，音乐会的最后一首歌正是特别为这次演出创作的，与音乐会主题同名的《永远为士兵歌唱》。在唱这首歌之前，任丽蔚深情地对台下告白道："大家都知道我得了一场大病，但那都是过去的事儿了，既然我今天又重新站在舞台上，就不会放弃自己的歌唱事业，我会永远为士兵歌唱！"她的话音刚落，《永远为士兵歌唱》的乐音就响起了……任丽蔚的独唱音乐会在沈阳军区引起了非常大的轰动，反响热烈。因为这场演出的影响，任丽蔚当年入选为团里唯一的全国人大代表，前往北京开会，给她带来了非常高的荣誉。

出院后的养病期间，任丽蔚还做了一件非常有意义的事情——给自己录制专辑。这之前，有件事给她带来了很大的震撼。某个音乐学院的老领导，几天前还和任丽蔚一起为一个歌手大赛当评委，谁承想几天后就在学校校庆的一场纪念活动的讲话中倒下了，连告别的话都来不及说，走的时候还不到60岁。生命如此脆弱，任丽蔚在叹息的同时也想到了自己的身体，大病初愈，谁敢保证自己从此安康？

任丽蔚觉得是时候完成自己录制专辑的夙愿了，歌声比人更长远，一个歌唱家的生命就是她的歌声，只要歌声能一直流传下去，那对死亡又有何惧呢！

当时录制专辑得到北京去，四天之内完成全部25首歌曲的录制工作，考虑到每一首歌曲可能都要反复录制几遍，去北京前任丽蔚心里也非常忐忑，不知道自己的身体能不能胜任如此艰巨的任务。

但既然选择了，就像吹响了冲锋号，哪怕前方是枪林弹雨也要往前冲，为此任丽蔚甚至推掉了近期的一次住院复查。到了北京后，她不顾病弱之躯，坚持不停在录音棚录音，整个脚肿得无法穿鞋，就光着脚唱，第一天她居然就惊人地录完了17首歌，原定四天完成的录制只用了两天就完成了！"一个人短时间内录制那么多歌，在当时可能也是破纪录了"，但任丽蔚并没有因此降低质量要求，哪怕是第二天唱到后面有点气力不佳，她也咬着牙以接近完美的表现完成了全部作品，达到了省时省钱又保质保量的效果，因为自费录制，费用昂贵，每多一天就要多出不少花费。

负责这次录制的是著名导演田壮壮的哥哥田新新，录完后大家在一起吃饭，一位音乐编辑问田新新："以前有人这么录的吗？"田新新说："没有，至少目前我没见过。"

因为行程紧张，专辑的小样虽然出来了，但任丽蔚没有时间在北京听样儿，坐了一夜火车赶回沈阳的家后，她迫不及待地把小样放到录音机上听。声音一出来，任丽蔚的眼泪又止不住地往下淌，这是她病后第二次流泪，那一刻她想的是："能把歌声留在世间，即使让我马上离开，也可以无憾了！"

按照主治医生的安排，手术后，任丽蔚要分三年进行六次化疗，但任丽蔚考虑到化疗既伤害身体又耽误演出，经与医生商讨后，她在第一次化疗后就停止了。更关键的是，回到舞台上歌唱的她对自己的身体状态非常有信心，也更有勇气和底气去面对疾病的威胁了。

从录制专辑以来，一晃20多年已过，与任丽蔚同辈的歌唱家多已告别舞台，任丽蔚却依然执着地在台上唱着，她成了沈阳军区前进歌舞团同年龄段中目前唯一活跃在舞台上的歌唱家，这让原来的团友们都备受鼓舞。

就拿任丽蔚去年秋天的一次演出，也就是2020年9月12日"丝路花雨"大型公益演出来说吧。演出是在露天广场举行的，总共举行了15场，任丽蔚是闭幕式才登台的。由于前面15场都没有人返场（指演员、歌手下场后，应观众要求，再次上场表演），所以事先任丽蔚也只给音响师送了一首歌的伴奏。没有想到任丽蔚唱完之后观众连喊带鼓掌，让她再来一首。听到大家发自内心的掌声，看到大家这么喜欢自己，任丽蔚也特别感动，又给大家清唱了一首。清唱完正要下台，谁料观众们的喊声比刚才还热烈，纷纷要求她继续唱下去。任丽蔚想了想，问大家："如果很想听我演唱，我下去再拿个伴奏带可不可以？"听到这话，观众们一下静了下来，秩序井然地等她演唱。那一晚原本计划只唱一首歌的任丽蔚竟然超额完成任务，一连唱了三首。

"我已经是68岁的人了，这个年龄还能站在舞台上，还这样受观众的欢迎，而且都是自发的，没有组织的，看到这一切，我就觉得一切付出和努力都是值得的！"多年前，任丽蔚曾经默默地给自己定了一个目标，第一阶段准备唱到70岁，现在看来这个愿望很快就可以实现了。我相信，按照她目前的状态，唱到80岁，乃至更长远，都是没有问题的！

从1970年2月任丽蔚穿上军装，开启了自己的职业歌唱生涯，到现在，已经超过50年了。朋友们都鼓励任丽蔚办一个50年纪念演唱会，说不用她出钱，出歌就可以。任丽蔚一度也很兴奋地想办成这件事，然而，几年前她的眼睛突发青光眼，虽经治疗，仍深受影响，医生经常嘱咐她要管理好自己的情绪，因为青光眼最怕情绪波动。想到自己如果开个演唱会，面对着喜爱自己的观众一连唱那么多歌，中间难免激动，到时眼压突然升高，搞不好瞬间就失明了。"我以后还要不断地唱下去，不能因为这一场演出，唱完后眼睛看不见了，那就真的成了告别演唱会了"，为此任丽蔚只好放弃了这个美好的心愿，因为她还有更长远更美好的愿景。

任丽蔚告诉我，唱歌的时候，她的状态跟平时是截然不同的，"歌唱带给我太多太多的东西，这是用言语无法形容的！当你站在舞台上，看到你可以用歌声去打动观众，当你看到观众还是一如既往地喜欢你，支持你，那个时候，你可以忘怀一切，似乎整个世界只有歌声在回荡。"

任丽蔚从不畏惧跟那些年轻的选手同台，相对于年轻选手，懂行的观众会更欣赏她的魅力。因为到了她这个年龄，不仅仅是在唱嗓、唱声，更是在唱一种生命的阅历，每一个作品都发自内心，从喉咙中唱出的每一个字都来自灵魂深处。

世道沧桑，如今任丽蔚曾经任职的沈阳军区前进歌舞团都已经退出历史舞台了，而任丽蔚依然站在舞台中央，只要能发声，我相信她的歌声就不会停。

陈玉山：从垂钓中获得快乐

陈玉山家住福建南方的一个县城，早年他当过采石匠和打石匠，后来从师学艺，转行当石雕匠，干了二十来年。老陈膝下有三女一子，儿子是老幺，这样的情形在福建南方农村并不罕见。子女众多给老陈带来了巨大的生活负担，他克勤克俭，好不容易把四个孩子都拉扯成人。好在孩子们都很上进，不用父母操心，一家子虽然不能大富大贵，但也其乐融融。

儿子成家之后，老陈就离开了石雕厂。在石雕厂虽然工资不低，但是切割机一响，不仅吵得耳朵快聋了，而且粉尘漫天飞，防护再好，百密也难免一疏，做久了对肺部伤害很大，要不是为了几个孩子，老陈早就想退休了。

石雕匠虽然没有职称评定，但老陈是出了名的能工巧匠，因此退下来后厂里面每个月给他几百块，让他帮忙指导培训那些新的工匠，一个月只要去那么几天。老陈生活上要求很低，老伴又去外地帮忙看孙子，几百块一个月足够他自己开销了，再加上子女孝顺的钱，还能略有节余。

眼看享福的日子刚刚开始，没想到2014年夏天，老陈因为吃饭时持续性的下咽疼痛到医院检查，竟然查出了食管癌。

吃过苦的农村人多有顺天安命的思想,老陈得知实情后,觉得儿女都成家立业了,自己一辈子该完成的任务都完成了,死也没啥大不了的,因此坚决反对手术,准备回家顺其自然。但经不住三个女儿连哭带劝,又听医生说他的手术问题不大,这才很不情愿地进了手术室。

手术中,老陈的食管被切除了几厘米,为了把胃提上来跟食管接合,医生从老陈的胸腔至后背切了一道一尺多长的刀口,还不得不敲断了他的一根肋骨。老陈手术后知道自己经历了这么大一番折腾,气得顾不得管子还插在身上就破口大骂,说女儿和医生骗了他,早知道这样死也不手术。但是手术已经做了,想退回去也没有办法,不多活三两年对不起这么大的牺牲,后面的放化疗老陈咬着牙一声不吭地挺过来了,连医生都夸他硬汉。

我和老陈是2015年清明节后在北京见面的,那年老陈在天津做生意的大女儿趁着回老家扫墓的契机把老陈带到北京旅游,这也是老陈这辈子第一次出省。大女儿孝顺,大概怕老陈有个三长两短,特意带他到首都逛逛,看一看天安门和升旗,了却老陈生平一大心愿。老陈大女儿早年刚出来工作的时候,在我之前一个供应商手下当助理,经常和我联络,后来我虽然不开超市了,但彼此之间还时有问候,她也清楚我得癌康复和做癌症辅导的事情。那几天我正好去北京给父母扫墓,她知道后,特地带着老陈过来跟我坐一坐。

记得刚见到老陈那一瞬间,我惊讶得眼睛都直了,看他精神抖擞的样子,走路时两腿生风,一点儿都不像有病的人。我暗自诧异,看这精神劲儿,哪还需要辅导啊?那天我们一见如故,交谈甚欢,老陈很健谈,虽然他的福建普通话让我听起来非常费力,但好在有他女儿从旁协助,我还是大致了解清楚了在他身上发生的故事。原来,老陈状态这么好,还是钓鱼的功劳呢！

老陈从工作岗位退下来之后，最常消磨时间的地方就是镇里的棋牌室，但手术后家人不让他去了，因为那个地方整天烟雾缭绕的，每天被动吸入不少二手烟。老陈每天闲得无聊，觉得日子过得特别慢，这个时候，一个老哥们过来看他，送了他三字真经——钓鱼去！老陈一听，一拍大腿，妙啊，一语点醒梦中人，童年时的往事又浮上心头。

老陈刚开始学钓鱼时是六岁，那时他看到别人钓鱼，心里也痒痒的，从母亲针线盒偷来大针做了一个大弯钩，又偷来母亲纳鞋底的线，学着人家弄了根竹竿当钓竿，寻个牙膏皮做钓坠，再弄几根鸭毛或者鹅毛做浮漂，然后从地里翻上几条蚯蚓，用个破碗装着，一手提竿、一手拿着破碗，跑到河边依样画葫芦钓起了鱼。那时乡下鱼多，就这么简单粗糙的钓具都能钓上不少鱼，真是其乐无穷。

但好景不长，三年后，九岁的老陈——那时还是小陈钓了一只甲鱼回来，四岁的弟弟见了就去逗甲鱼玩，结果一不小心被甲鱼咬住了手指头，哭得撕心裂肺。父亲闻声赶来，鼓捣了半天才让甲鱼松了口。于是，那边弟弟的哭声刚停，这边哥哥的哭声就响起来了，那根钓鱼竿正好用来当刑具，打完后被父亲扔进了灶膛，化为灰烬。

就这样，小陈的钓鱼生涯在他九岁那年戛然而止。等到再次操起钓鱼竿，小陈已经变成了老陈。不过大半生修炼不是没有好处，老陈从事二十来年石雕匠，一来坐得住，有耐心；二来手上的拿捏力度把握远远高出一般人，这两点都让他具备了成为一个一流钓鱼高手的条件。很快，在当地的钓鱼圈里，老陈已经是响当当的人物了，同在一处钓鱼，他的收获总是远远多于他人，一般的老头都不好意思跟他一起出去钓鱼，老陈索性独来独往。

我问老陈："现在钓鱼跟小时候钓鱼有什么不一样？"老陈说，小时候家里穷，钓鱼的时候想的都是鱼肉的味道，边钓边流口水，那时钓鱼享受的是结果，现在钓鱼享受的是过程。小时候的乐趣在鱼，现在的乐趣在钓。

实际上现在能钓鱼的地方越来越少了，出去野钓时，鱼也是越来越少，即使像老陈这样的高手也常常空手而归，但老陈并不因此而沮丧，他说每次往水边一坐，看着鱼漂上下起伏，就特别享受，似乎心里所有的事情都排空了一样，无忧无虑。

老陈提到，每次他去钓鱼的路上，心中就已经十分期待了，想着自己精心调制的饵料能否顺利"勾引"到心仪的鱼儿，想着溜鱼的刺激与紧张，想着鱼出水那一瞬间的满足感。钓鱼最大的乐趣就在于这种不确定性，你不知道今天的过程和结果会是什么样的，不像以前当雕刻师，每天要雕什么早已经了然于心。这样的未知和挑战也让生活变得有意思了。

老陈钓鱼的地方经常变动，江河湖畔、水库溪边、大海之滨都留下了他的钓迹，近的地方，他会骑自行车去，远的地方就坐公交车，当地60岁以上的老人坐公交车可以免费，下公交往往还要走一段很长的路，再赶在公交下班前回来。这样或骑或走，来去匆匆，也锻炼了身体，而钓鱼的时候虽然以静为主，但却很费脑，除了钓鱼的技术外，你还得对水性、鱼性，乃至天气、风向等有准确的判断，常常钓鱼连老年痴呆都可以预防了。

更重要的是，钓鱼的地方通常在野外，空气十分清新。老陈一早起来，吃完早餐后带一点干粮就出门了，在外面每每一待就是半天，早上迎着朝霞出门，晚上踏着夕阳归来。像老陈这样长期从事石雕工作的，肺或多或少不太好，钓鱼不仅让老陈的癌症康复得很好，他的肺似乎也强壮起来了，呼吸更加畅快有力了。

老陈本来手脚就利索，经过一段时间钓鱼的锻炼，走起路来更是健步如飞，一般的老头都跟不上他，有一个老同学据此判定他肯定长寿。

天气恶劣不适合出门的日子，老陈常常在家里制作鱼竿。老陈认为，钓鱼要是不自己制作渔具，乐趣就要大打折扣了。现在人们钓鱼拿的都是各种新式材料的鱼竿，可老陈还是偏爱老式鱼竿，这可能跟他小时候的经历有关。

有空时老陈会上山转一转，寻找适合做钓鱼竿的竹材。选好原料后，老陈就用自制的工具打通竹节，没有通过节的竹子不仅比较笨重而且容易开裂。通完节后，再把竹子放在炭火上烤直，要像烤鱼一样，不停地翻转，仔细观察竹子颜色变化，烤到刚刚出油，而后迅速向弯曲的反方向施压，压完后马上用沾了冷水的毛巾擦拭，这里的火候把握很关键，操之过急不是竹子烤煳了就是压断了。烤直之后便可以制作手柄了，与竿身接口处要处理平整，使之浑然一体。然后在接口处缠线刮胶，精磨上漆。

干过二三十年石雕匠，连繁复至极、精美绝伦的龙柱都雕过不少，做几根鱼竿对老陈来说简直是小菜一碟。为了让鱼竿更美观，老陈还会在手把上雕刻精美的图案，并且署上自己的名字。

用竹子做的鱼竿，鱼的每一点振动都会丝毫不差地从竿梢传到竿把再传到手中，那种感觉妙至毫巅。缺点就是不好携带，只适合就近垂钓。为了钓大鱼，老陈也会制作一些比较高级的钓具。电木、轮上的轴承和不锈钢螺帽五金店都有卖，几十块钱足矣，买完后，再拿电木到机械加工店按自己需求的尺寸加工成型，不锈钢片顺便加工成出线环片，回家后再把配件组装起来，这一切对老陈来说早已轻车熟路。

自己做鱼竿不仅很有成就感，而且那种默契度跟买来的完全不一样,只有这样,才能达到人竿合一的境界。

老陈对着我不厌其烦地讲述自己制作鱼竿的情节,也不管我愿不愿意听,一股脑地像竹筒倒豆子一样讲出来,好像我是一个上门求艺的徒弟。由此,我可以肯定老陈在石雕厂一定是个特别负责任的师傅。说话时,我可以看到老陈眼睛里放出的光。我相信老陈在制作鱼竿的时候,一定是逍遥而幸福的。

这些年来,除了天气不适宜钓鱼和到厂里指导之外,老陈不是在钓鱼,就是奔波在去钓鱼的路上,只有一次比较长时间的缺勤。那次缺勤的原因是老陈骑着自行车赶着去钓鱼,路上不小心碾在一块石头上,人摔了下来,胸口撞在了车把上。事后两天,老陈胸部疼痛不止,咳嗽的时候更是疼得厉害,到医院一拍片才发现肋骨断了一根。老陈原本觉得简单开点药回家养几天就可以了,谁知道,医生说断裂的肋骨尖端已经刺穿了肺部,导致肺部挫伤,有可能进一步感染,引发更严重的后果,必须住院治疗观察。老陈在厂里伤筋动骨的事情见多了,压根不觉得断根肋骨有啥大不了的,听了之后强烈抗议,坚决要回家,但是经不住医生和家人跟他软磨硬泡,只好勉强住院打了几天点滴。

这一趟住院经新农合报销后还花了一千多,之前老陈也断过一次骨头,到小诊所固定之后偶尔换药,前后才花费一百多,一对比让他直喊花钱买罪受。出院后老陈在家静养,那段日子对他来说简直度日如年,按照医生的嘱咐,起码得三个月后才能出去,但老陈等不了那么长时间,只养了一个多月就又跑出去钓鱼了,他说那种感觉就像鱼儿回到了水里,鸟儿飞向了天空。

老陈从来不认为癌症是什么大事儿,他在石雕厂这么多年,圈子里好些个工友因为尘肺病死去。他们一生跟石头打交道,最后肺也变得像石头一样坚硬，为了呼吸，有的人睡觉只能跪着，最后也跪着死去。老陈亲眼见过这些尘肺病工友的痛苦、无助和绝望，他很庆幸自己干了这么多年的石雕匠，退下来还能自由呼吸，这可能跟他遇到了一个比较负责任的厂主，保护措施做得比较好有关。因此，老陈学会了用感恩的心态面对生活，活着一天就赚一天，把每一天都当成上天的恩赐和财富。

在老陈眼里，跟尘肺病比起来，食管癌似乎不值一提："世界上有很多种病都比癌症痛苦和可怕，相对来说，癌症病人要幸运得多。"那年一别之后，我再也没有见到过老陈，但听他女儿说，老陈这几年的状态一直保持得很好，每年复查都是被家人生拉硬拽，才肯上医院的。

有时我的脑海中会浮现出这样的场景：碧波万顷的大海，片帆点点，波光粼粼，浪潮时不时拍打岸边，老陈坐在海边的岩石上，头戴一顶草帽，手擎一根鱼竿，安静得有如一尊石雕……

王仁迈：从高尔夫球中获得快乐

王仁迈早年在高速公路工作，后来辞职在沈阳开了一家模具厂，虽然规模并不大，但凭借着他的勤奋努力，生意走过了最初的困境和挣扎，日渐红火。要开好厂子，和客户搞好关系至关重要。王仁迈的父亲当初给他取名就是意识到了"人脉"的重要性，因为父亲不善于交际，吃了不少哑巴亏，希望儿子不要像自己。王仁迈谨记父亲的教训，不管是在单位上班还是做生意，都把人际关系放在首位。开厂后，王仁迈把每一位客户的性格爱好都探听得一清二楚，每次客户来沈阳，他都极尽地主之谊，把对方招待得心满意足，因此大家都喜欢跟他合作。

谁知，在事业上大踏步前进的王仁迈竟然差点没有迈过2013年的春天。在他人眼里，王仁迈向来都是生龙活虎的，他经常陪客户到凌晨两三点，第二天一大早照样精神抖擞地去厂里；他不时因为从早忙到晚忘记了一日三餐，等到晚上快上床了才想起来今天没有吃饭。认识他的人无不佩服他的精力旺盛，好像每天都有使不完的劲儿。

然而，这年农历新年刚过不久，王仁迈突然莫名陷入了萎靡不振之中，连续好些天昏昏沉沉，干什么事情都没有精神头，一种陌生的疲倦感让他无所适从。

刚开始，王仁迈以为不过是自己春节期间应酬多了，身体还没恢复过来，可是休息了好几天也没见好转。正好一个当医生的朋友过来坐坐，闲聊中，王仁迈把自己的情况跟朋友说了一下。朋友听完后，告诉他："你这样看起来有点不正常，最好上医院检查一下。"

王仁迈一听，就跑到了沈阳六院做了个肝部B超。按说身体疲倦有很多种原因，怎么一去就查起肝来了？原来，王仁迈有乙肝，最怕的病就是肝癌，他采取的是最坏结果排除法，觉得自己只要不得肝癌，其他问题都不大。

没想到，怕啥来啥。检查的时候，王仁迈一瞅医生的表情不对，忙问咋回事。医生说："你早就该来了，里面长东西了，赶紧上沈阳那个省级大医院去看看吧，可能还来得及。"王仁迈一听，脑袋就像一面被人敲中的锣一样，"嗡嗡"地响个不停，再一看血液报告，甲胎蛋白都800多了，他明白了——自己得了肝癌！

那天回家的路上，王仁迈是一边流泪一边开车的，作为一个乙肝患者，他早就知道肝癌以病情凶猛、发展迅速而令人闻风丧胆，只是忙于事业，一直没有时间去检查。想到儿子才4岁，王仁迈的心就如刀割一样，他真想狠狠打自己两巴掌，为什么要开这个厂，平时忙得连陪伴家人的时间都没有，如果自己就这么离开了，不知道未来儿子的童年记忆中还会不会有自己的位置？

越年轻的患者越容易对手术产生焦虑感。手术前夕，王仁迈整天躁动不安，生怕自己下不来手术台，甚至有了放弃手术的想法。在这个时候，王仁迈的老婆找到了我，希望我给她丈夫心理辅导一下，我听了之后，二话不说，开着车就去了她家。和王仁迈见了面之后，我给他讲述了自己十年前得肝癌之后积极治疗，通过手术捡回一条命的事情，告诉他："你这么年轻，将来的岁月比我还长，更应该坚定信心，不放弃任何一线机会，你的孩子还等你陪伴长大呢！"王仁迈听了我的一席话，非常激动，当即表示自己会抛掉杂念，勇敢地走上手术台。

5月中旬，王仁迈动了手术，那天很多朋友都去医院看望他，守在手术室外面，给了他温暖和支持。手术后，王仁迈在家待了将近两个月，已经忙惯了的他急不可耐地想再出去工作，但遭到了家人的强烈反对。连老母亲也急吼吼地赶过来阻止他，让他听从医生的嘱咐，休养百日再上班，厂里的事情有他哥哥帮忙，他暂时不用操心。

王仁迈不干点正事儿，时间久了日子特别难熬，忙惯了的人闲下来特别难受，尤其是在大病恢复期，没事的时候净想着自己的病未来如何如何，越想越闹心。家里天天这个补品那个补品，可是不仅没有把王仁迈养精神了，反而让他郁郁寡欢。

正巧，一位朋友来看望王仁迈，见他这个样子，邀请他跟自己一起参加高尔夫俱乐部，劝他不妨去打打高尔夫球：一来高尔夫球场空气好，比成天窝在家里强；二来适当运动有助于康复；三来打高尔夫运动量小，不需要消耗太多体力，适合康复期的病人。王仁迈跟家人和医生沟通了一下，大家觉得挺有道理，也就没再阻拦了。

王仁迈上学时就是一名优秀的运动健将，跑跳投样样不含糊，每次学校开运动会，他都是班里拿分的主力，家里墙上贴了一堆奖状，不细看还以为是个学霸。参加工作后，王仁迈也是单位各种比赛的核心成员，只是后来自己办厂子以后，不是忙着厂子里的事情就是忙着应酬客户，运动和健身的频率越来越低，以前好不容易练就的几块腹肌也渐渐有向赘肉转化的趋势。

如今,一走进高尔夫球场,王仁迈就有一种如鱼得水的快活,他的运动天赋也很快展现了出来,没过多久,就打得有模有样了,堪比那些久经战阵的老手。高尔夫很容易上瘾,没有几天就让王仁迈欲罢不能了,以至于他每天脑子里只有球,睁开眼睛就想往球场跑。

不用再一大早去厂里,王仁迈就一大早开车去高尔夫球场。这个时候偌大的球场里面基本上没有人,好像整个世界都属于自己,泥土的气息和青草的芳香扑鼻,鸟鸣虫叫在山野里回荡,什么都可以想,又什么都可以不想,王仁迈竟有了一种"久在樊笼里,复得返自然"的快意。

一打起球来,王仁迈发现心态也跟生病之前完全不一样了。之前每天陪着客户都是应付和应酬,简直像遭罪,巴不得快点结束,注意力都在别人那边。现在没有了陪伴客户的那种压力与束缚,似乎一下子轻松了,或许是经历了生与死的涅槃,想问题的深度今非昔比,突然顿悟到了原来打高尔夫就是一场人生和人性的修行。

每一个高尔夫球场,球场里的每个洞,以及每天的天气都不一样,每一次你的挥杆、切杆、推杆都要适应不同的地理环境和处境,需要考虑地形、障碍、坡度、站位、草的长度、空气湿度、风向等因素,如果你没有做到尽善尽美,可能一整天都无法打出一颗符合自己心理预期的球。击发的瞬间,动与静、刚与柔、快与慢也要把握得恰到好处,每挥出的一杆,都蕴含着众多的哲理与奥妙。

但你的技巧和策略再好,也会受到手感和运气的影响,在球落地之前,你无法决定结果的好坏。也许你认为自己已经做得无可挑剔了,事实却不尽如人意,甚至完全偏离了你的预期,让你恼羞成怒甚至气急败坏。但当你经历得多了,就会发现,这一切再寻常不过了,或许刚开始你还会沮丧无奈,但慢慢地你就能学会平心静气地接受每一种结果,打不好是意外，打好了也是意外。你甚至要感谢这么多意外，人生如果完全没有意外那该多无聊啊！原来，意外也是一种乐趣。

明白了这一番道理之后，王仁迈更加不可自拔地爱上打高尔夫，每周至少会去打一两次。我问他，听说高尔夫球是贵族运动，这样得花多少钱啊？王仁迈说其实没有想象中那么贵，现在球场经常有活动，每天下场时间不同价格也不一样，而且打了高尔夫就省去很多应酬，比喝酒洗浴啥的省钱多了。

真正热爱高尔夫的人更懂得顺势而为和随遇而安，"高尔夫哲学"让王仁迈面对疾病的态度也发生了质的变化。2014年，王仁迈的肝癌复发了一次，肝内出现了小肿瘤，但这一次他非常从容，一点儿也不慌张，在上海通过射频消融把肿瘤去除了。从那一次到现在，他每次检查都很正常，肿瘤再也没有复发过。

打高尔夫不仅促进了王仁迈癌症的康复，甚至把他在家里的臭脾气也治好了。原来，王仁迈在外面跟个弥勒佛似的，到处给人笑脸，回到家里却判若两人，动不动就冒火，饭菜不合口要发脾气，孩子调皮打闹要发脾气，连老婆吃个榴梿他也要发脾气嫌臭，似乎好脾气在外面已经用尽了，回家只剩下一张臭脸。其实，对王仁迈这样的"双面人"，我这么多年辅导中已经见惯不怪了。他们往往在外面阳光灿烂，回家之后马上晴转多云，实际上他们在外头只是戴了面具生活而已，回到家里，摘下面具，在外积攒的怨气就被释放了出来，家人成了发泄的对象。

自从打高尔夫以后，王仁迈发脾气的频率比以前低了很多，夫妻、父子间的交流也多了起来。王仁迈的老婆原本反对他经常出去打高尔夫，觉得这是在浪费钱，特别是王仁迈得癌之后，家里经济压力大了不少，更是成天发牢骚。但看到丈夫的变化之后，她也改变了自己的态度，有一次见到我之后，跟我说："难怪这玩意儿这么贵，还真的是有它贵的道理，比吃药还管用。"我笑道："再贵能有吃药贵吗？有的人化疗几天就够打一年高尔夫了。"

　　光阴荏苒，王仁迈的儿子如今已经快小学毕业了。这些年，王仁迈经常带着儿子一起去打高尔夫，看着儿子在阳光下快乐地奔跑，从儿童跑成了少年，再想想那天自己刚刚得知患癌的场景，真是恍如隔世……

兰姐：从日记中获得快乐

2017年2月底的一天，正在杭州开订货会的兰姐因为后背剧烈疼痛进了医院，一开始她以为不过是肩周炎，直奔骨科而去。兰姐在骨科拍了片子之后，骨科的医生当下就叫内科的医生过来领她去住院。医生一问兰姐是外地的，不符合该院住院要求，便说赶紧叫家属来，带她回家住院。

眼看事态有点严重，兰姐又在同事的陪同下去了杭州的第二家三甲医院拍了胸片，第二天下午兰姐儿子也从沈阳赶过来了。大家研究一番之后，直奔上海，去了上海肺科医院。兰姐在上海肺科医院住了四五天，疼痛一缓解就回家了，对正处于事业关键期的她来说，时间特别宝贵。即将出院的兰姐仍然雄心勃勃，一心想着回去之后如何把失去的这几天追回来。

然而，出院时医生简短而又富含信息量的叮嘱让兰姐蒙了。医生交代，出院后第一不能开车，第二不能工作。兰姐一听，几乎条件反射般从嘴里蹦出"不可能"三个字。创业二十年来，兰姐一直都是一个乘风破浪的姐姐。必须马上停下来过一个悠闲的假期，对别人来说求之不得，但放在兰姐身上却有种陌生的恐惧。但医生语气坚定，告诉兰姐无论如何必须做到，没有讨价还价的余地！

这句话犹如一支飞来的冷箭，射中了兰姐坚强盔甲没有覆盖到的软肋。兰姐突然明白了事态的严重性——自己得的不是一般的病！一辈子走南闯北、见多识广的兰姐已经敏锐地从中捕捉到了癌症这个信息，只是在儿子面前她不愿意说破。事实上，一开始儿子也不愿意跟兰姐说破。

医生悄悄地把真相告诉了兰姐儿子，这真相比兰姐想象中的还要残酷。她已经是肺腺癌四期，淋巴、腹腔、胸膜、纵隔等多处转移，所谓的后背疼不过是肺部疼痛牵扯引起的。既然是晚期，手术也失去了意义。医生给出的方案是，根据兰姐的基因突变情况，如果家庭情况允许的话，首选吃靶向药，一个月五万块，吃几个月之后会有赠药。如果靶向药不管用的话，似乎也很难找到更好的手段了。

回家后的兰姐心里还有点小庆幸，她觉得哪怕是癌症，只用吃药治疗说明问题也是最轻的，比起那些要开刀动手术的算是幸运的了。回到沈阳家里没多久，远在哈尔滨的姐姐和妹妹都闻讯赶过来，原本清静的家里突然间人声嘈杂。向来都是以强者形象示众，都是照顾别人的兰姐这段时间反过来成了弱者，成了被照顾者。仿佛一个新生的婴儿一样，全家都围着她团团转，这种有生以来从未有过的全新体验甚至让兰姐觉得非常好玩。

兰姐虽然心如明镜，知道自己十有八九得了癌症，但是心情并没有因此暗无天日。儿子告诉她靶向药要一直吃下去，吃到好为止，尽管"为止"是一个未知的日期，但兰姐并没有泄气，"吃就吃呗，能这样吃一辈子也挺好的"，就像阳光从树缝间照射下来，虽然树叶让阳光破碎了，但是换个角度看那满地的斑驳也别有一番风味。兰姐至今安然，这种沉稳的精神起了很大的作用。

只是姐妹们各自家里有事，没办法常住。一个月后她们归期将近，大家讨论了一下，觉得还是应该把实情告诉兰姐，毕竟时间不多了，而兰姐还有公司、家庭等一大摊子杂事都得交代处理呢。

儿子跟兰姐的摊牌发生在书房。儿子说："妈，你得的是癌症！"早已经有了心理准备的兰姐应对得潇洒自如，如风行水上："嗯，我好像知道。"但是接下来儿子的话却让兰姐崩溃了，似风摧树折——"癌症分为早中晚期，你是晚期！"

兰姐说，从那一刻开始她才觉得自己没有未来了，治不好了。而且儿子告诉兰姐，住院时医生就已经明确她只剩下三个多月的时间了，换句话说，从住院那天算起，兰姐的生命已经进入百日倒计时了。眨眼间一个多月又过去了，现在只剩下两个月了！命运太苛刻了，时间太紧了，自己还有很多事没做，霎时间，各种担忧像胃里的嗳气止不住地往上涌。兰姐担心起了生意，担心起了员工，担心起了孩子，忧心如焚，愁肠百结。要担心的事情实在太多，她甚至没有时间担心自己的死。

知道兰姐的病情后，探访的人络绎不绝，但兰姐忽然告诉所有亲朋好友不要来看自己了，她需要一个人待一待，以便静下心来把问题想清楚。这是兰姐一生中从未有过的闭门不出的阶段，但也给了她从未有过的灵光。兰姐毕竟是商海沉浮多年的女强人，多年的历练让她能够在最痛苦无助的时刻仍然迅速冷静下来，理清头绪，想一想接下来的时间应该怎么安排。

兰姐想明白了：既然事情已经发生了，与其痛苦地把日子浪费掉，不如理性地把剩下的两个多月活好。虽然结果注定是残酷的，已经无从选择了，但是自己可以选择让过程更加美好，"在不好里面我可以做好的选择"，而这一切的前提是学会接受，唯有接受才能放下。

果然，接受之后就不那么慌乱绝望了。也正是从那一刻开始，兰姐写起了日记。我知道，不少癌症病友在得知自己大限将至的时候都有写日记或者回忆录的行为，有的人是想给后人留个念想，有的人是悲愤无处发泄寄托在文字之中，有的人是要跟自己的灵魂进行最后的对话。其中洒脱的人在生死之际可能依然不改本性，嬉笑怒骂皆成文章，敢于调侃和解剖自己，这样的文字常常能让人看得笑出泪来，比如已故复旦大学讲师于娟的记录。当然，写日记客观上也可以帮助人转移注意力，减轻病痛，甚至延长生存期。

然而，更多的人往往沉浸在悲痛中无法自拔，他们的日记更像是在与尘世告别，连名字都充满悲怆的味道，例如"死亡日记""临终日记"等，这类日记不仅无益于病情，反而因为容易触景伤情，导致情绪恶化，进一步加快病情的发展。像我之前在"辅导案例"中提到的顾春秀就是这样，后来经过我辅导之后，她的日记风格从消极转向积极，这也大大延长了她的生命期限。

兰姐刚开始的日记也充满了告别的味道，日记里的一个重点就是公司平常往来的账目，她把那些应收账款、人情往来之类都详细记录在日记中，好像要建个档案，以备儿子查阅。在写日记的过程中，她甚至拉着儿子去有关部门办公司、房产等交接过户手续，就连儿子都看不下去了，说："妈，你肯定死不了，不用着急这样。"

交代了该交代的事情，兰姐终于有时间思考自己的人生，她仍然无法接受既定的现实，自己究竟做错了什么？命运要对自己如此残忍！兰姐打算把自己的过往一点点写下来，希望从中可以发现答案。当过去的一幕幕在笔下重现时，兰姐才恍然惊醒——自己曾经过的是什么样的生活，她甚至发出了这样决绝的呼告："我不得癌，天理难容！"

为了搞清楚兰姐为何说出这样惊世骇俗的言语，我们有必要跟随兰姐的日记前往她的过去一探究竟。

兰姐出生于黑龙江林区一个贫寒农家，在她刚刚记事的时候母亲就因为一场医疗事故不幸去世了，兄妹五人从此相依为命。姐姐出嫁之后，兰姐就辍学了，独自扛起了家庭的重担。童年和少年时期固然是灰色的，但也培养了兰姐顽强坚韧的品格，就像林区那些随处可见的蘑菇一样，只要有一点阳光雨露就能热烈肆意地生长。

成家后不甘平庸的兰姐先后两次创业，第一次是在老家哈尔滨白手起家，历经十年艰辛缔造，却在事业有成之际发生婚变。离婚之后，兰姐于2007年孤身南下，又从零开始在沈阳五爱市场创业。多年之后，兰姐拥有了自己的公司，并成为某著名女装品牌在东北的总代理商。2012年到2014年这三年是兰姐生意上的高光时期，公司一年流水多达好几千万。

但是2015年之后互联网浪潮如大浪淘沙一般蚕食着传统服装行业的领地，给兰姐的生活带来了跷跷板效应，业绩大幅下滑的同时压力急速上升。困境中的兰姐不愿束手就擒，努力寻求突破，她先是与朋友筹备沈阳哈尔滨商会，任执行会长，又去全国各地游学，寻找新的商机。为了与时俱进，兰姐也做起了线上商城，遗憾的是投了100多万，网站并未做起来。但兰姐改革的脚步没有因此停下，2016年她创办了自己的品牌，同时开启买手品牌集合店，半年的时间就开了7家300多平方米的大店。

这两年可以说是兰姐一生中最拼命的时期。虽然说这么多年来她一直都像个陀螺一样停不下来，睁眼就准备工作，闭眼才放下生意，但从未如此紧张，连做梦都想着公司和生意。兰姐没有想到的是，她的身体早已经先于生意盛极而衰了，到了强弩之末，宛如一盏电流过大的灯，保险丝随时有烧断的可能。但那时的兰姐认为事业才是自己的生命，甚至要凌驾于真正的生命之上，她根本没有时间关心自己的健康。

2016年下半年到2017年初是兰姐身体最糟糕的时段。2017年大年初七她就下去巡店，整个人一度病得只能躺着。在此期间，兰姐有了强烈的不祥之感，她曾流着眼泪跟儿子谈了一次心，告诉儿子："现在妈妈的身体很差，我能感觉到自己有病了，而且这个病不会是小病。我希望你趁着我还能撑住，抓紧学习，把生意接过去。"兰姐希望在自己倒下前，把公司顺利交到儿子手里，帮助他在社会上立足，为了这个目标她一直咬牙挺着，打算撑到交接完成后，再专心去医院看病，那时哪怕是大病也可以坦然面对了。然而，兰姐并不知道，自己的健康余额已经撑不到交接班那一天了！

事实上，在被确诊肺癌之前，兰姐的身体就发出过严重的警报，只是她一直没有珍惜这段缓冲期。确诊前一年，兰姐曾在长达一个多月的时间中每天干咳，咳得很厉害，好像心肝都要被咳出来，以至于她那段时间没有一天晚上能睡个好觉。而在距离癌症确诊前七八个月的时候，兰姐到郑州参加一个互联网培训，在听讲座的时候她腹腔突然疼起来，疼得整个人都坐立不安。回沈阳后兰姐走了两家医院都没查出真正的病因，其中一家诊断为肠梗阻，要收她住院，但兰姐不相信，回家后自己煮了点牛肉萝卜汤，排排气，又不疼了，也就没当回事。让兰姐比较遗憾的是，如果那次能够及时住院，情况或许会好很多。

癌症的可怕之处就在于它的多变与狡猾，后来一段时间兰姐倒是不咳嗽了，腹腔也不疼了，转到后背疼了，去杭州开订货会之前她已经在家里疼了好几天，而且愈演愈烈。但是杭州订货会是业内的盛事，很多客户会跟着去，兰姐作为区域带头人岂有不去之理？当时她一心想着先忍痛把订货会开完再检查，但这一次终于没有忍过去，于是发生了开头那一幕。

在日记中兰姐像一个矿工一样，一点一点地深挖自己的过去，同时也不断自我解剖和拷问。二十几年都没有想通的道理，就在兰姐的"最后一本日记"中参透了。癌症像一个禅宗高僧一样，一声当头棒喝，醍醐灌顶，短短几天就让兰姐"顿悟"了！

拖着沉重病体的兰姐竟然感到前所未有的轻松。她明白了，原来自己生病不是偶然的，而是一种顺理成章的结果："如果现在让我回头，我不会承担那么大的压力，我付出的代价太大了，无限地消耗自己的身体。"哪怕在为生活打拼的同时"稍微缓一点点，稍微慢一点点，稍微关注一下自己内心的真实感受"，结果或许也会截然不同。

"我们为什么不活得轻松一点，做一些水到渠成的事情？""开心地活下去，对得起自己才是最重要的。"兰姐痛言。

兰姐甚至发现生病不是一件坏事，如果没有生病，自己就不可能如此彻悟。看破，从容，自在，兰姐一点点发现自己可以走出去，不仅能接受一切，还能重新审视自己，改变自己。而这样的改变也让兰姐一度昏昏然的心境越来越清醒，连治疗上的思路都跟着明朗起来了。

原本兰姐母子曾想尽一切办法治病，包括去美国求医，好在兰姐吃靶向药一直效果不错，出国的念头也就打消了。但靶向药的副作用很大，起皮疹、掉头发、脸肿、脚肿，兰姐渴望有更轻松和谐的药物和手段，为此去了很多地方找各路"神医"，花了不少冤枉钱。

兰姐找的最后一个"神医"是"王神医"。赶到"王神医"住的小村子后，眼前的场景让母子俩震惊了，在这个名不见经传的小村子里，每天从全国各地慕名而至找"王神医"的病友多达上千人，黑压压一片。于是兰姐拿到"王神医"的药后，怀着虔诚的心专注吃了一个月，为此甚至停掉了之前一直没停过的靶向药。但是到了第二个月，状态反而变差了，兰姐开始对药品的神奇功效起了疑心，为此她又恢复了靶向药，和"王神医"的药一起吃；到了第三个月，兰姐觉得这样吃下去肝肾早晚会坏掉，二者只能选其一。当儿子问她到底停掉哪种药时，兰姐仔细想了想，认为现在全世界都没有破解癌症这个难题，一个小小村子里的"王神医"又何德何能可以攻克癌症呢？于是，她最终选择了靶向药，彻底停掉了"王神医"的药。

兰姐恢复吃靶向药的第三个月，同去找"王神医"的一个病友因为脑转移去世了，这个时候兰姐才感到后怕，"还好还好，总算没有选择错误，没有浪费掉最后的机会"。时间越往后推移越证明兰姐的选择是正确的，靠着同一款靶向药，兰姐不仅没有耐药，而且一直把肿瘤控制在最初发现的势力范围内，癌细胞始终没有越界四处乱窜。

当然，在吃靶向药的同时，兰姐也采取了一些自然疗法，比如饮食调整、练功、打坐等。不过兰姐说自然疗法要发挥威力，首先内心得顺应自然规律，每天争名逐利，再怎么治疗也是舍本逐末。而兰姐自己通过写日记开始的心灵疗法，不断反省和解脱，已经完美解决了这个问题。可以说，心灵疗法、自然疗法、靶向药三者共同发挥威力使得兰姐能够从医生预言的三个月生存期突围，而且状态越来越好。

从写日记之时的顿悟，到三年之后，兰姐终于大彻大悟："最重要的这三年里，我学到了什么？我学会了觉知所有事情，我在找自己的问题，我为什么身体出现了这么大的问题，为什么出现了问题之后，我还在纠缠着对错，在纠缠着物质，在纠缠着感情？哪里出了问题？执念啊！我们人的执念啊！"

2019年末，兰姐终于放下了一切，公司、房产、财产全部交给儿子。这个时候，她终于无牵无挂，一个人开着车自由游荡，去寻觅心灵的栖息地。我问兰姐，你到底能不能做到彻底放下，路上会不会时常担心公司，挂念孩子？兰姐说，自己生病前就是纠缠于这样的问题无法自拔，而生病对于自己最大的帮助正是让自己终于学会彻底放下。

"兰之猗猗，扬扬其香。不采而佩，于兰何伤。"以前的兰姐最多是牡丹姐、芍药姐，而非兰姐，如今兰姐终于成了兰姐。牡丹、芍药天生要争奇斗艳，要待人来夸；而兰生空谷，悠然开放，不取媚于人，亦不因无人而不香。

最近一次探寻兰姐的消息，她已经游荡到了湖南，隐居在衡山脚下。兰姐告诉我她现在连靶向药都减量了，以前是早一粒晚一粒，现在一天就吃一粒。之前兰姐每三个月检查一次身体，后期身体日益好转，变成半年检查一次，最长的一次都有八个月了。前些日子兰姐刚做了一个PET-CT，检查结果说原发的两个病灶已经没有活性了。看来兰姐正在朝着痊愈的路前进，我真为她感到高兴！

我是"癌克星"

6 走在抗癌路上的勇士们

癌症康复是一个过程，不是结果，我们要做好打持久战的准备。

"野火烧不尽,春风吹又生",癌细胞高度的活跃性、顽强的生命力以及无法被连根拔除的特点,决定了恶性肿瘤是容易复发的病种。很多癌症病友把根治、永不复发作为康复和痊愈的标准,这样的理想可以追求,但不能作为执念。哪怕你治疗后十年、二十年不复发,也不能保证永远不复发。在这个过程中,我们既要保持良好的心态,提高自己的免疫力,降低复发的可能性甚至让它不复发;也要做好心理准备,一旦真的复发了,不要惊慌,不要恐惧,"你要战,便来战",要有一种随时向肿瘤宣战的革命乐观主义精神。毕竟治疗路上的癌症病友要远多于康复病友的数量,你不是一个人在战斗。这些年,我见过不少病友因为连续的复发乃至一次复发就痛不欲生,陷入深深的绝望中,为此耽误乃至放弃治疗的也不乏其人。为此,我特地选了两位抗癌路上的勇士,以他们为榜样,来鼓励同在路上的病友们勇敢前行,道路就在我们的脚下,勇敢走下去,我们一定会到达远方!

吴枭杰：向天再借三十年

我曾在一本书上看过一个关于晚清中兴名臣曾国藩的故事，其中说到曾国藩在和太平天国军队打仗时连连受挫，两次急得差点跳水自杀，事后曾国藩在上疏朝廷检讨时说自己"屡战屡败"，做好了挨批的准备；幸好一个幕僚看到奏章之后，建议他把"屡战屡败"改为"屡败屡战"，两字一调整，格局大变；皇上看了之后认为曾国藩虽然一直打败仗，但是精神可嘉，不仅没有责怪，还传旨表扬了他。

治病如打仗，尤其面对恶性肿瘤这么复杂的病症，屡战屡败者比比皆是，失败的结果不仅是损兵折将，还有可能全军覆没，因为癌症不仅是"顽疾"，还是"完疾"，是可以让人完蛋的疾病；就这样在一次次治愈的狂喜和复发的剧痛中来回折腾，神经就像一条每次都要拉到极限的橡皮筋，一不小心拉过头，就又面临一次精神崩溃。

我曾见过不少病友，他们不是病死的，是被折腾死的，在一次次的病情反复中丧失了信心，最终放弃治疗，很快就离开了人世。

尤其像肝癌这类癌症，因血液里有病毒的存在，当身体抵抗力弱的时候，复发就成为必然，复发率高本就是肝癌固有的特性之一，大约有三分之二的肝癌患者会在术后复发，这也是肝癌被很多人称为"癌中之王"的原因。有些肝癌患者术后一个月就复发，因此他们不是在治疗，就是在去治疗的路上，刚得到希望之后不久就又陷入新一轮的绝望之中，不断复发的肿瘤就像一个高速旋转的魔轮，消磨着肝癌患者的意志，任凭钢铁之躯最终也要化为一堆铁末。

沧海横流，方显英雄本色。正因为如此，那些在肝癌治疗过程中屡败屡战的拼搏者，才不愧为抗癌界的英雄，值得我们尊敬和景仰。我就认识这样一个抗癌斗士，他是江苏徐州的吴枭杰，从2011年春被确诊为肝癌到现在，他在抗癌路上已经走过整整十个年头。

2011年春，时年43岁在机关上班的吴枭杰正值风华正茂、大展宏图之时，一场伴有高烧的感冒把富有拼命三郎精神的他送进了医院，大年初八那天他被明确诊断出了肝内肿瘤。一开始吴枭杰并不知道实情，医生把真相告诉了家属，而家属转告病情的时候轻描淡写地说是豆粒大的肝内小囊肿，实际上那个时候他肝内的肿瘤直径已经有3 cm多了。

情况紧急，正好吴枭杰连襟的大学同学董家鸿时任北京301医院肝胆外科主任，连襟马上联系了董主任，约定手术事宜；还被蒙在鼓里的吴枭杰一心惦记着工作，当连襟把赴京手术的事情跟他摊牌的时候，他还心想不过是个小囊肿，等开春把工作的事情处理完再去不迟；连襟一听急了，说等到那时候还不知道咋样呢，而单位的领导这时也知道了真相，对吴枭杰嘘寒问暖。

亲朋和领导对一个小囊肿如此在意，反而让他越来越疑心，这个时候他心里已经想到了癌症，只是没有说破；到了301医院，在手术前夕，吴枭杰忽然问连襟自己到底还有没有手术的价值，如果大概率是人财两空，那手术也就没必要做了。

这时吴枭杰想的是自己还有一儿一女，女儿马上就要高考，儿子才上高一，与其人财两空，不如放弃治疗，把财产留给孩子们。但家人都很坚定，医生也很有信心，于是正月十六那天，吴枭杰被推进手术室。手术顺利，肿瘤包膜比较完好，证明手术做得比较及时。直到拿到病理报告，吴枭杰才第一次直面癌症这个血淋淋的字眼，这个时候他心里反而波澜不惊了。

只是平时就有心率过缓的吴枭杰，在手术当天凌晨一点钟突然没有了心跳，在一番急救下，才被抢救回来，算是有惊无险。短短的十几个小时就经历了生死轮回，似乎预示着他日后的抗癌之路不可能太平坦，果然，手术仅仅是个开始，吴枭杰走上了一次次与死神搏斗的旅程。

术后一年零八个月的2012年秋，吴枭杰在例行复查中，又查出了肝内不到2 cm的病灶，吴枭杰在家人的陪同下，来到了上海东方肝胆外科医院，进行了微波消融手术，之后不断复发，至2020年底，他先后在东方肝胆外科医院做过10次微波消融，其中8次都由陈夷教授主刀。

在吴枭杰看来，微创消融是治疗肝癌病灶的首选之策，在超声引导下，消融针穿刺到肿瘤的内部，用高温杀死癌细胞，效果堪比外科开腹切除手术，而对身体的伤害相对较小。当然，消融术也是有条件的：一个是肿瘤大小，太大了难以彻底消除干净，太小了消融针难以准确扎到；另外一个是肿瘤的位置，如果位置不好，比如太靠近血管或其他器官，消融的时候容易引起大出血等，到那时后果就不堪设想了；还有就是多发病灶，消融手术不容易做得干净。

多年的消融史，让吴枭杰历尽波折，曾在一个月内连续做三次消融还是没有办法将病灶处理干净。那是2017年2月底，他在复查时发现一个病灶，位置很不好，在陈夷教授连续三次主刀下，核磁检查仍有活性。陈夷教授已经是东方肝胆外科医院做消融术的顶尖高手，连他都消不干净，再次消融也就没有了意义，于是经过专家研究推荐到海军411医院做了伽马刀放疗，经过一个疗程二十天的放疗，效果还挺不错，保持了一年半的时间没有复发。

据陈夷教授介绍，伽马刀放疗最好不要超过两次，否则容易导致肝萎缩得厉害。吴枭杰已经提前消耗一次了，这也让他以后更加重视保养，提醒自己不要提前把所有手段都用完，毕竟路还长着呢，要为以后预留治疗的空间。

最近的一次消融连陈夷教授都不敢给吴枭杰做，这是2020年刚发生的事情。原本吴枭杰按部就班地进行着三月一次的检查，每次也都会进行核磁共振，但两次例外差点让他尝了苦果。在2020年6月和9月，吴枭杰的一个朋友肝部出了问题，他在陪朋友到东方肝胆外科医院找专家治疗的同时，顺便做了B超，第一次情况显示良好，第二次有点疑问，但因为核磁共振要提前预约，也就没有做。紧接着又忙着操办女儿的婚事，一直顾不上检查，直到10月27日他才去医院做了核磁共振——平扫+增强，发现肝内肿瘤已经长到了8 cm！他的脑袋一下子大了，也让接到信息的陈夷教授大吃一惊：看来病灶应该生长半年了！这次只做B超，未做核磁共振检查，给了吴枭杰深刻的教训。

这一次的肿瘤位置跟2017年那次相似，且靠近心脏包膜，附近血管丰富，加之肿瘤体积较大，这次在东方肝胆外科医院采取的治疗方式是2次门脉化疗（静脉）和1次动脉介入，再加上靶向药和胸腺喷丁针剂，多管齐下，凶险程度远超前几次。好在一个月后，也就是2020年12月1日检查的时候肿瘤幸运地缩小了一半。接连的手术病痛以及靶向药带来了高血压、手足疱疹、腹泻、走路困难等诸多困扰，但更让他忧心的是该肿瘤所处的风险位置让医术高超的陈夷教授在现有设备条件下也不得不建议先保守治疗。

只是实体瘤的存在一直令吴枭杰及家人寝食难安,在专家和病友的推荐下,他们来到了上海交通大学附属仁济医院肿瘤介入科翟博主任的办公室,翟主任左右对照相片、了解情况后,果断决定抓住肿瘤战备控制的契机,于2020年12月23日在CT引导下实施全麻消融术。这次消融手术,虽创伤较大,但足以彰显出翟主任高超的医术水平,在如此复杂、隐蔽的位置,不仅顺利实施了消融,而且术后显示效果很好,甲胎蛋白等各项指标明显下降,隐患被成功消除,定时炸弹被安全拿下。

为尽快治疗创伤、恢复机体功能,这次治疗后,吴枭杰来到上海中医药科大学附属曙光医院,在吕靖博士等的帮助下,进行了相应的治疗和护肝调理。2021年元月的例行检查,各项指标恢复正常,吴枭杰的体能也恢复如初。

这十年来,吴枭杰总共经历了17次住院治疗,除了第一次手术之外,其他都是在与复发做斗争。我问他:"你这样一次次复发,一次次奔波于去治疗的路上和煎熬于治疗的途中,一路荆棘一路坎坷,会不会觉得命运在折磨自己,痛苦的日子似乎无穷无尽,没有盼头?"

吴枭杰承认第一次复发的时候,他心里确实惶恐不安,想着手术都已经切除干净了,怎么又来了?是不是问题严重了?霎时间有一种末日来临的感觉。治疗的时候他的思想包袱也是比较重的,但24小时后就可以下地、而后就可出院的新技术,让吴枭杰看到了医学的进步。按照以前的医疗条件,得了癌基本等于死亡,唯有开腹切除这条路,切除再复发一般就只能听天由命了。而现在有消融、介入、粒子、放疗、靶向药、免疫治疗等种种办法,就相当于以前只有一条船可以渡你,船翻了路就断了,而现在有很多条船，总有一条可以渡你到彼岸。

每次去复查的时候，吴枭杰也总是提心吊胆，只有当专家看了检查结果以后说一声"没事，回去吧"，他悬着的心才能放下来，那一刻真的是心花怒放，兴奋不已——终于过了这个坎！

听到不好的结果，吴枭杰也慢慢学会坦然面对了，该怎么治就怎么治。一次吴枭杰在东方肝胆外科医院治疗时，听到一位病友打招呼："你是第几次了？"这一声招呼直接把吴枭杰打蒙了：打招呼还能这样打？后来次数多了，他也习以为常了。他已经建立了这样的一种理念：肝癌的复发是常见的，没有复发固然是喜剧，复发咱就治，治完出院了咱还是正常人，没倒下该怎么生活就怎么生活，不要把自己当成病人。当然在没有复发期间也要未雨绸缪，做好身体的保养，增强自身免疫力，使得复发的时间间隔拉长或减少复发的频率。

作为医院的常客，吴枭杰认识了很多病友，他也发现不少病友始终没有办法摆脱精神枷锁，一直调整不过来，热心肠的他想着为大家做点力所能及的事情，让自己的所知所悟在病友之间进行有益的传递。

2013年吴枭杰肝癌复发时，在东方肝胆外科医院住院，那时微信还是个新生事物，并没有普及，吴枭杰就让女儿帮自己申请了一个微信号，和同病房的病友组建了东方拼搏微信群、QQ群，沟通病情，交流感受，探讨治疗方法，互相鼓励。后来这个群日益发展壮大，满了一群又建二群。大家在群里面彼此鼓励，互通信息，抱团取暖，特别是像吴枭杰这样的榜样人物现身说法，从患者的角度用自身的经历传递正能量，使得病友能够冷静下来，重新获得治疗和康复的信心。

在长期的抗癌历程中，吴枭杰总结出了"四疗"法：一为"神疗"，也就是精神治疗，要调整心态积极应对疾病；二为"食疗"，膳食要均衡，营养要多元；三为"医疗"，要找到最适合自己的治疗之道，既不能轻视疾病，也不能过度治疗；四是"养生疗法"，通过各种方法保养身体、增强体质。"开心的神疗，均衡的食疗，合适的医疗，规律的养生构成康复的希望。"他说。

一路跋涉一路前行，吴枭杰最大的感悟是要常怀感恩之心。首先是感恩家人，这些年家人的压力更大，责任更重，没有家人不离不弃的陪伴，自己不可能走到今天。其次是感恩社会，人不是孤立存在的，抗癌路上的很多人给予自己无私的帮助，要珍惜这份情谊和关爱。

再次还要感恩国家，随着政策的推进，很多靶向药物进了医保，大大减轻了患者的负担，让更多的癌症病人能够看得起病。吴枭杰以自己吃的靶向药仑伐替尼为例，之前该药一盒16 800元，一个月要吃三盒，五万多元，而且全是自费，按照这个烧钱速度，几乎没有多少病人能负担得起。而2021年通过国家医药谈判，仑伐替尼等靶向药成功进入医保后价格至少降低一半，再加上医疗报销，自费部分大幅减少，这就大大减轻了患者的经济负担，增强了治疗的信心。

最后是感谢命运，吴枭杰说虽然自己的病情反复多变，也曾险象环生，但是比起那些更困难的病友来说已经算幸运的了。有的病友一年就得经历六七次或八九次治疗，有的一年之内经历三次肝切开腹手术；自己从复发以来一直属单发，每次治疗效果还都不错。有的病友不仅多发而且用尽各种手段还不如意，目前吴枭杰的复发频率已经从早几年的每半年一次减少到一年多一次，情况在向着好的方向发展，他认为自己十年来能够走这么久这么远，也是一种命运的馈赠。

正是明白了这些道理，吴枭杰觉得自己好了一点，也要回报社会奉献他人，赠人玫瑰手留余香，自己康复的同时也要给别人前行的力量，为此吴枭杰做了很多实际的工作。

除了组建微信群、QQ群之外，吴枭杰现又建立了钉钉视频会议、视频直播群，打算在2021年邀请专家和病友面对面地分享。他还积极在线下组建互助团队，推行集体抗癌，目前已经得到了不少医院、专家以及社会各界人士的支持和帮助。此外，吴枭杰正在筹备联合慈善组织、爱心企业以及社会爱心人士，重点帮助一批因病致贫的患者，让爱的旗帜引领广大癌症病友走向康复天地。

吴枭杰的理念和行动与我不谋而合，这也是我乐于把他写入书中的一个重要原因。

为了鼓励病友积极抗癌，吴枭杰还创作了一首名为《生命相约》的诗歌，诗文如下：

> 一群不幸生病的难兄难妹
> 聚到一起
> 在治疗中
> 我们成了朋友
> 在康复中
> 我们结识了更多的同路人
> 我们交流病情
> 我们谈论治疗方法
> 我们探索治癌途径
> 摸爬滚打中
> 我们积累了经验
> 交流探索中
> 我们明确了抗癌的方向

于是
这群面对死亡的兄弟姐妹
有了约定
互相称呼为战友
在拼搏的道路上携手相拥
我们不被病魔吓倒
我们迎难而上
在神疗医疗和食疗
协调统一的基础上
增加吸氧　科学养生
疏通经络　祛邪扶正
平衡内循环　提升免疫力
激活生命抗体　自愈重生
存活二十年不算久
三十年正常
五十年不再是神话
在抗癌的路上我们要开创先河
在生命的领域我们要创造奇迹

我们不仅要好好地活着
我们还要活得有质量
我们只争朝夕
我们还要潇洒地走好人生的下半场
我们一起唱歌　一起跳舞　一起爬山吸氧
我们还要为家庭　为社会
奉献爱的力量
我们一个都不能少
我们一起
走向健康强壮

这
是我们生命的约定

我们互相鼓励
我们快乐前行
我们坚定信念
我们愈战愈强
亲爱的兄弟姐妹们
实现我们的诺言
我们一起
去迎接明天的太阳

吴枭杰曾对我说,他要"向天再借二十年",我说二十年太短,至少应该再借三十年,以他的积极乐观、坚韧弘毅,我相信他的康复之路会走得更远!

马广群：以画笔为马，奔腾不息

听闻马广群之名，是通过我的助理赵曼迪。那时候我正在与总裁班同学自驾游去内蒙古进行第一次抗癌之旅，在8月份牧草旺盛的大草原上，看壮阔的草原美景，风吹草低见牛羊，心情无比开阔。此时曼迪来电说她机缘巧合认识了一位大画家，对方正在酝酿一幅大气磅礴的巨作。说到这里曼迪忽然语音转为低沉喑哑，说天妒英才，马老师此时正遭受癌症折磨，已经是胃癌晚期淋巴转移，也许需要我的辅导与鼓励。

电话放下，冥冥之中有一种缘分指引，我在手机上输入这个名字搜索起来。资料上显示马广群是土生土长的辽宁画家，但他早已闯出关东，成为国家一级美术师、北京荣宝斋签约画家。多年来，马广群有不少精品力作相继问世：作品《共和国军魂》参加建军80周年巡展，40米国画长卷，108名开国将军；《红墙》《铁军》《世纪新歌》参加新中国成立60周年画展；《红色记忆》系列参加建党90周年画展；《往事1935》《往事1955》被确定为十八大献礼作品，更有许多作品被各国政要收藏。

曼迪说马老师虽然生了病，但豪情不减，每天呼朋唤友，高朋满座。通过曼迪牵线，我和马老师见了面，那天是2020年8月27日——东北难得的台风日，马老师与我都风雨无阻地参加了饭局。后来当天赴宴的众人因此组建了一个微信群"战台风"纪念我们这次相识。初次见面马广群便惊艳到了我，真如曼迪所说，高大魁梧，一表人才，少有的才华与颜值并存。他没有很多艺术家的满头长发、美髯飘飘，谈吐也不是那么玄虚。但从穿戴上却体现了他人生的丰富，色调五彩斑斓，处处体现了多姿多彩的生活情趣。其谈吐充满哲理、风趣幽默，思想性、层次性、逻辑性很强，在许多问题上都有着深刻而独到的见解。

我不知道自己是来帮助他的还是被他的艺术范儿吸引了，就是因为彼此的吸引，我们成了每周一聚的好朋友，了解了马老师，我才知道在他重病之身中隐藏着如此炽热的艺术灵魂，他曾在半年内，绘出1955年至1964年我军授衔的10位元帅、10位大将、57位上将、177位中将、1 360位少将，总共1 614位将帅的戎装肖像，向建军80周年献礼。

在这个富有历史意义的长卷创作过程中，记得有一次外面下着鹅毛大雪，忘我工作的马广群却浑然不觉，到了晚上，马广群搁下画笔，一抬头，才发现窗外的空地已成雪原，不由得大吃一惊，想出去吃饭，门却推不开了，而画室里连一袋方便面也没有。饿得实在不行了，他跑到厨房里找到一小碟花生米，狼吞虎咽地吃了起来，然后操起画笔接着往下画。历时四个多月，这幅40米长卷终于大功告成了。长卷的卷首，马广群用1 614位将帅的篆刻名章"砌"成万里长城的雄伟剪影，并为之取名《万里长城不倒　中华军魂永存》。他带着这幅巨作进京，在"八一"建军节期间于中国军事博物馆隆重展出，获得了社会各界热烈的反响和一致的好评。著名美术家徐甲英看了以后，评价道："马广群以强烈的历史责任感创作这幅作品，给观众以灵魂的震撼。他笔法准确，线条流畅，构图精美，墨色多变，用心取神，难得的大气，难得的精品。"

《万里长城不倒　中华军魂永存》展出的成功给了马广群极大的信心，他也因此更加明白了自己的价值和使命。

然而，一心绘画也带来了饮食不规律等负面影响，画家的时间概念常常不是根据自然光线或者身体反应，而是以画笔的起落为节点，导致违背自然规律，打破原有的平衡。多年以来日积月累，马广群的身体终于不堪重负。询问马老师的发病前征兆，他说在2019年底，他带学生前往广东、海南写生的过程中，因为老毛病肝内胆管结石，他的下腹部又习惯性地疼痛了，这次吃什么中药也不管用，而且似乎胃也不舒服，总是胃酸、打嗝。但是由于那段时间忙于带学生外出写生，马广群还是一直挺着，没有去医院。

2020年初，马广群发现自己脖子上的淋巴结肿大起来，还不停地咳嗽，这才到沈阳一家大医院做了检查。医生看了他的报告单，一时也没查出具体的原因，建议他做个胃镜再看看。马广群开始意识到自己可能是胃有问题，但离过年只有十几天了，他怕要是结果不好会影响家人过年的心情，这样，就又搁置了下来，准备过完年再详细检查。

没有想到，过年后受新冠疫情的影响，沈阳所有医院的急诊都停了，没处可以做胃镜。2月中下旬，马广群好不容易才做了个胃镜，这才发现病灶在胃上。之后他又做了PET-CT，确诊为胃腺癌转移淋巴，这段时间的咳嗽就是颈部的淋巴肿大压迫毛细血管导致的。

早春的阳光虽然耀眼，但癌魔却打破了风景的灿烂，让一切归于暗淡。马广群不得不开启了漫长而痛苦的化疗历程。相对于肉体上的折磨，精神上的痛苦才是最难熬的事情。这种痛苦却不是缘于癌症本身，而是因为马广群正在构思一幅了不起的巨作，突如其来的癌症给这个梦想带来了巨大的威胁。

原来，继2007年用40米长卷《万里长城不倒　中华军魂永存》献礼建军80周年后，十余年后马广群又有了更加宏伟的想法——他准备制作一幅长达百米、宽两米的巨作，献礼建党100周年。在这幅巨作中，马广群打算画上从1921年中国共产党成立到1953年抗美援朝期间牺牲的革命烈士，让他们的浩气长存于自己的笔下。为此，马广群已经找了三年资料，画了一年半的小稿。眼看就要正式开始创作，没想到却遭到如此致命的打击。

虽然我想以我个人的重生经历鼓励辅导马老师，但似乎马老师的精神也更加激励着我，只要是放化疗后，马老师病情稍微缓和一点了，就立即挥毫创作他的百米长卷，他说他热爱画画并且今年要完成这幅巨作，他要抓紧每一分钟投入巨作中。在画杨靖宇时，只是着意刻画了英雄的一尊头颅，里面却有万马奔腾；他画长征牺牲在沼泽地的红军战士，只有一个八角帽静静地放在沼泽边，而不去特写人在沼泽里挣扎的痛苦。马广群说，他就是要把苦难变成胜利的壮美，这就是革命者的浪漫主义。

五轮化疗下来，马广群的病情基本得到控制，其后他只需要自己在家吃点药坚持治疗就可以了。然而，或许是长期治疗带来了副作用，2020年9月份马广群眼角出现了血管瘤，原本沉浸于创作中的他早先不想去管它，但血管瘤越来越大，最后把他的眼睛挡住了，严重影响其作画。10月9日，马广群不得不到医院手术。最让我诧异的是，我去医院看望做眼角手术的马广群时，他竟然不见了。原来，他心里挂念着自己的作品，连纱布都没有拆，就偷偷跑回去继续创作了！

我曾多次到画室去看他现场作画，看到他欣赏一幅得意之作时那种满足的神情，那种感觉就像他是造物主一样，可以驾驭一切。化疗后的副作用，让他的胳膊肿胀，抬不起来，他痛得脑袋渗出汗珠，依然拿着画笔"匍匐"着画画。他画那些英雄之时，也明显感觉到他们之间的精神气脉是相通的。看到沉浸于创作状态之中的马广群，谁也不会把他想象成一个病人。

我也曾在他微信朋友圈一幅不落地观摩他的新作，一丝不苟地品读他的意境。他鲜明地站在国家和民族的高度讲述中国故事，无论是描绘大好河山，还是刻画战史战将，都努力让自己的作品饱含思想性，红色基因、革命老区、军队军人、人民群众都是他创作的动力源泉和作品的主基调。布局更加大气，内涵更加丰富。尤其是他生了病之后，画面更加充实丰盈、富有张力，有思想、有内容，有活力，堪称藏灵魂、带灵性的作品。

2020年12月，马老师在生病最厉害那天还赶来参加我的生日聚会。那时候他大腿根淋巴结肿大，肝内肺内也发生了转移，连肿瘤医生朋友也觉得马老师时日无多。但寒冬已过，牛年来临，马老师依然屹立不倒，依然挥着画笔坚持创作着他那幅百米长卷。

和马广群相处的这段时间，他的乐观主义和艺术创作的忘我精神深深打动了我，我觉得这正是一个人对抗癌症最重要的品质，而正是这样的品质才会让他每一次站在死亡边缘却一次又一次地走向康复。因此我想把他的案例写进来，与广大病友们共享。

眼下又是一年春天，自从跟马老师在去年8月台风那天相识，我也陪伴马老师度过了漫长的冬季。如今春风复苏，阳气生发，马老师似乎从未觉得自己是个癌症晚期病人，他一如既往地以画笔为马，在浩瀚的画布上驰骋。

虽然马广群的百米长卷还要些时日才能完成，但是他已经和我提前携手完成了一次了不起的合作,为了让我的书更加精彩,马广群抱病为我创作了几十幅插图,为我即将出版的抗癌之作送来了艺术的灵气,也送来了他那种抗击病魔奔腾向上的龙马精神。

祝福马老师能够早日完成他的百米长卷,同时身体像他的精神一样生机盎然。

我是"癌克星"

7 防癌体检和普通体检的不同

治病不如防病,这是大家都懂得的道理,而阻击疾病最重要的关口之一就是体检。通过体检早期发现亚健康状态和潜在的疾病,早期进行调整和治疗,对增强治疗效果、缩短治疗时间、减少医疗费用、提高生命质量都有着十分重要的意义。

尤其是对癌症这样生死攸关的疾病，做到早发现、早治疗更是在与死神赛跑。肿瘤的产生和形成是一个由量变到质变的过程，这也给出我们充分的时间来早期治疗，早发现早治疗是治愈癌症的不二法门！

这里的关键点是能够早发现，如何早发现呢？这就需要人们加强体检的意识。绝大多数癌症患者的死亡都是因错过了可以治疗的时期，发现时已经是晚期了，发生转移甚至是多处转移，可以说病入膏肓了！这个时候才发现，才开始治疗。实际上命运已经给了你足够的治疗时间，但你没有把握时机，遗憾地错过了！癌细胞从正常细胞异变而来，能够无限增殖，当长到大概上亿个癌细胞，即大小约为1 cm的时候，才能被目前的影像手段检测到，从而诊断为肿瘤。不同的癌症肿瘤以及人群，癌细胞倍增的时间也不同，少的可能几年，多的可能十几年、几十年，通常情况下需要8至10年，这段时间被称为癌症防治的"黄金时间"，充分利用好这个时间段，是可以防癌于未然的！

以癌症五年存活率来说，早期发现治疗的一期食道癌存活率是90%到95%，早期发现治疗的宫颈癌存活率可达到90%，早期治疗的肺癌和肝癌存活率也可达到70%。

然而，很多人错把健康体检当成防癌体检，钱花了不少，肿瘤却没能检查出来，等到明白时已经后悔莫及了。我从事癌症辅导事业多年，深知早期发现恶性肿瘤对于癌症病友的重大意义，因此这些年来也非常关注防癌体检这一块，进行了细致和深入的了解和探访，积累了很多病友的经验和教训。在这里，我想就个人的一些经验和体会，跟大家分享。

防癌体检和普通体检功用不同

在这些年的抗癌辅导实践中,我经常遇到这样的患者,他们平时非常关注自身的健康问题,每年都定期自主到医院进行体检,一有点风吹草动就精神高度紧张。

按理说,这样的人最不容易得癌症了,可讽刺的是,我认识的这样的人中就有好几位身上还是生长了恶性肿瘤,而且被发现时已经到了晚期。每当这个时候,很多人都要捶胸顿足——这些年的体检白做了,然后痛骂体检误人不浅!

老罗是我朋友圈中一个出了名的吃货,沈阳各大饭店有啥招牌菜他是如数家珍。老婆担心他胡吃海喝身体吃不消,更心疼家里的钱都被老罗扔到饭店里去了,几次半是劝告半是诅咒地跟他说:"不要再成天去下饭店了,小心吃出胃癌来!"

每次老罗听到这句话,不仅不以为忤,还哈哈大笑,他对自己的身体有一种迷之自信,简称迷信。原来,老罗的单位每年都会组织体检,每当这个时候,老罗总是成为众人羡慕的对象:"看看人家老罗,天天大鱼大肉,这生活放纵的,结果各项指标比我们还好,那血脂比我们都低!"

老罗的同事老钱平时饮食已经挺注意了,结果每次检查尿酸都很高,而且已经发展成了严重的痛风,走路一瘸一拐的,一见老罗的面总是一副苦瓜脸:"我还不如像你一样天天快活呢!"老罗几次在老婆面前得意地提起这件事,似乎老婆的担心是天大的笑话。

可就在这之后不久,老罗胃部不适,一查出来就是胃癌,还好发现早,胃切了半个,只是从此就不能随便吃喝了,日子过得很没劲。特别是治病花了一大笔钱,把老婆气坏了,天天在他面前唠叨,说是他不听自己的劝告才有今天的下场,每天一句话翻来覆去重复不知多少遍。老罗自知理亏,连还口都没有办法,只好装聋作哑。见到我之后,他向我诉苦:"这日子,过得比死还难受啊!"

最让我哭笑不得的是,老罗至今还认为是单位的体检坑了他,他打听说别的单位体检比较贵,项目也多,就一心认为是领导抠门,舍不得给大伙儿做好的体检,导致自己出问题。

其实,普通健康体检和防癌体检是两码事,就像普通士兵和特种兵一样,作战的领域是不一样的。常规健康体检的侧重点主要在体格检查、心脑血管疾病、慢性肝病和糖尿病等方面,而非癌症筛查方面。

此外,健康体检的常规设备难以发现早期肿瘤。前面说了,人体肿瘤从一个正常的组织细胞演变成一个直径为 0.5~1 cm 的实体瘤,需要 8 到 10 年。只是在这个早期过程中,难以被 B 超、X 光所发现。比如,在多数体检套餐中,检查肺癌最直接的手段就是 X 光片。但由于 X 光片分辨率低,一个只有芝麻粒大小的恶性肿瘤,在 X 光胸片里面几乎是隐身的,等到 X 光片发现肺部肿瘤,常常已经到晚期了。

因此,专家推荐用高清 CT 检测肺癌,由于其分辨率高,肺癌肿瘤在 1 cm,甚至 0.8 cm 时即可被查出。另外,对于有长期吸烟史或者肺癌家族史的人更推荐用低剂量螺旋CT查肺癌，加上几个生物标记，检出率可以达到90%以上。

类似健康体检的"盲区"还有不少，术业有专攻，这句话放在体检上，也是成立的。

防癌体检应该个性化

有的患者因为亲人离去或者家族遗传等原因,平时倒是非常注意自己的身体,每天都活得像个养生专家,这个忌口那个限量,每次体检报告一出来,看到各项指标显示正常心里一块石头才能落地。更有一些特别小心谨慎的人,每次看到某项指标不正常,就吓得惶惶不可终日,不是上网拼命查资料,就是到处打电话咨询医生,非得再三求证这个东西没有大碍才放心。

如日前我所辅导过的杨女士,是一位直肠癌晚期的患者。她术后见到我时,激动地说:"我非常重视健康管理,每年都定期做体检,已经坚持了10多年了,体检的目的就是怕得癌症,希望能早发现,结果发现时还是晚期了!"

在交谈中,我了解到杨女士的祖父、父亲、两位大伯和一位姑姑都是因患直肠癌去世的,于是我就问她:"那你这么多年为什么不做肠镜来筛查呢?"她感到非常委屈,说:"我选择的体检套餐是2 000多元的,已经是那家体检机构中比较全的了。他家没有普通的肠镜,只有一种胶囊的胃肠镜,一次要好几千块,但医生说这种胶囊胃肠镜比普通的胃肠镜好多了,全程无痛苦,连麻醉都不用,而且看得比普通胃肠镜更清楚。这属于最新式的高精尖武器,你要早来几天,还没这个东西呢!"

原来,所谓胶囊胃肠镜是一颗内置摄像与信号传输装置的智能胶囊,将其服下后,胶囊胃肠镜在消化道中"游走",同时进行拍照,不知不觉中就完成了内镜检查。

我困惑地问她:"这么先进的检查,连个肿瘤都看不出来吗?"杨女士说:"没有啊,医生说是我的肿瘤在直肠上且距离肛门较近,正好是胶囊胃肠镜检查的盲区,因此没办法查到。"

后来,我向业内专门做体检的朋友咨询,他告诉我,像杨女士这样的情况,做普通的肠镜效果会更好,传统肠镜能人为全程控制行动路径,这样可以更加精确而有针对性地检查。而胶囊胃肠镜吞下去之后,在胃里还可以控制调整,但是到了直肠就控制不了了,有可能导致病变的部位不能够被拍摄到,从而造成病情的延误。

通过这个例子,我深刻地感受到,在做体检时,根据个人情况,定制防癌体检(肿瘤早期筛查体检)的重要性!防癌体检是有针对性的、个性化的体检,是医生通过同被检查者交流了解后,设计出的个性化体检项目。体检前,专业负责的医生会先了解被检查者的一些个人情况,比如家族病史、个人患病史、睡眠状况、生活方式等,针对不同的癌症类型进行筛查,然后根据每一个人的检查情况来评估肿瘤的风险。

因此进行防癌检查的医生必须具有丰富的临床诊断和治疗恶性肿瘤的经验。可现在很多体检机构的医生缺乏相关的治疗经验,更缺少为患者着想的责任心,一心只想着牟利,不顾患者的实际情况,劝说患者做一些昂贵而不切实际的检查。导致有的患者检查的时候得出完全健康的结论,可是没过多久竟然被查出癌症,体检的花费也成了一辈子最大的"冤枉钱"。

可见,找到一家好的体检机构有多么重要!

找一家靠谱的体检机构

据不完全统计，我国目前有各类体检中心和健康管理机构近万家。"乱花渐欲迷人眼"，面对市场上五花八门的体检机构，怎样找到一家专业、靠谱又适合自己的体检机构呢？

现在的社会信息发达，我们可以通过各种渠道打听，了解周边各个体检机构的情况。既可以向熟识的朋友打听，也可以通过互联网等信息搜索，更关键是通过实地探访，深入了解各家体检机构的优劣。

建议从以下几个方面甄别：

一、在社会上，人们对这家体检机构的评价如何，尤其是各种投诉、纠纷、负面新闻多不多。体检设备是否先进，体检项目是否齐全，体检价格是否合理。

二、该体检机构是否有相关卫生行政部门验收合格并发放的执业许可证，所有参加体检的医护人员有没有取得相关部门颁发的执业资格证书。体检流程是否顺畅，是否设置了男女分诊区域，工作人员是否佩戴了上岗证、操作是否规范等。

三、有没有专职的医师提供检前咨询服务，为检查者制定个性化的体检方案。

四、体检结果出来后，体检机构有没有出具个性化的健康风险评估报告，告诉你存在哪些健康风险，风险程度有多高，应该如何去干预。

五、体检机构有没有专职的健康管理服务团队，一方面能够及时接受你线上或线下的健康和疾病方面的咨询；另一方面能够定期通过电话、短信、微信等方式，对你在下一次健康体检周期内进行跟踪随访、健康管理等专业服务。

防癌体检中的误区

随着生活水平和健康意识的提高，大家在体检上也越来越舍得投入了，但现在很多人在体检时都存在一个误区，只选贵的，不选对的，往往依照检查项目收费的高低来选择自己的检查项目。换句话说，不少人更相信贵的项目，认为越贵的项目检查的结果越准确、越可信！

比如相对B超来说，人们常常更相信CT的结果；而在CT同核磁共振相比较时，人们又普遍更相信核磁共振的结果。实际上这是一个很大的误区，正确的做法应该是根据自身的病情选择最适合自己的检查方式。

以肝癌术后的定期复查为例，最适用的是B超检查，因为肿瘤通常是长在肝脏表面的，做B超是最容易发现的。而CT是看肝脏的剖面图，很容易断层时断到小肿瘤的两端而遗漏了，以至于延误了病情。

在这几年的抗癌实践中，我遇到多起类似的事件。有的甚至是B超检查已经发现了，B超医生也建议做增强CT进一步确诊，然而，等到患者做完增强CT后，报告上并未显示出肿瘤的出现（实际上就是断层切片的问题），患者就认为B超的结果是错误的，是误导的，从而遗漏了早发现早治疗的机会，待半年后肿瘤已经长大了、转移了才发现，悔不当初！

这种悲剧仅我个人了解到的就不少,光肝癌方面大概就有十几起。日前我又遇到一例,王家林医生做B超时,发现我朋友肝癌有复发的趋势,在他肝脏上发现了1 cm的疑似病灶,建议我朋友去做增强CT进一步检查。朋友很重视,马上办理了住院检查,待增强CT结果出来后,却并未发现病灶,朋友也松了口气,认为是虚惊一场。

我知道这件事之后,本着对朋友负责任的态度,又给王家林医生打去电话,了解探讨B超的检查情形,王家林医生非常肯定他的检查结果。于是我同朋友说,增强CT报告的结果或许不准确,可能是断层时被遗漏了,建议他再选择分辨率高的CT重新做一下。这次复检还真的找到了险些被遗漏的肿瘤,朋友及时进行了手术,通过射频消融去除了病灶。

事后,朋友对我说,幸亏有我的提醒,否则拖下去,后果简直不堪设想!

定期体检的注意事项

对于癌症患者术后的定期复查,我建议尽量选择固定的医院和固定的医生来做。因为固定的医生可以了解掌握你的病情发展变化,更加准确地向你报告病情。对这一点,我有着很深的体会。

记得肝癌手术后的第二年,朋友送了我一张沈阳市一家医院的体检卡。一年后,我去这家医院做B超项目,刚刚躺下一会儿,医生就问我腹部的刀疤是怎么来的,我如实说是两年前做肝癌手术留下的。

检查了一阵后,医生又问我:"这些年做过定期体检没有?"我说做过,我平均每3个月至半年就做一次体检。他又问我:"上次体检是什么时候做的?"我说大概4个月前吧,医生听完后,突然严肃地对我说:"你又复发了!上次在那家医院做的时候医生没跟你讲吗?""没有呀!"我闻言大惊失色。"那可能是他们医院的设备不好,分辨率低没有看出来吧,你的肿瘤原位又复发了!"

医生说得是那样的决然,我听到后觉得整个人像被放进冰箱里冷冻,凉透了!出了B超室后,我立即给沈阳六院的王家林医生打了电话,说刚刚在体检中心做检查时,医生说我的肿瘤又犯了!王家林医生说:

"不可能，我上次看你挺好的，要是有一点儿问题我就告诉你了。你现在马上过来，我给你看看！"我已无心再做其他项目了，急忙赶去六院。

到了六院，已接近中午，平时繁忙的B超区四顾无人，B超室只剩下王家林医生在等我。他仔细地检查了我的肝脏后，说："没事呀！一定是做体检的医生不了解你的情况，错把术后溢出部分的刀疤，当成肿瘤复发了，这次刀疤还缩小了呢。"我听了后，原本提到了嗓子眼的心终于放了下来。

还有一次是朋友丁峰晚上慌慌张张打电话给我，说下午他在中国医大附属一院做了一个体检，医生也说他肝癌复发了。我忙安慰他，并跟他讲了我的这段经历，让他不要紧张，明天去王家林医生那儿看看。检查结果出来后，跟我如出一辙，又是一场虚惊！

相反，也不排除出现检查时遗漏目标、导致延误病情的情况，同样的影像结果，医生的经验和其评判习惯的差异，对每一个报告得出的结论也会有不同。因此，体检跟打仗一样，也要知己知彼，找到最适合自己的方式、最了解自己的医生，才能够得出最准确的结果。

我是"癌克星"

8 如何做到日常防癌抗癌

要做到防癌于未然，除了定期体检，早发现早治疗之外，更重要的是在日常生活中构筑一条健康生活的坚固防线，让肿瘤大军没有可乘之机。与其等到发现火势再去灭火，不如趁着火星还没有燃起来的时候将其扑灭。日常防癌抗癌是一项复杂的系统工程，包括了解癌症的发生和发展机制，调节自我的身体和心理特征，改变自我的饮食和生活习惯等等。下面我就根据自己的认知和经验，略谈几点，抛砖引玉，以期引导更多的读者根据自己的实际情形，寻找和制订最适合自己的日常防癌抗癌方案。

内因×外因=癌

从公式上看，癌症是内因乘外因的结果，只要内因或外因中一项为零，它们的乘积就会为零，也就是说不会患癌。内因可以比喻为种子，外因可以比喻为土地，种子只有在土地上才能发芽结果，这样就为我们防癌提供了方向。

能控制内因的，我们首选控制内因，努力消除自身内在的致癌隐患，如HPV病毒之于宫颈癌，乙肝或丙肝病毒之于肝癌，EB病毒之于鼻咽癌……我们可以选择相应的药物消灭或控制住这些身体内在的隐患，这样我们就安全了！

控制不了内因的，我们一定要控制外因。控制外因就是不给内因发展的条件，也就是调整好我们自身的免疫系统，使其达到最佳、最强的状态。免疫力与自身的情绪关系最大，要想提高免疫力，就要让自己时时刻处在乐观、快乐、积极的心态中！

三分治，七分养！

术后易复发是恶性肿瘤的一个重要特点。为什么会复发？因为癌细胞本身就比较活跃，当人们免疫力强时，免疫系统可以压制住癌细胞；但是一个人手术或放化疗后身体的好细胞同样受到了伤害，造成免疫力降低，这时候癌细胞就占据了上风，容易形成复发和转移。

因此患者术后或放化疗后，一定要想办法增加自身的免疫力！我们养病就是通过养护身体修复损伤的好细胞，从而增加免疫力，以达到抑制、消灭残留癌细胞的目的，使得癌细胞没有可乘之机。

可以说，"三分治，七分养"这句话一点儿都不为过。

影响癌症康复的两大障碍

这两个障碍一个是认知障碍,一个是情感障碍。

第一个是认知障碍,也就是你以前听说的不是正确的说法,它可能一直在影响着你,如人们称癌症为"不治之症",这就是个不正确的说法。不知道"不治之症"这个名词是谁发明的,四个字坑害了多少人!吓死了多少人!如果在50年前说癌症是"不治之症",可能还说得过去,但近50年,尤其是近二十几年、十几年来医学技术在癌症治疗上有了突飞猛进的发展,新技术、新方法、新药品在治疗癌症上都取得了突破性的成果。因此,我们现在要对癌症重新定义,应该是——常见病、慢性症、可治愈的疾病。

要想彻底治愈癌症,要想回归健康,首先就要破除错误的认知,建立起正确的认知:我的病现在算不了什么,××比我的病厉害多了,他都能好,我也一定会好的!从今天起我一定要努力,我必须战胜疾病,未来还有许多事情等着我去做,还有美好的生活等着我去享受,我要改掉自己的不良习惯,我一定要健康!我一定要快乐!我现在是在走向健康的路上!

在这里我要强调的是，你需要的是"我一定""我必须"的态度，而不仅仅是"我想""我希望"，因为"想、希望"和"一定、必须"在程度上有很大的区别，想治愈可以说是所有癌症患者的期望，但能够真正战胜癌症，走向健康的勇士们更多是抱着"我一定能好！""我必须好！"的信念，他们可以为了"一定能好"和"必须好"的目标而付出自己能够付出的一切努力！

我至今辅导了1 300余名癌症患者，很多人之所以能够转危为安，实现"让肿瘤君滚蛋"的梦想，其中一个重要的原因就是大家亲眼见到了我——一个18年前被知名医院、知名专家判为死刑，仅能活几个月的肝癌患者，不仅现在还活着，而且身体状况还这么好！一想对方得的是被称为"癌中之王"的肝癌，而自己得的癌症没有对方严重，对方都能好，自己也一定会好的！这就是所谓的"榜样的力量"，因此在后续的辅导中，我一般都建议见面辅导。

第二是情感障碍。得了癌症，大家都会烦恼，病痛本身让人烦恼，对死亡的恐惧让人烦恼，治疗的花费让人烦恼。种种烦恼让人陷入矛盾中不可自拔，因为癌症的休养康复本身需要平心静气，去除焦虑，而面对癌症这样的大病，却没有几个人能不烦恼，两者形成了不可调和的矛盾。

人们经常听说癌症患者是被吓死的，这种说法对吗？我认为是有一定道理的，从更广义上来看，也可以说是愁死的。很多患者得知病情后食不甘味、夜不能寐，精神几乎到了崩溃的边缘，免疫系统失调，癌细胞迅速繁殖和扩散，造成病程发展迅速，身体状况急转直下。这也是许多患者得知自己得癌后，很快病情恶化走向死亡的最主要原因。

要想彻底走出癌症的阴影，就要学会放下。那么，如何才能放下呢？首先要让自己看得开，要提升自己的境界，实现从看得开到放得下的转变！最重要的是，要找出你的兴趣点和兴奋点来。人人都有自己的爱好，去做能给你带来快乐的事情就有助于你忘却疾病和烦恼，让你的生活变得有意义，有奔头！关于这一点，我已经在前面的快乐抗癌案例中介绍了不少优秀的榜样，大家可以借鉴他们的经验，找到适合自己的爱好。

另外，要打开自我的格局和视野。你得学会走出狭隘的小我世界，走向宽广的大我世界，比如从帮助别人中获得快乐。在这一点上我是深有体会的，每当我帮助了别人后，都会如沐春风，如饮醇酒，非常畅快。我已经逐渐养成了乐于助人的习惯，不断寻找需要自己帮助的人，以此为乐。我现在做抖音、做微信群的目的就是帮助更多的人。大家也可以试试看，体验一下帮助别人、快乐自己的感觉！

近年来，不少医生和专家对癌症患者治疗后的心理干预与辅导也开始重视起来，例如给我做手术的上海东方肝胆外科医院程树群教授对我所做的抗癌辅导就给予了高度赞扬，说这是一个有助于患者实现彻底康复的伟大事业。程树群教授说，很多癌症患者手术完了，根治了癌症病灶，还会迅速复发，原因往往在于患者手术和化疗后免疫力下降，加之本身心态不好，总觉得自己的癌症不可能治好，复发是必然的，从而郁郁寡欢。在内外因的双重夹击下，体内残余癌细胞迅速繁殖，卷土重来。因此术后除了用一些增加免疫力的制剂外，调整好心态也是增强患者免疫力的重中之重。

免疫力！免疫力！还是免疫力！

防癌需要免疫力，抗癌需要免疫力，术后防止复发转移需要免疫力，癌症痊愈更是离不开免疫力！要想真正治疗好癌症就必须想方设法把自己的免疫力调节到最高水平，那么免疫力除了与上述的心态情绪有关外，还与什么有关呢？

（1）充足高效的睡眠。

睡眠好，免疫力就高，人就会感觉很舒服，有精神头，细胞衰老得就慢。所以说，睡眠好了，人才能收获健康。

一次睡眠可以比喻成物体的面积，我们不能只追求长度（时间），更要追求宽度。宽度就是睡眠的深度，就是睡眠的质量。有宽度，才是高效率的睡眠！

午睡也很重要。有条件的中午最好能睡个午觉，20分钟到30分钟最好；如果没有条件，哪怕睡上5到10分钟也可以大大改变后半天的精神状态。

有困意时，要马上就睡，因为错过这阵儿，可能就不困了。当翻来覆去睡不着觉时，不要硬睡，先要找到导致今天睡不着的原因是什么。常见的原因不外是你心中有事，那么到底是发愁的事还是兴奋的事？无论是愁事还是喜事，都要学会放下，才能从容入睡。

睡不着时，尽量不要用安眠药，用安眠药会让人第二天白天犯困，尽量选用物理方法来助眠。

每个人都有一个或几个适合自己的助眠方法，要找到或开发出来。比如我用上颈椎治疗仪，马上就会犯困，我索性把它当成助眠仪了。

（2）生活简单、自然、规律。

什么是最好的生活习惯？只要记住"简单、自然、规律"这六字真言！现代人的生活太丰富了，也太没有规律了，很多人都存在一个盲区，即日常生活习惯对疾病和死亡的影响更甚于药石之效，特别是许多癌症患者出于各种原因，扰乱了正常的生活规律，容易让本来就脆弱的免疫系统更加不堪一击，导致病情更加严重。

我建议大家制订一个自己每天的生活计划表，让每天的生活更有计划，更加有条不紊，不用时不时费力去想下一刻自己应该做什么。关于我自己如何做到简单、规律的生活，前面在我的个人故事中大连疗养部分已经介绍过了，有兴趣的朋友可以参考一下。那时虽然每天我都在重复着同样的生活，但从未感到厌倦和乏味，反而备感充实。每天睡前我都会想一下明天要做什么事儿，以饱满的热情期待着新一天的到来，第二天一睁开眼睛，又是崭新的一天！

（3）饮食合理、平衡。

一日三餐要吃好，而好的重要标准中最容易忽略的就是按时吃这一点。

我们的身体中有很多的内分泌腺，它们各有自己的时间规律。如果没有按时吃饭，早一顿晚一顿，就会打乱整个内分泌系统的运行，天长日久，愈演愈烈，整个身体的消化吸收能力就会不断下降，我们从食物里面所获得的营养也会变少，换言之，我们从外界所得到的能量就会大不如前，身体没有强有力的能量补充，战斗力自然就会下降。

当然，除了按时吃以外，吃新鲜的、健康的、富有营养的食物也是至关重要的，对于一些不利于身体康复的食物要严格忌口，不要因为一时嘴馋误了大事。这一点大家都明白，医生也会交代，我在这里就不再赘述了。目前市面上有很多所谓的"抗癌食物"，但是出发点不同，良莠不齐，大家一定要擦亮眼睛，切勿被华而不实的广告蒙蔽。

（4）远离过敏源。

要了解自己对什么东西过敏，从而尽量远离这类过敏源。因为过敏同样会造成我们身体的不适，继而导致免疫力下降。现在三甲医院都能化验过敏源，不放心的话，可以去检查一下，做到心中有数！

远离生活中的致癌物质

癌症的形成是一个由量变到质变的过程,这个过程就存在于我们生活的点点滴滴中,尤其是在饮食方面,所谓"病从口入"一点儿都不夸张。因此在日常的饮食中我们就得想办法清除掉各类致癌的隐患,防止癌从口入!这里我着重指出食物中存在的两类致癌物质,希望引起大家的重视。

(1)农药残留物。

我们生活中最容易接触到的致癌物质就是农药残留物,目前不少农药残留物都附着在蔬菜水果表面,很多都是油性物质,用清水很难清洗掉,这样吃进身体里,长此以往会造成致癌物的堆积,日久生变。很多人习惯用清水浸泡蔬菜,但是这种做法只能去除溶于水的农药污物,所以我建议采取更加深入的去农残方法,比如加热、淘米水浸洗、使用食材净化机或者专用去农残洗涤剂等等。

(2)远离黄曲霉毒素。

黄曲霉毒素是目前我们所知的最强的生物致癌物质,摄入1毫克就可能致癌,一次性摄入20毫克就能致命。让人无奈的是,这种剧毒致癌物普遍存在于我们的日常生活中，特别是变质的食物中，因此我们要避免食用变质的食物，并且尽量减少囤积食物，从源头上防止食物霉变。

癌症康复期如何吃补药？

这些年，我在辅导病友的过程中，常有人问我这样一个问题："我要不要吃一些补药来帮助自己康复？"对于这个问题，我在长期的辅导实践中发现很多病友存在着截然相反的两种倾向，而这两种倾向都是不好的。对此，我有两个建议：

（1）以饮食抗癌为主。

许多癌症患者在康复初期都活得战战兢兢、如履薄冰，好像体内藏了个不定时炸弹，不知啥时候会爆炸。他们听说癌从口入，总觉得自己得了癌是贪吃造的孽，因此康复的时候决定痛改前"非"，只要自己觉得会致癌的食物一概退避三舍，生怕会被毒到。其实，这是一种矫枉过正的行为，长此以往容易营养不良，反而促使癌细胞生长。科学已经证实多食用富含维生素、富含硒的食物，以及通过饮食广泛摄取人体所必需的营养素可提升人体免疫力，起到更好的抗癌效果，只要日常饮食能够满足身体需要，并不需要额外进补。

（2）吃补药要有节制，不能过度。

一些病友似乎把自己康复的希望寄托在了进补上面，成天进食一些人参、鹿茸之类的大补之物，有的人还到处寻访一些传说中的灵丹妙药，恨不得像《白蛇传》中的白娘子一样上仙山找南极仙翁讨棵千年灵芝来吃。还有一些南方的病友喜欢吃甲鱼、黄鳝、鳗鱼一类的食物，好像吃了之后自己也会像它们一样活蹦乱跳。

其实，这些食物或者补品有较高的营养价值，但是连续、大量地食用会超过人体的消化吸收能力范围，尤其是刚从医院中走出来的癌症患者，身体机能还未完全恢复，这样的大补方式，很容易超过身体的负荷能力，补品倒变毒品。另外，吃补药或者补品最好在医生的指导下进行。因为有些补品不像药物那样经过严格的试验和长时间的观察，其功效有待进一步验证，而且补品不同，功效也不一样，吃错了不对症就会适得其反。

益生菌在防癌治癌中的作用

研究发现，益生菌的功能和作用是多方面的。第一，它们会制造能与防御物体交互作用的物质，并帮它们解码。第二，益生菌能够吸收有毒物质，通过多种途径对有毒物质进行加工并减弱它们的毒性。第三，益生菌能够帮助身体远离致病菌和病毒。

通过以上几种作用，益生菌就可以防止并破解有毒物质对DNA的攻击，从而取消基因突变，达到预防和治疗癌症的效果。

益生菌防治癌症的机理如下：

（1）降解或吸附致癌物，从而减轻其毒性；

（2）刺激人体免疫系统，抵制癌细胞的分裂繁殖；

（3）改善肠道环境，抑制肠内腐败菌生长，阻止肠内致癌物质形成；

（4）产生抑制肿瘤细胞生长的化合物，或阻止有害细菌的新陈代谢；

（5）益生菌代谢物、分泌物作用非凡，可以降低化学诱变的机会；

（6）降解亚硝胺等诱发致癌物的机能，防止某些菌丛破坏细胞DNA。

人体的胃肠道中有400余种益生菌，可是绝大多数会被强大的胃酸所杀死，能够真正抵抗胃酸、以活菌形式定植于肠道、达到增加肠道及免疫功能的益生菌种类和数量是很少的。因此，食用含有益生菌发酵的产品，以此来补充益生菌目前仍是保持健康和抗击疾病的重要辅助手段。

附录

身为一名"资深"肝癌患者,从2003年起,我就踏上了与肝癌打"持久战"的征程。有句话说得好,最了解你的往往不是你的朋友,而是你的敌人。作为18年来,我生命中最大的一个"敌人"——肝癌,我经历了从畏惧它到正视它,再到战胜它的过程,这艰辛而漫长的过程中,我渐渐增进了对它的了解。我想知道"它是怎么来的",更想知道"它是怎么没的"。知己知彼方能百战百胜。

肝癌是预后最差的恶性肿瘤之一,全球每年新发病例70万以上,其中约一半发生在中国。而门静脉癌栓形成是肝癌进入晚期的重要标志,其治疗成为被公认的世界性医学难题。然而,许多医学专家、学者迎难而上,在攻克这一难题的道路上提出了一些行之有效的治疗策略,获得越来越多的高等级临床研究证据支持,为许多像我一样的癌症患者带来了生的希望。

今后,我还会在我的其他新书中介绍更多关于癌症治疗的新方法、新技术,有兴趣的朋友可以关注。

我所了解的肝癌合并门静脉癌栓

当肝癌患者合并有门静脉癌栓形成时,其实病情已到达晚期,根据巴塞罗那分期,属于C期,一般来说,肝癌到了晚期时其治疗效果非常有限,若不进行干预则患者生存时间往往只有3~4个月。很多肝癌晚期患者一旦被确诊合并有门静脉癌栓,就被告知无手术机会甚至是无治疗价值,这不管是对肝癌患者本人还是其家庭都是一个沉重的打击。但是肝癌晚期患者就一定被判死刑了吗?其实部分癌栓患者是有手术机会的,为此,有关专家提出针对癌栓的程氏分型这一理念,为肝癌合并门静脉癌栓患者的治疗打下坚实的基础。

根据程氏分型理念,将病人分为可手术治疗和不可手术治疗两大类,并制订了相关治疗方案。

可手术治疗的病人:

①根据病人病情分期,术前给予新辅助放疗后再进行手术治疗可大大延长患者的预后生存时间。

②可手术切除肿瘤的患者,在局部手术治疗的基础上联合靶向治疗或PD-1免疫治疗,降低患者术后复发概率。

不可手术治疗的病人（往往病人有肺转移或其他远处转移，或癌栓已到门静脉主干等）：

①单纯介入联合放疗。

②局部介入治疗的基础上联合全身治疗（靶向治疗及免疫治疗）。

③局部放疗的基础上联合全身治疗（靶向治疗及免疫治疗）。

上述治疗方案均需根据病人自身病情进行相应评估后制订，从而控制延缓肿瘤及癌栓的生长，甚至是肿瘤缩小达到手术切除指征。

针对肝内胆管细胞癌合并有全身远处转移的晚期患者，有关专家制订了特有的治疗方案，即口服维A酸联合GEMOX化疗方案，取得了良好的治疗效果，部分病人肺部转移灶全部消失，肝脏原发病灶也有所缩小，本被判了"死刑"的肝癌晚期患者，重获了新生。

1.什么是门静脉癌栓，为什么说有了门静脉癌栓就是晚期了？

门静脉癌栓（PVTT）是原发性肝癌常见并发症之一，发生率为62%~90%。有文献报道，直径小于2 cm的肝癌，镜下门静脉癌栓发生率为40.5%；直径2~5 cm的肝癌，癌栓发生率是30%~60%；超过5 cm的肝癌的癌栓发生率达60%~90%。一旦有癌栓形成，其预后往往很差。因为门静脉癌栓出现以后，就意味着肿瘤细胞已经进入了血管，可随着血流四处播散，最常见的转移脏器是肝脏，除此之外还可以转移至肺部、腹腔内其余脏器、全身淋巴结甚至是骨头等处。门静脉癌栓还会加重门静脉高压而引起消化道大出血和腹水，甚至可以导致肝功能衰竭，所以门静脉癌栓的产生就意味着肝癌已经进入中晚期。

门静脉癌栓有两种类型：CT、核磁共振以及B超等常规检查能发现的癌栓称为肉眼癌栓；而那些发生在肿瘤周边微小血管内的癌栓称为微血管癌栓（MVI），这种癌栓只能通过术后病理，在显微镜下才能够被发现。众所周知，任何癌症的治疗都是越早效果越好，但是即便这个病人是早期肝癌患者，一旦合并有MVI，其手术的效果明显低于无MVI的患者，因此不管是肉眼癌栓还是微血管癌栓，都是决定肝癌患者预后的至关重要的因素。

2.门静脉癌栓是怎么形成的?

PVTT的形成机制目前在医学上暂时没有统一的观点,正常的肝脏有两套供血系统,一套是门静脉,另一套是肝动脉,肝动脉与门静脉之间互不交通。当肝脏产生癌灶时,癌组织会压迫周围正常的肝组织,使其受挤压变窄,此时肝动脉与门静脉因肝组织受压越靠越近,直至连接在一起,癌细胞顺着压力高的肝动脉进入压力相对较低的门静脉系统,导致门静脉癌栓形成。

门静脉癌栓的形成还与乙肝病毒活动有关,乙肝病毒的活动可能促进癌灶发生血管侵犯,其机制是通过创造"免疫破坏"微环境促进门静脉内的肿瘤细胞生长。免疫系统就像狱警,兢兢业业地看守着监狱中的坏家伙们——"肿瘤细胞",而乙肝病毒就像劫狱的劫匪一般,破坏了监狱的防御系统,使监狱之门大开,"肿瘤细胞"无所顾忌地疯狂向外逃窜,所到之处自然会受到相应的破坏,促进门静脉癌栓形成。

3.门静脉癌栓形成后患者会有什么表现?

当患者患有门静脉癌栓时会不会有什么特殊的症状呢?当门静脉癌栓还处于门静脉的末梢分支时常无特征性症状,患者多表现为因肝癌原发灶或原有肝脏疾病(肝炎或肝硬化)而产生的肝区疼痛、食欲减退、恶心呕吐、黄疸等不适,而当门静脉癌栓进一步发展,到达门静脉主干时,病人常表现为门静脉高压症状,例如腹水、下肢肿胀、腹胀、腹泻、脾肿大、脾功能亢进等,其中比较具有特征性的表现是顽固性腹泻和发热。

首先我们需要知道的是,平时我们吃进去的食物经胃肠道消化吸收后,大部分的营养物质会通过胃肠道的静脉血先回流到门静脉,经过肝脏解毒后再回流至心脏,然后供应给全身其余组织及脏器。当门静脉癌栓长到门静脉主干时,因癌栓堵塞了血管,此时门静脉会呈现高压力状态,后方的胃肠道静脉血管充盈,压力增大,胃肠道呈现瘀血状态,消化功能不良,突出症状为抗生素治疗无效的顽固水样便,一般常在进食后随即发生腹泻,对蛋白质和脂肪耐受较差,可拉出不消化的食物残渣,没有脓血。

第二种比较特殊的症状是发热。门静脉癌栓患者出现的发热与感染所引起的发热有所不同,炎症所引起的发烧一般合并有寒战,就是我们老百姓俗称的"打摆子",用点抗生素后热度可退;而门静脉癌栓患者发热时常不伴有寒战,不会有冷得发抖的感觉,并且发热的时间点固定,常常于午后开始出现低热,体温在37.5~38.5 ℃之间,应用抗生素治疗无效,而用解热镇痛药或者糖皮质激素可以退热。随着门静脉主干癌栓的进一步发展,发热可越来越频繁,并且可出现39~40 ℃的高热。

所以当肝癌患者突然开始出现顽固性腹泻及午后持续性低热,并且抗生素应用无效时,需高度警惕是否合并有门静脉癌栓。

4.门静脉癌栓会有哪些可怕的并发症呢?

例如癌结节破裂出血、肝性脑病、消化道出血、癌栓脱落、继发感染,其中消化道出血是门静脉癌栓最常见的并发症。我们应该都见过园丁用水管给草坪浇水的场景，水管没有梗阻的时候，出水量多，水管压力正常，此时一个顽皮小孩一脚踩在了管壁上，水管另一端马上鼓起，呈扩张的状态，若压力持续升高，水管可能会面临破裂的风险。一样的道理，门静脉没有癌栓梗阻时，它的压力为1.27~2.36 kPa，若远端长了癌栓，此时门静脉的血流受阻，管壁压力增高，沿着门静脉向食管胃底静脉传导，上述静脉如同水管一样膨胀，管壁变薄，当压力达到一定程度时，可引起血管破裂；当我们吃硬的食物时，食物划过膨胀的血管，更容易划破血管，引起食管下段胃底静脉曲张破裂出血。出血量少时，可表现为黑便，出血量多时，表现为呕血。若不及时救治，病人可因失血过多而死亡。

5.我们需要做哪些检查明确是否有门静脉癌栓了呢？

随着科技日新月异的更新，门静脉癌栓的诊断也变得更加清晰简单，当然肝癌门静脉癌栓大多是肝癌发生发展的结果，对癌栓的诊断必须结合肝癌的诊断，若肝癌诊断明确，再结合各项影像学检查分析，基本可以明确大的门静脉分支内是否有癌栓形成了。比如在B超、CT、核磁共振下看到门静脉内有充盈缺损影，甚至在充盈缺损影内还可以看到有血管生成，这时门静脉癌栓诊断可成立。随着影像仪器及穿刺器械的不断进步，超声引导下的门静脉癌栓细针穿刺活检技术越来越受到重视。俗话说得好，病理结果才是疾病诊断的金指标，以往对门静脉癌栓主要依赖影像学诊断，但单纯影像学诊断很难判断栓子的良性或恶性，亦无法了解癌栓坏死、变性的情况。超声引导下门静脉癌栓穿刺活检术，不仅可以确定门静脉癌栓的性质，而且可以通过病理结果客观评价其疗效。

上述检测均针对肉眼癌栓，目前微血管癌栓的诊断只能依靠术后的病理诊断。

6.当肝癌患者合并有了门静脉癌栓后还有救吗？

肝癌隐匿性强，我国肝癌患者大部分发现时即有门静脉癌栓形成，一般来说，肝癌到了晚期时其治疗效果非常有限，巴塞罗那分期只推荐使用索拉非尼靶向治疗，但只对部分病人有效，并且药价昂贵，使多数患者望而却步。那这么多门静脉癌栓患者是不是就没得治了呢？不是的，随着技术的进步和一些医疗手段的出现，晚期肝癌患者也可以得到治疗。

手术切除是目前治疗肝癌门静脉癌栓的主要治疗方法之一，也是所有治疗方法中最有可能"治愈"的方法。上文提过，门静脉癌栓如同藤蔓一般，绝大多数以肝癌原发灶作为基部，顺着门静脉分支向门静脉主干方向蔓延发展，外科手术可在既切除主瘤的同时又起到清除癌栓的目的。即使手术不能完全清除癌栓，也可使门静脉内血流再通，降低门静脉压力，提高患者生存质量，并为多学科的治疗如介入、放疗打下基础。

手术虽好，但并不是所有的门静脉癌栓患者都适合手术治疗。那么哪些癌栓病人适合手术治疗呢？

在此之前我们需要清楚门静脉癌栓的分型是什么。有关专家基于癌栓的生长规律和特征，也基于门静脉解剖的特点，建立了一个门静脉癌栓分型标准即程氏分型：根据癌栓的发展程度（即侵犯不同门静脉部位），将癌栓分为Ⅰ型~Ⅳ型。我们可将门静脉比作大树，树叶比作肝细胞，树干为门静脉主干。树干往上生长分出左、右树枝，此为一级分支；左、右两树枝各又分出许多更细的枝丫，此为二级分支；再往上分级，与树叶（肝细胞）相邻的细小枝丫称为三级分支。门静脉癌栓一般是原发肿瘤病灶突破附近血管定植在门静脉内形成癌栓，所以一般先侵犯直接供应肝细胞的三级分支，肝内长了肿瘤如同大树生了虫子一般，先从树叶（肝细胞）开始侵蚀，沿着树枝逐渐开始向下蔓延，蔓延至二级分支时为Ⅰ型；蔓延至左支或右支为Ⅱ型；再向下蔓延到树干时(门静脉主干)为Ⅲ型；继续蔓延至树根（肠系膜上静脉），甚至突破树根进入土壤内（下腔静脉）称为Ⅳ型。镜下癌栓即微血管癌栓称为特别型Ⅰ0型。

  患者能否进行手术治疗，取决于癌栓的分型、局部肿瘤是否局限以及患者肝功能的综合评估。当患者满足主瘤局限可切除、肝功能评分为Child A或B级的条件时，对于Ⅰ及Ⅱ型癌栓患者，如果患者无明显手术禁忌证，手术治疗可作为首选。对于Ⅲ型癌栓患者，放疗联合介入治疗可取得令人满意的疗效。而癌栓分型为Ⅴ型的患者，要充分考虑疗效，不要盲目扩大手术切除范围，若原发灶不能切除，单纯切开门静脉取栓并无治疗价值。索拉非尼可作为癌栓患者的基本用药贯穿整个治疗过程。另外程树群教授团队通过分析322例Ⅰ0型（微血管癌栓）患者的预后发现，术后的辅助性介入治疗可显著降低复发率，提高患者总体生存时间。而对于肝功能较差的患者（有明显的黄疸、腹水，胆红素水平较高，肝功能分级为Child C级），应先进行一般治疗，如有乙肝的患者继续抗病毒治疗，黄疸明显的患者先进行PTCD减黄治疗，加用正确的降酶药物，输入人血白蛋白促进肝细胞的修复和再生，待肝功能得到恢复后再考虑进行TACE或者局部放疗，进而获得手术机会。

7.合并有门静脉癌栓的肝癌患者术后效果怎么样呢？

对于Ⅰ、Ⅱ型的癌栓患者（虫子位于树枝上），肝癌合并同侧门静脉癌栓，需将肿瘤及癌栓整体切除，切除过程中需确保切缘阴性，避免癌栓或肿瘤细胞在切除过程中播散至其他部位。癌栓患者术后总体平均生存时间为14.3个月，若切缘大于1 cm，其中位生存时间可以达到42.7个月，因此认为在整块切除手术中，保证阴性切缘是一个极其重要的影响预后的因素。

Ⅲ型门静脉癌栓（虫子已经跑到树干上）的患者，整块切除无法将癌栓一同切除，可分两步走，先切原发肿瘤灶，后打开门静脉取出癌栓，最后关闭门静脉断端。

若打开门静脉时发现癌栓已浸润门静脉管壁，无法完全取净怎么办？有关专家根据受累门静脉的长度综合评估，切除受累的门静脉后再将两断端直接进行吻合或使用人工血管吻合。

近年来肝移植的快速发展，也为门静脉癌栓患者带来了一丝希望，从理论上来说，肝移植既去除了肿瘤，同时又清除了产生肿瘤的土壤——肝实质本身，肝移植是最终也是唯一可能根治肝癌的治疗手段。但在实际临床工作中，肝移植之后实际疗效并不乐观，肝移植后肿瘤又会在新肝上转移或复发，而且复发率也高，为此我国为肝癌患者实行肝移植制定了严格的标准，但是，上述两个标准都将门静脉癌栓列在肝移植手术适应证之外。虽然外界普遍认为肝癌门静脉癌栓肝移植的疗效极其有限，但国内多家移植中心还是做了大量的尝试，研究表明，相对于门静脉主干癌栓，肝癌伴早期门静脉癌栓行肝移植治疗具有较好的效果。因此，国内专家建议，虽然肝癌门静脉癌栓肝移植总体疗效很不乐观，但在供体充足的情况下，肝癌伴Ⅰ、Ⅱ型门静脉癌栓可以考虑行姑息性肝移植治疗。

门静脉癌栓患者的治疗方式除手术外还有TACE、局部放疗、靶向治疗和全身化疗。有关专家经研究后发现患者术后1年以上、2年以上、3年以上、5年以上总体生存率，手术切除+术后TACE组为94.2%、78.8%、71.5%、54.0%，单纯手术组为78.9%、62.2%、54.1%、43.2%。由此可见，在手术治疗的基础上，辅以术前放疗或术后TACE均可提高患者预后生存率。而无手术指征的患者，放疗联合TACE治疗，或靶向治疗联合PD-1免疫治疗也能取得不错的效果。

上述这些手段，需要根据患者情况综合起来具体应用，目前临床上针对门静脉癌栓需要多学科诊治模式（Multidisciplinary Team，MDT），即一个门静脉癌栓的患者需要外科、肿瘤科、放疗科、介入科等多学科共同讨论诊治的模式来制订出最适合该患者的治疗方案，使患者的获益达到最大化。

8.患者术后如何进行又快又好的恢复？

当然首先是遵医嘱，配合医护人员进行后续治疗，除此之外，我们还需要做些什么，又该怎么做呢？

（1）鼓励患者咳嗽，勤翻身拍背。

术中应用全麻、术后长期卧床等原因均易让患者产生大量痰液，而术后因为伤口疼痛等原因，患者不愿咳嗽咳痰。但痰液是细菌良好的培养基，若不能及时将痰液咳出，让其堆积于肺内，容易引起肺部感染，即坠积性肺炎，尤其是老年人感染不易控制，甚至会危及生命，所以需要鼓励患者多咳嗽，家属帮助患者进行翻身、空心掌由下而上拍击患者背部促进痰液咳出，在患者咳嗽时可将手掌放置于伤口两侧同时向伤口方向挤压，减少伤口张力，减轻伤口疼痛感。

（2）鼓励患者早期下床活动，勤捏脚。

患者术后有较长的卧床休养时期，此时下肢血流瘀滞容易诱发深静脉血栓形成，血栓一旦脱落随着血流进入肺部造成急性肺栓塞，重者危及生命。家属可定时为患者按摩下肢肌肉，由下至上到大腿根部，促进血液回流，减少血栓形成概率。

（3）如何为患者准备餐食也是一门学问。

在患者拔除胃管、通气后可开始进食，饮食需由流质向半流质、再到普食逐渐过渡，且以清淡为主，少食多餐，合理搭配营养。

肝硬化或伴有门静脉癌栓患者一般会有门静脉高压，引起不同程度食道胃底静脉曲张，稍一不注意可引起上消化道出血，不管是术后恢复期还是平时在家中时，家属在为患者准备食物时需注意以下几点：

①不能吃硬的食物，如花生、坚果、软骨等。
②不能吃带刺的食物，如吃鱼注意鱼刺等。
③不能吃带有棱角的东西，如吃枣时注意勿误吞枣核。
④不能吃不好消化的食物。
⑤不能吃太酸、太烫的食物。

上述食物都会增加食道胃底静脉曲张破裂出血的风险，总之，尽量吃软的、好消化的、清淡的食物。

门静脉癌栓的病人也容易发生肝性脑病。此类病人的营养支持也很重要，优先选用优质植物蛋白，若是急性病人禁食蛋白质，还需要补充维生素。临床上需要减少肠内氮的吸收，服用乳果糖，口服抑制肠道产尿素酶细菌的抗生素，例如甲硝唑等，同时服用含双歧杆菌的益生菌制剂。

9.门静脉癌栓患者术后容易复发吗？怎么做才能降低复发率呢？

肝癌合并有门静脉癌栓的患者即使进行手术切除治疗，其术后复发率也高达60%，所以我们术后该怎么做能降低其复发率呢？

首先，我们要从生活习惯上进行改变。事实上，我们每个人体内每天都会有癌细胞生成，绝大部分会被自身的免疫细胞消灭掉。有研究表明，思虑过度的人，每天其体内的癌细胞生成数量是正常人的80倍，自然其患癌的概率就比正常人高多了，所以要保持心情愉悦，避免过度忧虑；而大量酗酒、熬夜、作息不规律的人其免疫力会降低，也会增加患癌的风险；综上所述，术后患者回家后必须改变以往不良的生活习惯，才能降低术后复发概率。

其次，乙肝病毒也是影响肝癌和门静脉癌栓形成的重要因素，所以合并有乙肝的患者，出院后要定时定量服用抗病毒药物，遏制乙肝病毒活动，减低术后复发概率。

最后，虽然良好的生活习惯和控制乙肝病毒能降低复发的概率，但随着研究的日渐深入，人们对于肝癌的认识逐渐向基因过渡。癌症是个基因病，肝癌术后容不容易复发，主要取决于肝癌的病理类型及是否合并有门静脉癌栓。特别是合并有门静脉癌栓的患者或者MVI阳性的患者，术后联合PD-1免疫治疗是否可以有效降低复发率，这需要进一步的研究证明。术后规律的定期复查也是提高术后生存率的重要方法之一，早发现早治疗，永远是癌症治疗的至上法则。

10.肝癌合并门静脉癌栓患者治疗后如何复查呢?

大多数患者非常关注肝癌的治疗,却忽视了治疗后的随访问题,对于术后的复查随心所欲,非常敷衍,想起了就去查一下,不想去就不去,往往癌症复发了也没发现,等到出现症状再去复查已经失去最佳的治疗时机,追悔莫及。所以术后的随访至关重要。

多长时间复查一次合适呢?

对于接受了根治切除手术的患者,治疗后2年内,每3个月复查一次;3到5年,每6个月复查1次;5年以后,每半年到一年复查1次。在随访期间,如果发现有任何复发迹象,应及时复查并治疗。

每次复查应该做哪些项目呢?

①甲胎蛋白(AFP)。

②肝功能、乙肝病毒DNA。

③肝脏核磁共振平扫+增强。

④间断复查胸部CT,必要时可查全身PET-CT。

后记

曼迪之光与抖音之火
——用温暖告别2020年，迎接新的纪元

2020年虽然已经渐渐远去了，但是疫情带来的寒意依然没有消散，在阴霾笼罩世界的日子里，才会更明白阳光的宝贵。所幸，在这不寻常的一年中，在风雨如晦的日子里，我在自己和他人抗癌故事的写作中不断激发出了身上的热量，驱散了外界的阴冷，推动自己的灵魂在广袤的精神家园里自由地翱翔，去追寻自己的理想，去为更多病友的癌症康复事业而奋斗。

这一年除了完成这本书之外，还有两件特别值得一提的事情，一是我找到了抗癌路上的最佳伙伴——赵曼迪，二是拍了抖音短视频宣传抗癌，并且一不小心成了拥有众多粉丝的网红。半年来，曼迪之光与抖音之火也照亮和温暖了我，激励着我勇敢前行。

这一段时间以来，曼迪一直守候在我身边，陪我走访病友，帮我整理材料，催我完成计划。抗癌之旅并非通途，这一路走来难免遇到一些坑坑洼洼，误解者有之，攻讦者有之，对于这些，我早有心理准备，一笑了之。虽然如此，我也要感谢曼迪给我的关心和鼓励，当她

忧虑我心情烦躁时，就给我吹来了清风；当她担心我心情暗淡时，就为我洒下了阳光。我们互相促进，彼此扶持，一起奔向那未知而又迷人的远方。曼迪是我的助理，也是我的知己，更是我抗癌事业不可或缺的合伙人。

我同曼迪的相识来自一个偶然，一场邂逅，也开启了一段美妙的缘分。2020年6月末的一天下午，平安体检中心组织客户参观平安医疗的设备和体检项目，我也有幸应邀参加。原本我此行的目的只是本着对抗癌事业的关心，前去了解一下癌症体检的最新成果。没想到，似乎冥冥之中有天意，我竟找到了一位志同道合的抗癌合作伙伴。

在熙熙攘攘的参观人群中，曼迪能够一下子抓住我的目光，我想除了她清新脱俗的气质外，更重要的是她对抗癌事业的关注和渴望。我在她的眸子中看到了一种特别的光彩，我认定了这是一个不一般的女孩。

后来在会议室自我介绍的环节上，我才知道了曼迪眼中之光的光源。谁能想到，这个总是一脸灿烂笑容的女孩曾经在短短两三年时间内经历过那么多沉重而又伤心的往事。

2015年，曼迪原本幸福美满的家庭由于不期而至的疾病陷入了黑暗。这一年，曼迪的父亲突发脑出血，在ICU抢救了整整十天才挽回了生命，只是其后长达两年的康复期，曼迪父亲一直像植物人一样躺着，吃喝拉撒全下不了床。最困难的时期，曼迪一度担心母亲会承受不住这样的苦难，弃她父亲而去，毕竟类似的情景曾经发生在她的同学身上。幸好，母亲的不离不弃彻底挽回了曼迪的信心。

然而，病魔似乎也喜欢成双成对地来。曼迪母亲在医院常规体检时，竟被确诊为HPV病毒感染，而且已经到了宫颈癌癌前病变的程度。不甘心的母女俩辗转省肿瘤医院等多家大医院，才不得不接受现实。专家给出了权威的治疗方案，曼迪母亲接受了宫颈锥切术。

转眼到了2017年，眼看包围着曼迪一家的坚冰渐渐融化，通过长达一年多时间的疗养和恢复，曼迪母亲体内的HPV病毒基本清除；曼迪父亲在家人精心的照顾下也从"全制动"变成"半自动"。可谁承想，命运就像一个调皮的恶作剧导演，这一年和母亲同样的厄运竟又降临到曼迪自己身上，曼迪也被查出感染了HPV病毒，在多次衡量与挣扎后，她还是决定遵从医嘱，接受宫颈锥切术。

同样的手术，发生在曼迪身上，痛楚远远大于她的母亲，因为曼迪还没有实现生儿育女的梦想，而宫颈锥切对于一个尚未生育的女性来说是何等艰难的抉择！

更残忍的是，术后经过多次检查，曼迪身上的HPV病毒始终没能消除。医生还提醒她，只要HPV高危型号病毒存在就还有可能引发病变，必须密切观察，每年都要持续做HPV检查，发现病变还得再次锥切。

曼迪问医生有哪些手段可以消除HPV病毒，医生说医院通常会建议患者使用干扰素或保妇康栓，但是治愈率并不高，反而容易引起不必要的副作用，建议还是定期检查，发现HPV病毒浸润引发宫颈病变后再进行切除手术。

一般来说，3次宫颈锥切就可能切到子宫，而肿瘤医院妇科手术室门口还有那么多人等待做锥切手术，而且不乏有人是第二次、第三次来做锥切的，这是多么可怕的场景啊！

也许对于医生来说，这只是一台普通的妇科手术，但是对于一位妙龄女性来讲，这可能就是自己生育权利的倒计时！如果宫颈锥切还不能治本的话，甚至生命也可能被剥夺。也许大家觉得这是危言耸听，但是只要简单查一下，你会发现梅艳芳、李媛媛等众多知名人士就是死于宫颈癌，而导致宫颈癌的罪魁祸首正是HPV病毒！疾病不会因为你的财富、你的年轻、你的貌美而远离你。我们距离癌症并不遥远，远的只是我们的盲目和无知！

在最无望和无助的时刻，曼迪无意间听同学说起天津肿瘤医院正在做清除HPV病毒的临床试验，据说试验结果挺好的！听到这个消息，曼迪就像一只趋光的飞虫一样，马上去了天津，找到天津市肿瘤医院宫颈癌精准预防基地思悦生物科技研究所。回忆起这次参观经历，她说："感觉就像进了造梦空间一样。"

曼迪的天津之旅没有空手而归，她带回来几盒研究所研发的清除HPV病毒的最新产品。抱着试试看的心态，经过两个疗程的治疗，曼迪的HPV病毒报告居然转阴了。看到这个结果，真的就像在做梦一般，幸运女神终于眷顾了这个善良的女孩。

可是，曼迪身上的病毒祛除了，心中并不安乐，她脑海中不断闪现出那些在医院等待宫颈锥切的姐妹的面容，她们焦虑着，彷徨着，不知道命运之舟会在波涛中驶向何方。当然，即使这样，这些姐妹和自己也都是幸运的，毕竟发现得早，还没有发展到宫颈癌就能及时采取措施阻止病情的恶化。想到那些得了宫颈癌的姐妹，她们的遭遇或许比自己悲惨十倍百倍，曼迪更是心如刀绞。

曼迪原本在辽宁省残联工作，在工作中许多残疾人朋友先天或者后天的不幸遭遇，常常触动她心中最柔软的部分，而那两三年家人接二连三面对病魔的威胁更是让她感到了生命的脆弱和无常。她暗自发愿，一定要帮助广大的姐妹远离宫颈癌，一定要做女性宫颈癌预防的科普宣传员。

于是，曼迪开始学习各种关于宫颈癌预防的医学知识，深入了解了这病的起因以及发展过程。在抗击宫颈癌的强烈心愿以及自身成功清除HPV病毒经历的共振下，曼迪毅然辞去辽宁省残联的工作，成了天津市某生物科技研究所的合作伙伴，成为研究所研发的清除HPV病毒凝胶产品的代理商，立志用身体力行和现身说法让更多姐妹远离宫颈癌的威胁！

听完曼迪的故事，我毫不犹豫地认定她会成为自己抗癌旅途中最好的合作伙伴，但我不知道她是否也能这么想。于是在参观结束后，我冒昧上前邀请她坐下来聊一聊，带着忐忑的心情把自己的想法向她和盘托出。

一开始曼迪的眼中闪烁着惊讶与疑问，但是当她听完我的人生故事后，眼神中已经有了不一样的神采，我知道，这事儿成了！后来曼迪告诉我，正是我这种置之死地而后生的乐观精神把她感化了，曼迪还说她眼中的我就像一粒被风刮进工厂大烟囱中的种子，虽暗无天日却努力向上生长，终于见到了阳光，呼吸到了新鲜的空气。冲着这一点，她心甘情愿与我一起奋斗。

曼迪来之前，我一个人在抗癌之路上踽踽独行，面对着各种压力，未免孤独与寂寞。有时候我想奔跑起来，但是一个人既要当运动员，又要当啦啦队员，常会感觉到心有余而力不足。曼迪到来之后，不仅承担了啦啦队员的角色，还帮我把路上每一阶段的目标梳理得清清楚楚，使我跑起来也不那么累了。以前我是一个人唱独角戏，现在有了曼迪的加入，舞台上的戏份更丰富了，一路上还有更多的病友加入，使得这个抗癌舞台越来越精彩了。

说到曼迪对我最大的帮助，莫过于开启了我的抖音之路。在2020年这个特别寒冷的冬季，抖音燃起的一把火让我备感温暖。

曼迪想让我拍抖音的灵感最初来源于她的外甥。曼迪的外甥才两岁，还不怎么会说话，但是过节大家问他要吃什么，他却不假思索地脱口而出："妙可蓝多！"原来，每天他在小区电梯上上下下，反复听到"妙可蓝多"这个广告，"妙可蓝多"已经成为他小小世界中不可或缺的一部分了。

这让曼迪意识到利用短视频广而告之的意义和可操作性。抗癌事业能不能取得成功，最关键在于能不能让更多人了解我们，加入我们，而这个目标的实现不能仅仅依赖于文字，也要靠声音、画面等全方位、立体化的输出，于是她向我提出了拍抖音短视频进行宣传的想法，和我不谋而合。

抖音，对于我这个近60岁的人来说是个新生事物，它出现后影响力和传播速度是一些传统媒体所望尘莫及的。对此，即使我这个"落后分子"也能深深感受到。借助抖音来推广和传播抗癌知识，也一直是我的一个梦想。但几年来一直是停留于想法而没有付诸实践，总是感觉到无从下手，原来是要等曼迪来帮我捅破这一层窗户纸！

为了帮我寻找最合适的抖音拍摄团队，那段时间曼迪四处奔走，十分辛苦，但这些事情她都默默去做，从不跟我抱怨半句。记得一个阳光明媚的下午，曼迪领我去浑南区见3个年轻人，经她介绍，我才知道他们是做抖音的专业团队。在交谈之中，发现他们对我的故事十分了解，娓娓道来，显然是曼迪之前已经同他们沟通好了。谈了一会儿，我们很顺利地达成了拍摄意向，又过了几天，他们做好了开机准备，我们约定好时间就开拍了。

拍抖音让我也体验了一回"演员请就位"的感觉，虽然是讲述自己的故事，本色出演，根本用不着表演，但是短视频要用最少的镜头表现出最丰富的内容，还是很考验人的创作和表现能力的。为了对观众负责，有时候我们一个镜头要拍好几遍，加上场地变换，又是室内又是外景，忙活一整天才能拍完一集，比干一天体力活还辛苦。不过

想到能把个人的抗癌经验分享给病友，这点辛苦也就不算什么了，可以说累并快乐着。

视频拍好后，经过后期制作，终于传到了网上。第一个作品是11月27日晚上8点钟上线的，记得那天我有点儿困，晚上9点钟就睡了，睡前看抖音粉丝量是接近一百人。女儿打电话让我知会朋友们，让他们关注一下，好增加一些粉丝量，我随口应付一下就睡着了。

半夜3点钟起夜时，我看了一下手机，只见有好几个未接电话，有女儿打来的，也有曼迪打来的。我给女儿回了个电话，只听她的声音有点激动："爸，你干啥去了？你的抖音爆了知道吗？"我一下子困意全无，忙拿起手机翻看，哇！粉丝量已经过万了，还在嗖嗖往上涨呢！幸福来得太突然了，真的让我毫无准备。很多人在评论区问我问题，我努力回答着。到了早上5点钟，粉丝增量开始加速，就像潮水涌进狭窄的通道里，一下子澎湃起来，99+刚点击完，又是99+……

这样粉丝增加量一直处在99+中，到了晚上8点钟，24小时粉丝量已经达到4.8万多，由此可见大家对于抗癌的关注以及对我的认可。很多人要加我微信，向我咨询有关抗癌的问题，我一一解答着，有的人甚至把我当成了他们的救星，谈话中激动得痛哭流涕。我被他们的情绪感染着，下决心一定要把抗癌事业做好，绝不能辜负大家对我的期望。

为了更好地为患者服务，给抖音上那些焦虑的病友以及家属们营造一个心灵的栖息地，我们成立了一个微信群——"老吴快乐健康群"，把需要得到服务的病友及家属拉入群里。有了这个健康群之后，大家沟通交流更加方便了，我经常会在群里面做一些个人抗癌经验和抗癌知识分享，如果还有什么疑惑需要进一步沟通的话，我会让病友或者家属留下电话号码，然后打过去跟他们进一步沟通。许多群友们听了我的分享或者跟我交流之后，都有一种豁然开朗的感觉，本来山重水复疑无路的抗癌之路，突然间柳暗花明，别有洞天。

有一位张女士，3年前她的父亲得了肺部小细胞癌，与病魔抗争一年半后走了。父亲去世不久，哥哥又得了肝癌，刚刚失去父亲的张女士无论如何也不想马上再失去哥哥，她说用尽一切办法也要让哥哥多活几年。然而，张女士哥哥的病情实在不乐观，开完刀后，医生说他一半的肝上面还有几个小肿瘤，因为太深了没办法切干净。后续的治疗应该如何进行，张女士和家人也非常茫然，只能等着报告出来再想办法。她说自己从来没有在哥哥面前哭过，每次都是偷偷哭过再去找他。听到我的分享之后，张女士感动得哭了，觉得我是上天安排给她的一线希望，"进了群一下子感受到了希望，感受到了这两年都不曾有过的快乐，心里面一下子踏实了"。之后经过我介绍和帮忙，张女士的哥哥得以顺利去上海东方肝胆外科医院见程树群教授，接受肝癌领域最好的治疗。张女士感激地说，等哥哥的病好转了，一定要亲自来沈阳感谢我。

类似的辅导案例在我开抖音和建微信群之后还有不少，能够为病友的治疗和康复尽自己的一点绵薄之力，也是我最大的快乐！可以说，我和病友之间并不是谁帮谁的问题，而是相互成全，共同成就的。

独木难成林，这么大的一个群光靠我"一个人战斗"是很难做到十全十美的，平时病友之间的交流和鼓励也是这个群焕发生机的重要保证。群里很多都是久病成医之人，大家互通有无，取长补短，也可以产生不少真知灼见。而病友之间同病相怜，往往能够知无不言，言无不尽，虽然没有医生那么专业和深入，但互相探讨，彼此补充，必定有不少值得吸收借鉴的地方。更重要的是，很多病友在治疗过程中走过不少弯路，甚至有过上当受骗的经历，这些东西分享出来，可以让别的病友引以为戒，更是一种宝贵的经验。

我们的"健康群"虽然创立的时间不长，但已经涌现出不少模范人物。有个病友几年前父亲因癌症去世，如今母亲又在癌症手术后因尿毒症透析感染结核性脑膜炎躺在医院不省人事好几个月了，而他自己也是个肝癌晚期多发转移的患者。命运对这一家子可谓吝啬到了极点，然而就这样也无法抹杀他对别人的慷慨，我问他有什么兴趣爱好，他说自己唯一的兴趣就是帮助病友及家属。这位病友不知道是学过医还是喜欢钻研，对各种癌症问题都有深入的了解，讲得头头是道，还会看片子，成为群里病友和家属们信赖的义务"专家"。

还有一位病友也是肝癌晚期，他说自己17岁偷了父亲卖稻谷的200元钱坐火车跑到广东打工，艰苦的十几年打拼之后，总算事业有成。谁知还没等他坐下来享受胜利的果实，就被诊断出肝癌晚期，这时他才30出头。为了治病，他把房子和几辆车先后变卖掉，巨额家产全部投入抗癌之中，手术、化疗、靶向药、免疫治疗，抗癌的十八般武艺和武器他一一体验过。由于见多识广，他也深谙不少癌症治疗方面的知识，平时在群里积极回复、帮助病友，其乐观和积极的心态更是感染了不少病友。他还义务当了群里的管理员，成为我倚重的帮手。

目前这个群在大家合力建设下，井井有条，蒸蒸日上，成为一个温暖的大家庭。虽然这还是一把小火，但是我相信星星之火可以燎原，未来这把火一定可以越烧越旺，也希望更多的病友和家属加入，为我们的抗癌事业添柴加火。

当然，我最要感谢的人还是曼迪。她不仅利用自己的宫颈癌知识为一些患友答疑，而且还在网上自费买了20多本关于癌症的书，朝夕研读，以便更好地为患友解惑。每次见到她时，但凡有一点儿空，她都会翻翻书，还不时地用红笔做记号。每次病友问完问题，她都会认真记下来，查阅各种资料，有时还要向专家请教，甚至一连问几个专家，综合比较后得出重点再回答患者的问题。有时候问题比较多，但每个病友的问题，她都会不厌其烦地解答，这都是她在牺牲自己的休息时间、不求任何回报的前提下做出的，实在是难能可贵！曼迪这样的服务精神也让很多病友感到温馨和鼓舞，更有信心去对抗病魔。

有几次我诚恳地感谢曼迪无怨无悔地为这个群付出这么多，她却笑着说："哪里，我也在过程中成长啊，这是互惠互利的事情。"我为自己能遇见这么认真细致而又好学好问的助手而庆幸，为遇见在事业上能同我荣辱与共、肝胆相照的事业合伙人而骄傲！

2021年到来之际，一场罕见的寒潮席卷了神州大地。但是，我相信，寒潮是短暂的，温暖一定会重回人间。最后就用每次我在群里分享时的结束语来为本书画上句号吧：

请记住，我是健康的，我是快乐的！跟着老吴学抗癌，我好，你也一定能好！

跋

　　写一本抗癌的书一直是我的愿望，这个想法孕育了好几年，直到去年才最终落地，为什么呢？因为写书对我这个理工男来说确实是件很难的事，好在这些事情都藏在自己的脑海里，就像书房里的旧书一样，是时候把它们翻出来晒晒太阳了，免得时间久了，被记忆的蛀虫啃掉了。

　　感恩生命中的过往，当年为了把台湾统一集团引进沈阳投资，我曾给远在台湾的高清愿董事长写过100封信，不知道为此掉了多少头发，没想到当年的煎熬竟培养了我写作的能力。写作是一件需要灵感的事情，而我的灵感就像顽皮的小孩，喜欢跟我捉迷藏，常常半夜醒来突然有了灵感，于是挑灯夜战，或者开车途中迸发出了灵感，于是停车路战。就这样写写停停、停停写写，持续了一年多的时间，终于把书完成了！

　　感谢著名画家马广群给本书配上插图。马老师是一位胃癌转移到淋巴的癌症患者，病情很重，连续的化疗把他折腾得够呛，这一幅幅插图都是他在病床上挣扎着画出来的,这种精神让我由衷地钦佩和感谢!在此我也祝马广群老师早日康复!

我写这本书的目的只有一个,那就是让更多的患者清楚癌症并不可怕,是完全可以战胜的!书中的例子都是现实生活中真实的例子!

在本书结束之际,我再次提醒大家,抗癌的秘诀就是:科学治疗+乐观心态+永不言弃!

科学治疗:正确而适度的治疗。一定要选专业治疗你这种病的医院,找最有经验的医生来看,因为这样的医生,他遇到的疑难病症一定比较多,积累的经验也比一般的医生多,这正是其制订正确治疗方案的基础!

乐观心态:积极乐观的心态,能提高你的免疫力,再造你的免疫系统。我们最终战胜癌症还得靠自身的免疫系统!

永不言弃:只要坚持不放弃,就会出现转机!癌症治疗是个性化的,只要找到适合自己的方法,就可能战胜癌魔!我们要坚持治疗,坚持到新药、特效药的问世,到那时也就有了痊愈的希望。现在每年都会有治疗各种癌症的新药和新方法问世,随着医学的高速发展,将来癌症一定会被人类攻克!

最后希望大家坚定信心,坚持治疗,实现"让肿瘤君滚蛋"的愿望!